JN066445

No Bad Parts

Healing Trauma and Restoring Wholeness
with the Internal Family Systems Model

リチャード・C・シュワルツ | 著
Richard C. Schwartz Ph.D.

後藤ゆうこ
佐久間智子 | 訳
後藤剛

「悪い私」はいない

内的家族システムモデル
（IFS）
による全体性の回復

日本能率協会マネジメントセンター

NO BAD PARTS:
Healing Trauma and Restoring Wholeness With the Internal Family Systems Model
by Richard C. Schwartz, PhD
Copyright © 2021 Richard C. Schwartz
Foreword © 2021 Alanis Morissette
Japanese translation published by arrangement with
Sounds True, Inc. through The English Agency (Japan) Ltd.

変容的で、思いやりがあり、賢明である偉大な贈り物です。このシンプルで素晴らしい教えは、あなたの心を開き、精神と心を解放するでしょう。

ジャック・コーンフィールド博士
『A Path with Heart』著者

内的家族システム（IFS）療法、そして、痛みや失望に対処するために極端な役割を強いられている貴重なパーツを私たちは皆持っているという理解は、トラウマ治療における大きな進歩の一つです。私たちの生存に果たしたそれらの役割を理解し、元のトラウマの重荷を下ろせるようになることは、セルフ・コンパッションと内面の調和につながります。私たちのパーツはすべて歓迎されているという考え方は実に革命的であり、自己受容とセルフ・リーダーシップへの道を開くものです。IFSは、効果的で長続きするトラウマ治療の礎の一つです。

ベッセル・ヴァン・デア・コーク医学博士
『身体はトラウマを記録する』著者

この手軽で非常に読みやすい一冊で、リチャード・シュワルツ博士は彼の内的家族システムモデルを明確に表現し、巧みに説明しています。これは、現代に現れたもっとも革新的で直感的、包括的で変革的なセラピーの一つです。

ガボール・マテ医学博士
『身体が「ノー」と言うとき：抑圧された感情の代価』著者

自己愛、世界平和、スピリチュアルな目覚め、そして癒しが重要だという気運が高まっていますが、その「方法」を提供しているものはほとんどありません。自分たちや他人に害を与える自分のパーツをどのように愛するのでしょうか？　分裂した世界の癒しに参加するためにどのように内的葛藤を解決するのでしょうか？　人間性を迂回することなく自分たちの神性に目覚めるにはどうしたらいいのでしょうか？　私たちはトラウマとトラウマが引き起こす慢性的な身体的および精神的疾患をどのように癒すのでしょうか？「方法」がないと、私たちは自分が信じるほとんどの中核的な価値観や最適な健康への願望と一致して生きることができないと感じることになります。しかし、もう待つ必要はありません。この本は、私たちが待っていた「方法」を提供しており、あなたのもっとも破壊的な「パーツ」にさえ心を開き、神聖なセルフがそれに対して思いやりを示しながら、全体性への道を導く理にかなった解決策です。内的家族システム療法は、まさにゲームチェンジャーです。これがあなたにとってもっとも変革的な本になるかもしれないと言っても過言ではありません。

リサ・ランキン医学博士

ニューヨーク・タイムズ紙のベストセラー 『病は心で治す』著者

フロイト以来、セラピーは精神には部分があるとしてとらえ、取り組んできましたが、リチャード・シュワルツはその概念を卓越した芸術の域にまで高めました。すべてのパーツは、それがどんなに見当違いなものであっても、目的を果たすものであり、敵対視するのではなく思いやりをもって接するべきだという彼の主張は、革命にほかなりません。『「悪い私」はいない』は、彼のもっとも明確で、包括的で、刺激的なマニフェストだと思います。IFSに関心のある人なら誰でも、いや、より幸福で葛藤の少ない人生に関心のある人なら誰でも、この人生を変える先駆的な著作をむさぼるように読むべきです。

テリー・リアル

『The New Rules of Marriage』著者

内的家族システム療法は、傷を理解し癒すための非常に効果的で、希望に満ちた、心理療法に革命をもたらすような高揚感のあるパラダイムを提供します。リチャード・シュワルツはこの素晴らしい本の中で、IFSの基本、すべての内なるパーツ——もっとも恐ろしく極端なパーツでさえも——に対して、オープンで思いやりのある関わり方を身につけるための一連のエクササイズ、そしてIFSの魅力的でスピリチュアルな意味合いを提供しています。このアプローチは、あなた自身と他者との関わり方のすべてを変えるでしょう。

ダイアン・プール・ヘラー博士
『The Power of Attachment』著者

あなたはより賢く、より思いやりを持って、自分に対しても平和的であり、他者とより深くつながりたいですか？　この本は、それをどのように実現するかを示しています。数十年にわたる臨床経験と黙想的な実践に基づいて、シュワルツ博士は、過去の傷を癒し、愛、明確さ、温かさ、健全さの本能的な能力を発見するための強力で実践的な段階的アプローチを提供しています。より豊かで、より自由で、より喜びに満ち、よりつながりのある人生を生きたい人にとって必読の書です。

ロナルド・D・シーゲル心理学博士
ハーバード大学医学部心理学助教授
『The Mindfulness Solution: Everyday Practices for Everyday Problems』著者

ディック（リチャードの愛称）・シュワルツの内的家族システム（IFS）のワークに最初に出会ったときのことをよく覚えています。私は二度目の産後うつの最中に、働き過ぎ、与え過ぎ、そして慢性的な過労に対処するために、ノースカロライナ州のアッシュビルへ飛んでいきました。このような生き方は、私たちの肉体的、感情的、そして人間関係に大打撃を与え続けているにもかかわらず、ますます普及し、称賛されるようになっています。

私はブライアン・ロビンソン氏と数日間一緒に過ごしました。彼は仕事依存症の回復の分野において重要な存在です。ますます速くなっていく人生のトレッドミルの上で、私を凍りつかせながらも必死にさせている自分の内的世界の要素を見つめることに、私は深くコミットしていました。深い探求の中で、ふとブライアンを見つめ、彼に「これは何なんですか、ブライアン？」と尋ねたのをはっきりと覚えています。

「内的家族システムだよ」と彼は答えました。私は、このワークがどれほど優美で、深く親切で、すべてを包み込んでくれるものであるかと微笑みました。そして、内なるさまざまなパーツと対話することで、いとも簡単に自分の内側で起こることへの気づきの視座を見つけることができました。その中には、とても長い間、注目されることを切望していたパーツもありました。IFSのワークの最中に、温かい中立性と好

奇心を持って見守る場所、しっかりとした土台を見つけました。そして今までほぼ不可能だったセルフ・コンパッションを自分自身の心に向けることができるようになりました。

　私は物心ついたときから「パーツ・ガール」でした。複雑で壊れやすく、多面的で魅力的な人間の状態に私はずっと魅了されてきたのです。IFSに取り組み始めたとき、愛らしく、恐ろしく、絶え間なく、ときには痛みを伴って現れる自分の「パーツ」一つひとつに注意を向け、ケアすることで、私たちが生まれながらにして持っている全体性という権利に立ち返ることができるという考えに勇気づけられました。

　怒りのパーツも、母親のパーツも、芸術家のパーツも、経済的責任（あるいは無責任！）を背負っているパーツも、自由なスピリットのパーツも、私が心を開き、好奇心を向けさえすれば、何らかの形で私に叡智をもたらしてくれるのだと勇気づけられました。それぞれのパーツは、怖く見えたり、輝いて見えたり、神秘的に見えたりするかもしれないけれど、知恵や安らぎやビジョンを与えてくれるのです。

　私はこれらの内的パーツをメッセンジャーとみなすようになりました。それらと対話することで、有益なガイダンスや洞察が得られるのです。そうすることで、私のたくさんの「自己」から成るシステム全体が、私の日常的な人格や

生活に統合されるようになりました。これらの
パーツは、私の最高の自己である「セルフ」に
導かれながら、互いに対話することもできます。
そうすることで、私の人生に関する乗り越えら
れないと思われる複雑な問題に対する明晰さ、
アイデア、答えが浮かび上がってきます。これ
らの答えは、言葉や文章、動き、芸術を通して、
私の中にある多くのパーツ、とりわけ私をもっ
とも恐れさせているパーツとコミュニケーショ
ンする中で、どんどん生まれてきました。

　私の内的世界では、自分のとても激しい怒り、
恥、恐怖、憂鬱、痛み、憧れ、屈辱や悲しみに
遭遇しました。繰り返されるパターンや痛みを
伴う習慣に陥りたがるような「暗い」「悪い」パー
ツだけではなく、同様に先見の明のあるパーツ、
寛大なパーツ、知的なパーツ、リーダーシップ
のあるパーツ、才能豊かで繊細なパーツ、共感
力のあるパーツなど、「明るい」「良い」パーツ
にも心を開く勇気を必要としました。他のパー
ツより対話しやすいパーツもありましたし、あ
るパーツはよりリスクが高く、受け入れるには
まさに脅威と感じられました。
　ディックのIFSのワークを深く知れば知るほ
ど、彼の言葉や教えは解放的で真実味を帯びて
きます。各パーツは、それがどんなに悲惨なも
のであっても、隠されていたり、混乱させたり、
痛みを伴うものであっても、最善の意図があり、

私にとって有益なメッセージを含んでいました。エグザイル（追放されたパーツ）であれ、管理者のパーツであれ、あるいは防衛パーツであれ、どのパーツも、私が彼らと一緒に過ごす時間をかけるだけの余裕を持ってさえいれば、必ず最高のセルフからの優しく賢明な洞察を与えてくれました。

　IFSに親しんでいく過程で、豊かな精神性の感覚が現れてきました。それは、私の縛られた心を少しずつ開いていくのを、好奇心が許してくれたことへの魂の報酬でした。すべてのパーツと対話するセルフが、私の魂、あるいは大いなる魂なのだとわかりました。この意識に留まることで、私は神・愛・スピリット・慈しみを直接、身体で感じることができるようになりました。

　このセルフの視点を見つけたときから、真の対話がはじまるのだとわかりました。IFSの「8つのC（創造性、勇気、好奇心、つながりの感覚、思いやり、明晰さ、落ち着き、信頼）」の受容的な資質を感じはじめたとき、私はそれを認識したのです。自分の衝動や、強迫観念、感情的反応に責任を持ったり、それについて向き合うために心の内側に入ることは、私の人生全体にとって困難なことだと感じていたのですが、それが少しずつ楽しくなっていきました。私が今までやってきたユングとシャドウのワークを、

ディック・シュワルツは、まったく別のレベルの癒しへと導いてくれました。

　ディックがIFSを世界中に広め続けていることにとても感謝しています。彼が人々とともにIFSのワークを行っている姿は、見ていて心が温かくなり、深いつながりを感じる光景です。

　私たちは今、かつてないほどIFSを必要としていると思います。彼のワークは、私たち一人ひとりに内面を見つめる覚悟があれば、優しさ、叡智、そして力強さを育むことを提供してくれます。このワークを行うことで、私たちのあらゆるパーツが太陽の下で輝く瞬間を得ることができます。私たちの注意をもっとも必要としているパーツに向けることで、真の癒しが起こるのです。

　私たちの内側に、セルフとともに思いやりが広がるにつれて、ゆっくりと確実にそれは広範な世界に影響を及ぼし、私たちの取り組みを支援し、分裂、対立、不必要な苦しみの少ない世界に向けて成長し変化する手助けをしてくれます。私たちの繊細で輝かしい人間性は、私たち全員の間で共有されているのです。

2021年3月
カリフォルニア州サンフランシスコ
シンガーソングライター／女優
アラニス・モリセット

はじめに

INTRODUCTION

私は心理セラピストとして、人生が崩壊した直後に私のもとを訪れた多くの人々と仕事をしてきました。それらの人々は突然の心臓発作、離婚、子どもの死などが起こるまでは、すべてがうまくいっていたのです。もしそのような人生を揺るがすような出来事がなければ、セラピストに相談しようとは思わなかったでしょう。

その出来事の後では、彼らは同じ意欲や決意を見出すことができません。大きな家や名声を手に入れるといった以前の目標は意味を失います。彼らは途方にくれ、なじみのない怖さの中で無防備さを感じます。しかし同時に新たに心を開いています。防衛的な土台の隙間から、いくばくかの光が差し込むこともあるのです。

もし私が、彼らの人生を支配していた必死にがんばるパーツ、物質主義のパーツ、競争主義のパーツが再び支配するのを防ぎ、自分の中にある他のものを探求できるように手助けすることができれば、その出来事が目覚めのベルとなりえます。

そうすることで、私がセルフと呼ぶもの、つまり落ち着き、明晰さ、思いやり、つながりといった本質にアクセスし、そこから彼らが、より支配的なパーツによって追放されていた自分のパーツたちに耳を傾

けはじめるのを助けることができます。

　自然を楽しんだり、読書をしたり、創造的な活動をしたり、友達と遊んだり、パートナーや子どもとより親密な関係を築いたり、他人に奉仕したりといったシンプルな楽しみが好きだということを発見すると、彼らはセルフと新しく発見した自分のパーツのための場所を作るために、自分の人生を変えることを決意します。

　そうしたクライアントやその他の人たちは、そのような必死にがんばるパーツ、物質主義のパーツ、競争主義のパーツに偶然支配されるようになったわけではありません。それらのパーツは、地球上のほとんどの国、とくに私の国であるアメリカを支配しているのと同じパーツなのです。私のクライアントは、そのような特定のパーツに支配されているとき、それが自分の健康や人間関係に与えているダメージをほとんど気にしていません。同様に、無限の成長に執着する国々は、それ以外の大多数の人々や気候、地球環境への影響をほとんど考慮していません。

　このような人々や国々の心ない奮闘は、たいてい何らかの衝突を引き起こします。この原稿を書いている今（2020年）、私たちは新型コロナウイルス感染症によるパンデミックの真っただ中にいます。このパンデミックは、この先のさらに深刻な事態を防ぐために必要な目覚めの警鐘となる可能性を秘めています。しかし、指導者たちがこの痛みを伴う休止期間を活用し、大多数の国民の苦しみに耳を傾け、他国と競争するのではなく、協力することを学ぶかどうかはまだわかりません。私たちは、私のクライアントがよくやっているような方法で、国内外を変えることができるのでしょうか。

生来の善良さ

　心を扱う新しいモデルがなければ、必要な変化を起こすことはできません。生態学者ダニエル・クリスチャン・ウォールは、以下のように述べています。

　　「人類は成熟期を迎え、世界規模の協力を活性化し、危機の収束に向けた集団的な対応を導くために、強力で意味のある『新しい物語』が必要です……。基本的には相互につながり、依存する惑星システムに参加している私たちにとって、自分自身ともっとも近い人々を大切にする最良の方法は、集団（すべての生命）のためにより一層の思いやりを持つことです。喩えていうなら、私たちは皆同じ船に乗っているのです。つまり、私たちの惑星生命維持システム、バックミンスター・フラーの言葉を借りれば『宇宙船地球号』です。あまりにも長い間、国家、企業、そして人々の間の政治を規定してきた『彼ら対我々』という考え方は、極めて時代遅れです」[1]。

　「今、何よりも必要なのは、私たちを恐怖から遠ざけ、人間性の本来の善良さと創造力に対する信頼を育むリーダーシップです」とジミー・カーターもその思いを共有しています [2]。しかしながら、現在の心を理解する方法では、リーダーたちはそれを達成することができません。なぜなら、それは人間性の闇を強調しているからです。

　人類は本質的に善であり、徹底的に相互に結びついていることを説得力を持って示す新しいパラダイムが必要なのです。その理解によって、私たちは最終的に、自己中心、家族中心、民族中心の在り方から、種族、生物、地球を中心とした在り方へと移行することができます。

このような変化は容易ではありません。私たちの基本的な制度の多くが、あまりにも暗い見方に基づいたものだからです。例えば、ミルトン・フリードマンの経済哲学である新自由主義は、ロナルド・レーガンやマーガレット・サッチャーの時代から、アメリカを含む多くの国々で支配的な容赦のない資本主義を支えてきました。

新自由主義は、人間は基本的に利己的であり、適者生存の世界では誰もが自分のために生きるという信念に基づいています。政府は邪魔をせず、適者は私たちが生き残るだけでなく繁栄するのを手助けする必要があります。このような経済哲学は、大規模な不平等と、今日私たちが劇的に経験している人々の間の分断や二極化をもたらしました。今こそ、私たちの心に宿る協調性と思いやりを解き放つ、新しい人間性の視点が必要な時が来ています。

IFSの誓約

大げさに聞こえるかもしれませんが、この本は、私たちが必要としている変化を達成できるような、勇気づけられるパラダイムと一連の実践方法を提供しています。この本には、私が心の本質について極めて肯定的な主張をしていることを体験するためのエクササイズがたくさん盛り込まれているので、知識を知るだけではなく、自分自身で体験することができます。

私は内的家族システム（Internal Family Systems Model：IFS）の開発に40年近く携わってきました。この本で強調されているように、それは長く、魅力的な、皆さんと分かち合いたいスピリチュアルな旅へと私を導いてくれました。この旅は、私自身について、人間とは何かについて、人間の善の本質について、そしてどれほどの変容が可能なのかについて、私の信念を変容させました。

　IFSは時間の経過とともに、心理療法だけを目的としたものから、一種のスピリチュアルな実践へと変化してきました。とはいえ、IFSを実践するために、自分自身をスピリチュアルであると思う必要はありません。

　IFSの核心は、内的（自分のパーツ）にも外的（自分の人生に関わる人々）にも愛に満ちた関わり方であり、その意味でIFSは人生の実践でもあります。IFSは、毎日、その時々に、いつでも、一人でも、他の人とでもできるものなのです。

　この時点では、あなたの中には懐疑的なパーツがいるかもしれません。結局のところ、本の冒頭で約束するにはあまりにも大きいことです。私がお願いしたいのは、その懐疑的なパーツから、このアイデアを少し試してみるのに十分なスペースを与えてもらえないかということです。私の経験では、実際にやってみるまではお伝えしていることを信じることは難しいでしょう。ぜひエクササイズのいくつかを試して、自分自身で確認してみてください。

リチャード・シュワルツ

目次

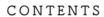

CONTENTS

内的家族システム

INTERNAL FAMILY SYSTEMS

第 1 部

第1章

私たちはみんな
多重人格

私たちは皆、「心は一つ」という考えを共有する社会の中で育ってきました。これは、自分の中には一つの心があり、そこからすべての思考や感情、欲求や衝動が立ち現れるという見方です。私もずっとそう思っていました。しかし、その考えを覆すようなクライアントと立て続けに出会い、そうではないということに気がついたのです。

　私が育った文化圏では「心は一つ」という見方があまりにも浸透していたので、そう考えるのは当たり前のことで、その考えが本当かどうかについて疑問の余地はまったくありませんでした。私はここで、「自分は本当は誰なのか」ということをあなたがじっくり見極める手助けをしたいと思います。そのために本書では、内的家族システム（IFS）が提唱する「複数の心」という新しい見方を紹介し、すべての人が「複数の人格」を持っているという可能性について考えてみることを勧めています。そして、それは本当に素晴らしいことなのです。

　私は、決してあなたが多重人格障害（現在は解離性同一性障害と呼ばれています）であると言っているわけではありません。とはいえ、そのような障害の診断をされている人と、そうではない人との間には、それほど大きな違いはないと私は思っています。そういった障害の診断の中で、いわゆる「交代人格」と呼ばれているものは、私がIFSで「パーツ（副人格）」と呼んでいるものと同じで、すべての人の中に存在しています。唯一の違いは、解離性同一性障害の人は、過去のひどい虐待により、パーツのシステムが他の人と比べてよりバラバラになっており、それぞれのパーツがより独立し、極端に分離された状態になっているということです。

　言い換えると、私たちは皆、生まれながらにして複数の心を持っており、それらが常に自分の中で相互作用しているのです。これは一般的に「思考」と呼ばれるものですが、それらのパーツは互いに、またはあなた自身に対して、やるべきことを言い続けたり、最善の行動について議論したりしています。

　あなたが何かの葛藤に直面したときのことを思い出してみてください。自分の一部が「やるべきだよ！」と言っている一方で、別の部分が「絶対にしないで！」と言っているのを聞いたことがあるのではないでしょうか。

　しかし私たちはそれを単に、対立している考えがあるととらえ、その議論の背後にある内なる声の主に関心を払うことはありませんでした。IFSでは、内なる声の主であるパーツたちに関心を向けるだけではなく、自分の内なるシステムの中で、あなた自身がパーツたちが必要としている能動的なリーダーになっていくことを支援します。

　自分を多重人格ととらえることは、最初は奇妙でおかしく聞こえるかもしれません。しかし実際には、このとらえ方は、あなたにとても

力を与えてくれるものであることをご理解いただければと思います。

この考えに嫌悪感を抱くとしたら、それは今まで多重人格が、私たちの文化の中で病的なものとして扱われてきたからでしょう。独立した別人格を持つ人は病気であるか、または障害があるとみなされてきましたし、交代人格の存在は、以前は一つだった心が断片化されたトラウマの産物だとみなされています。

「心は一つ」であるという視点から見ると、トラウマによって割れた花瓶の破片のように粉々に砕け散ってしまわない限り、統一された一つの心というのが私たちの本来の状態ということになります。

「心は一つ」という見方は、私たちが自分のパーツを恐れたり、それらを病的なものとみなしたりする要因となっています。不快な思考や感情をコントロールしようと躍起になり、自分の人生でやりたいことを邪魔する衝動と戦ったり、無視したり、抑圧したり、隠したりしてきました。そして、それをコントロールできない自分を恥じてしまうのです。つまり、自分を邪魔するものを嫌うわけです。

これらの内なる障害物を単なる不合理な思考や極端な感情としてとらえるなら、このアプローチは理にかなっていることになります。

例えば、プレゼンテーションをすることに恐れを感じている場合、意志の力を使ってその恐れを克服しようとしたり、合理的な思考でそれを修正しようとしたりするかもしれません。それでも恐れが消えない場合、自分を臆病者だと責めたり、自分を無感覚にして忘れさせたり、瞑想して恐れから抜け出そうとしたりと、なんとかしてコントロールしようとする試みをエスカレートさせていくかもしれません。そして、どの方法もうまくいかないと、恐れに照準を合わせて生きるようになり、人前で話さなければならないような状況を避け、自分を敗北者だと感じ、自分のどこが悪いのだろうかと考えるようになります。

さらに悪いことに、セラピストのところへ行くと、あなたの悩ましい「一つの心」に対して診断が下されます。その診断はあなたには欠陥があると信じ込ませ、自己肯定感が低下し、あなたは恥の気持ちから、自分の欠点を隠し、完璧な自己イメージを世間に示そうとするようになります。または、仮面の内側の自分を見抜かれ批判されるのを恐れて、人間関係から身を引いてしまうかもしれません。自分の弱点に同一化し、本当の自分には欠陥があるので、他の人が本当の自分を見たら嫌悪感を抱くだろう、と思い込んでしまうのです。

Netflixのオリジナル番組『クィア・アイ』に美容担当で出演していたジョナサン・ヴァン・ネスはこう語っています。

> 「人生が変わってしまう覚悟があるかって人に聞かれたけど、その意味がよくわからなかった。単に自分がどんな人間かみんなに知られてしまうってことだけじゃなくて、自分の中でこんなことが起こりはじめたんだ。人の目を見ながら時々、『もしも僕が本当はどんな人間か知られてしまったら、それでもみんなは僕に会いたいと思ってくれるのだろうか……もしも僕のしていることをすべて知られてしまったら……もしも僕の全ての部分を見られたら……』って頭の中で小さな声が聞こえるようになったんだ」[1]。

歴史を振り返る

「心は一つ」という見方は、人間の衝動がいかに原始的であるかという科学的理論や宗教的思想と組み合わさって、この内なる二極化（善と悪）の背景を作り出しました。

例えば、キリスト教の神学者ジョン・カルヴァンは、「私たちの本質は善が完全に欠如しているだけでなく、あらゆる種類の悪が蔓延し

ており、それは決して止まることがない……人間全体は、頭のてっぺんから足の裏まで、いわば腐敗しており、どんな部分もその罪から免れることはできない。したがって、人間から生じるものはすべて罪とされるのである」と述べています [2]。

これは「全的堕落」として知られている教義で、人間は神の恵みによってのみ、永遠の呪いの運命から逃れられると主張するものです。プロテスタントや福音主義の主流派は、数百年前からこの教義を持ち続け、文化的な影響を広範囲に及ぼしてきました。またカトリックではこの教義の独自の解釈を「原罪」という概念とともに持っています。

しかし、このような価値観の背後にあるのは宗教の影響だけではありません。何世代もの間、哲学者や政治家は、人間が表に見せている文明的な外面のすぐ下には、原始的な衝動が潜んでいると主張してきました。

フロイトは精神に関する重要な洞察をもたらし、その大部分はIFSと親和性のあるものでしたが、彼のドライブ理論は大きな影響力を持ち、それは人間の本質を悲観的に見ていました。心の表面下には、利己的で攻撃的で快楽を求める本能的力動があり、それらが無意識のうちに私たちの人生を突き動かしていると主張したのです。

また、オランダの歴史家ルトガー・ブレグマンは、こうした人間の本質に関する前提について、「人間は生まれながらにして利己的であるという教義は、西洋の典範の中で神聖な伝統となっている。トゥキディデス、アウグスティヌス、マキャベリ、ホッブズ、ルター、カルヴァン、バーク、ベンサム、ニーチェ、フロイト、そしてアメリカ建国の父といった偉大な思想家たちは、それぞれが独自の文明化のベニャ理論を持っていた」とまとめています [3]。

意志の力と恥

　意志の力と自制心を強化することは、アメリカ文化に浸透しており、私たちは、意志の力で原始的で衝動的な罪深い心を律することができるはずだと考えています。山ほどある自己啓発本には、自分をコントロールする能力を高め、自制心を身につけることが大切だと書かれています。意志の力という概念も、歴史的にはヴィクトリア朝時代に、邪悪な衝動に抵抗することを強調するキリスト教に根ざしています。

　自分自身に責任を持ち、言い訳をしないという考え方は典型的なアメリカのものです。

　悲しいことに、私たちの意志の力に対する崇拝は、政治家や評論家たちによって、所得格差の拡大を正当化するために利用されてきました。実際には、これとは真逆の研究結果があるにもかかわらず、「自制心がないから貧しいのだ、自制心があるから金持ちなのだ」と教えられています。

　例えば、低所得者層は、基本的な生存のための十分な資金を与えられると、力を得て生産的になることが研究で示されています [4]。しかし現実には、とくに今回のパンデミックの経済的影響を考えると、私たちのほとんどは、いつその基盤を揺るがされてもおかしくない状況にあり、その脅威が私たちの中の生存を維持しようとするパーツを動かし続けているのです。

　この意志の力に関する倫理が自分の内側にも取り込まれ、私たちは幼い頃から自分の手に負えないパーツを恥じ、それらを手荒に扱うことを身につけ、服従させるためにがんじがらめにしています。この文化的な規範に基づき、あるパーツが内なる軍曹として採用され、そのパーツが厄介な内なる批判者になってしまうことがよくあります。そ

れは、私たちを辱めたり、恥に値する私たちのパーツ（例えば、人に対してひどいことを考えるパーツ、または物質依存のパーツなど）を完全に排除しようとするパーツの声です。

感情や思考を取り除こうとすればするほど、それが強くなっていくことに気づかされます。これは、パーツも人間と同じように、恥をかかされたり、追放されたりすることに対して反撃するからです。

そして、もし懲罰的な自己抑制でそれらのパーツを支配することに成功したならば、私たちは厳格で支配的な内なる軍曹の圧政を受けることになります。そうなると私たちは規律正しくいられるかもしれませんが、あまり楽しくはなくなってしまうでしょう。

また、追放された過食するパーツ、激怒するパーツ、性欲過多などのパーツは、一瞬の隙をついて、再び脱走してあなたを乗っ取ろうとするので、それらのパーツを刺激しそうな人や状況に対して常に警戒していなければなりません。

前述のジョナサン・ヴァン・ネスは、薬物依存からの回復に何度も挑戦しては失敗していました。それについて彼はこう語っています。

「私は12ステップ（依存症回復のリハビリプログラム）に馴染みがあったので、リハビリ施設や教会で説かれる多くの禁欲を目の当たりにして、癒しは『すべてかゼロか』でなければならないという考えを持ちそうになったけど、それは自分にとっては真実ではなかった。自分の中にある性的虐待、薬物依存、PTSDの複雑なもつれを解きほぐそうとしたのだけど、『二度とやりません』というアプローチは自分には向いていなかった。私は一度依存症になったからって、一生依存症になるとは思っていない。依存症が終身刑のような病気だとは思わない……。たとえ失敗しても、

数カ月間失敗せずに過ごせなかったとしても、あなたは破滅した
わけじゃない」[5]。

12ステップには、ヴァン・ネスが出会ったような厳格な考えに縛
られないアプローチもあります。そこではグループの人々が無防備に
なることができ、サポートを受けるための素晴らしい場となります。
また、12ステップの「大いなる力にすべてを委ねなさい」という教
えは、内なる軍曹のパーツたちが軽やかになり、明け渡したりするの
に役立つこともあります。

しかし一般的な家庭においても、親が軍曹のようになり、コントロー
ルするために子どもを辱め、振る舞いを正そうとし、さもなくば厄介
者扱いするような方法は、うまくいきません。私がここで言いたいの
は、そのような方法を私たちの内なる家族であるパーツに対して使っ
ても、それは同様にうまくいかないだろうということです。

こうした意志の力に対する私の考え方を聞いて、「IFSでは自己統
制をしないと言っている」とは思わないでください。

実際の子どもと同じように、私たちの中にも全体のシステムにとっ
て良くないものをほしがるパーツがいます。こうした衝動的なパーツ
に対して、IFSでいうセルフ（後述します）は、理想の親がするのと
同じように、愛と忍耐を持ってしっかりと「ノー」と言うことができ
るのです。

さらにIFSでは、そうした衝動的なパーツに乗っ取られたとしても、
そのパーツを辱めることはありません。むしろ、好奇心を持って、何
がそのパーツの衝動の原動力になっていて、何が癒される必要がある
のかを見つけるための入口とするのです。

パーツは邪魔者ではない

　心は一つであるという見方の世界では、人間は原始的で、罪深いものに満ちているコントロール不可能な一つの心を持っているのだと信じているので、安易に自分自身を恐れたり、嫌ったりすることにつながる可能性があります。そして必死に自分をコントロールしようとするがゆえにがんじがらめになり、自分が犯した失敗のために、自分自身を攻撃する残酷な内なる批判者を作り出します。

「私は長い間、（自分の内側にいる）小さなジャックを脇に追いやってきた。その子を育む代わりに、彼をバラバラに引き裂いてきた……。なぐさめるような思いやりのある愛で、自分自身を育てることを学ぶ……それが、満たされるための鍵なんだ」とヴァン・ネスは語っています [6]。

　ほとんどの心理療法やスピリチュアルな実践は、この「心は一つ」という見方を支持しています。

　そしてその解決策として、不合理な信念を正したり、瞑想で遠ざけたりするべきであると勧め、この考え方を強化する傾向にあります。なぜなら、それらの信念は一つの心から生じる邪魔者とみなされるからです。

　例えば、瞑想の手法の大半は、思考を有害なもの、エゴを邪魔なものや煩わしいものとみなし、それを無視するか、または超越するように指導しています。

　ヒンズー教にマーヤと呼ばれる神がいますが、それはキリスト教のサタンによく似た誘惑者であり、私たちを幻想の外界に固執させる敵であるとみなされています。ヒンズー教の伝統では、物質的な物や快楽主義的な喜びに私たちを向かわせ続けることがマーヤの目的で、エ

ゴはマーヤに仕えているとみなされています。

　仏教の教えでは、まるで興奮した猿のように自分の思考が意識の中で飛び回ることを、モンキーマインド（猿の心）と表現しています。ラルフ・デ・ラ・ロサが『The Monkey Is the Messenger』の中で以下のように述べています。

　　「モンキーマインドが世界中の瞑想者の災いの種であることは不可解ではないだろうか。瞑想の実践に安らぎを見出そうとしている人たちにとって、思考はしばしば煩わしい厄介なもの、裏口から忍び込んでくる原始的な侵略者とみなされる……。瞑想の世界では、考える心は、いまわしい原始的な下等動物であり、私たちにとって何の価値もなく、それは繰り返しやってくるただのゴミの塊だというように、この猿の比喩が意に反した形で広まっている」[7]。

　前述のデ・ラ・ロサは、近年現れた、エゴを悪者にするスピリチュアルな常識を覆した複数の著述家のうちの一人です。
　もう一人は心理療法士のマット・リカタで、彼はこう述べています。

　　「『エゴ』はしばしば、私たちを乗っ取ることのある、一種の独立した存在であるかのように語られる。厄介で、まったくスピリチュアルではない、無知な小人が内側に住んでいて、私たちに本当に未熟な行動をとらせ、人生に終わりのない混乱を引き起こし、道を進むのを阻んでいるのだと。それはひどく恥ずべきものであり、スピリチュアルであればあるほど、『エゴを捨てよう』『エゴを超越しよう』とやっきになり、仮想のスピリチュアルな戦いへと突入するのである。それをよくよく見てみたならば、エゴの正

体とは、他でもない、『エゴを捨てよ』と叫ぶその声そのもので
あろう」[8]。

　これらの伝統がエゴと呼んでいるパーツの集合体は、IFSの視点か
ら見ると、ひとえに私たちの安全を守ろうとしている防衛的なパーツ
たちです。彼らは、私たちが内側に閉じ込めた過去のトラウマに起因
する感情や記憶を持つ他のパーツに反応しており、同時にそれらの
パーツを内包しているのです。

　ここからは、1980年代にジョン・ウェルウッドが造った定義「ス
ピリチュアル・バイパス」を、人々がどのように実践しているのか検
証してみましょう。
　ジェフ・ブラウンは、彼の映画『Karmageddon』の中で、この現
象を深く掘り下げています。

　　「子ども時代を過ごした後、私は苦しみが表面化しないようにす
　　るためのスピリチュアリティを必要としていた……。私は自己回
　　避と悟りを混同していたのだ」[9]。

　実際、ブッダの目覚めに関する正典の物語の中核的なメッセージの
一つは、思考と欲望が悟りを開くための主な障壁であるというもので、
彼は菩提樹の下で瞑想している間、色欲、欲求、充足感、後悔、恐怖、
不安など、さまざまな衝動に襲われたが、それらを無視し、抵抗する
ことによって、悟りを開くことができたと伝えられています。

　そうは言っても、現在あらゆるところで行われている仏教に由来す
るマインドフルネスの実践は、正しい方向への第一歩と言えるでしょ
う。マインドフルネスは、思考や感情と戦ったり、無視したりするの

ではなく、それと距離を置いて、受け入れる視点から観察することを助けてくれます。私にとってこれはよいスタート地点ではあるのですが、必ずしもそれが心地のよいものとは限りません。

　経験豊富な瞑想者にインタビューした研究者は、多くの瞑想者たちがかなり長い間、継続して不快な体験をしていることを発見しました。その中でもっとも多かったのは、恐怖、不安、妄想症、離人症、トラウマ的な記憶の追体験といった感情でした [10]。

　IFSの観点では、マインドフルネスに伴う心の静寂は、普段の生活の中で、私たちを突き動かしているパーツ（エゴ）がリラックスすることで起こります。そうすると、今まで封印してきたパーツ（エグザイル：追放されたパーツ）が、封印された過去の感情や信念、記憶（IFSではこれらを「重荷」と呼びます）を抱えて、浮かび上がってくるのです。

　私が知っているマインドフルネス療法のほとんどは、「心は一つ」という見方を信じているので、そのようなエピソードが浮上してくることは、厄介な思考や感情が一時的に出現したものと見なします。そのため、それに耳を傾けたり、愛されることを必要としている傷ついたパーツの声としてそれを扱うことはありません。

　では、なぜ私たちは思考や感情と会話したいと思っているのでしょうか。返事なんて返ってくるわけがないと思いますか？　ところが、私たちはパーツたちと対話することができることがわかったのです。実のところ、彼らはとても多くの大切なことを私たちに教えてくれるのです。

パーツについて学ぶようになったきっかけ

　他の人と同じように、私も以前は心は一つのものであると考えていました。私は何年も家族療法士としてのトレーニングを受け、この分

野での博士号も保持しています。当時、私たち家族療法士は、心には
まったく注意を払っていませんでした。外的な関係性を変えるだけで、
すべてを変えることができると思っていたので、内面的な世界に入り
込むセラピストは時間を無駄にしている、と私は考えていました。

　しかし問題は、そのアプローチがあまり効果的でなかったことです。
　私は過食症の患者を対象に家族療法の効果を調べる研究調査を行い
ました。その結果、家族の関係がよくなったにもかかわらず、彼らの
過食嘔吐が治まらなかったことを発見しショックを受けました。その
理由をクライアントに尋ねたところ、彼らは自分の中のさまざまな
パーツについて語りはじめたのです。まるで、そのパーツたちが自主
性を持っているかのように、または、そのパーツに乗っ取られてやり
たくないことをやらされているかのように、彼らはパーツについて話
したのです。

　最初は、多重人格障害（＊訳注：今でいう解離性同一性障害）が発症
したのかと怖くなりました。しかし、私自身も自分の内面に耳を傾け
てみると、自分にもパーツがあることに気がつき、衝撃を受けました。
実際、私の中には、かなり極端なパーツもありました。

　私は興味を持ちはじめました。そしてクライアントにパーツの説明
をしてくれるよう頼んでみると、非常に細かく説明してくれました。
それだけでなく、パーツ同士がどのように作用しあい、どのような関
係を持っているのかも教えてくれました。あるパーツは互いに争い、
あるパーツは同盟を組み、あるパーツは他のパーツを守っていたのです。
　やがて私は、自分が今までセラピーで扱ってきた「外的」な家族関
係と親和性のある、ある種の「内的」なシステムについて学んでいる
ことに気づきました。そこで私はこれを「インターナル・ファミリー・
システム（内的家族システム）」と名づけたのです。

　例をあげると、あるクライアントは、自分が失敗をしたときによく現れる、容赦なく自分を非難し、攻撃してくる内なる批判者のパーツについて語ってくれました。その攻撃は、自分は完全に見捨てられ、孤独で、からっぽで、無価値だと感じているパーツを刺激し、反応を引き起こします。その無価値感を持つパーツが出現すると、それを感じることは苦痛なので、まるでそこから救出しようとするかのように過食するパーツがやってきます。そして、それはクライアントの意識を身体から追い出し、無感覚のまま食べまくる機械に変えてしまうのです。

　すると、また批判者のパーツがその過食するパーツを非難し、それがまた無価値感を持つパーツの反応を引き起こします。そして、気がつくと何日もの間、この悪循環に巻き込まれているのです。

　最初は、クライアントにこれらのパーツを締め出したり、やめさせたりするようなやり方でパーツたちと関わらせようとしました。例えば、批判的なパーツを無視したり、それと議論したりすることを提案しました。

　しかし、このやり方では、事態は悪化するばかりでした。私にはクライアントをもっと強く戦えるよう励ますということ以外には、この内なる戦いに勝つためにどうすればいいかわかりませんでした。

　また別のクライアントは、自分の手首を切るパーツを抱えていましたが、私にはそれは耐え難いものでした。

　あるセッションで、クライアントと私は、そのパーツがもう手首を切らないことに同意するまで、数時間かけてそのパーツを説得しました。私は疲れを感じながらも、戦いに勝ったという満足感でそのセッションを終えました。

しかし次のセッションの日、ドアを開けると、なんとそのクライアントは顔に大きな切り傷を負っていました。それを見た私は、愕然とし、崩れ落ち、とっさにこう口にしたのです。

「もう降参だ、君には勝てないよ」。

すると、それを聞いたパーツは態度を変えて、こう言いました。

「私だって、本当はあなたを負かしたいわけじゃないわ」。

それを聞いたとき、私の中に変化が起きました。パーツに対する支配的な関わりから、より好奇心に満ちた関わりに変わったのです。そして、こう尋ねました。

「なぜ君は彼女にこんなことをするんだ？」

この瞬間が、IFSの歴史における大きな転機となりました。

するとそのパーツは、クライアントが過去に虐待を受けていた頃に、苦痛な感情や感覚を感じないために、いかに彼女（の意識）を身体の外に追いやる必要があったか（＊訳注）、そしてさらなる虐待につながらないように怒りをコントロールする必要があったかを語りはじめました。それを聞いて、私の中で、自然に感謝の気持ちが湧き起こり、そのパーツが彼女の人生で果たしてきた英雄的な役割について感謝を伝えました。

そのパーツは涙を流しました。今まで、みんなそのパーツを悪者扱いし、排除しようとしてきたからです。そのパーツは、このとき初めて、その物語を語る機会を持つことができたのです。

＊訳注：トラウマなどの強いストレスを受けると、気持ちや行動が自分から隔離・分離されてしまう「解離」と呼ばれる状態が起こります。IFSでは、解離を「防衛パーツがセルフを身体の外に追い出してしまっている状態」と捉えています。

私はそのパーツに「過去、彼女の命を守るためにそうしなければならなかったのはとても理にかなっているが、なぜ今もなお彼女を傷つ

ける必要があるのか？」と尋ねました。そのパーツは、別の脆弱なパーツを守らなければならないと言い、まだそこにある怒りをコントロールしなければならないと話してくれました。

　話をするうちに、自傷行為をするパーツは「今、現在に生きていない」ということが明らかになりました。そのパーツは、過去の虐待の場面に立ち往生したままで、実際には彼女はもうそのような状況にはいないのにもかかわらず、そのパーツはクライアントがまだ子どもで、重大な危険にさらされていると信じていたのです。

　もしかしたらこれらのパーツは見かけとは違うのかもしれない……。
　機能不全家族の子どもがそうであるように、ときにはそれが破壊的に見えたとしても、もしかしたらこのパーツは、本来の状態から、その人やそのシステムを守るために必要な役割に追いやられただけなのかもしれないと私は考えはじめました。

　そこで私は、厄介なパーツと戦うのではなく、クライアントがパーツの声に耳を傾ける手助けをするようになりました。
　すると、クライアントのパーツは皆、その人の過去のある時点で、いかにして防衛する役割を担わなければならなかったかという、よく似た物語を共通して持っていることを発見し、私は驚きました。その役割はしばしば、パーツたちにとっても嫌なものだけれども、クライアントを救うためにはそれが必要だったとパーツたちは信じていたのです。

　これらの防衛パーツに「もう守る必要がない」と信じられたら代わりに何をしたいか、と尋ねると、彼らはたいてい、自分が今までに担ってきた役割とは真逆のことをしたいと言ってきました。内なる批判者はチアリーダーや賢いアドバイザーになりたがり、極端に世話好きの

パーツは境界線を引くのを助け、怒りを抱えたパーツは、誰が安全であるかを見分ける手助けをしたいと言いました。

一見そうは見えなかったとしても、これらのパーツたちは防衛的な役割以外にも人生に影響をもたらす資質と能力を持っており、それは防衛的な役割に縛られているときには発揮できなかったものでした。

それから数十年経ち、世界中でIFSを行っている何千人ものセラピスト、何千人ものクライアントがいる今、私は、これは「パーツについての真実である」と自信を持って言えます。

パーツたちは、かなり極端な役割を引き受け、その人の人生に大きなダメージを与えたことがあったとしても、本質的に悪いパーツというのはありません。過食症の人に過食させたり、拒食症の人を飢餓に陥らせたり、自殺や殺人をさせたくなるようなパーツでさえも、このマインドフルな場所、つまり敬意に満ちた、オープンで、好奇心に満ちた場所からアプローチすると、そのパーツがどのようにして今の役割を強いられたか、どうしてその役割から抜け出せず、それをしなければ何か恐ろしいことが起こるのではないかと怯えているのか、そんな秘密の歴史を明らかにしてくれるのです。そして、それらのパーツたちは、その役割を引き受けなければならなかったトラウマを経験した過去の時間に立ち往生しているのです。

ここで一息ついて、この発見のスピリチュアルな意味を探ってみましょう。基本的に、私がここで発見したことは、外側の世界と同じように、内側の世界でも「愛」が答えになるということです。

パーツの声に耳を傾けたり、パーツを抱きしめたり、パーツに愛情を注いだりすることで、人間と同じようにパーツも癒され、変容することができるのです。仏教の言葉で言えば、慈悲と愛を通して、内なるそれぞれの存在（パーツ）が悟りを開くのを助けるという意味で、

IFSは人々が自分の内なる菩薩のような存在になるのを助けるのです。

　また、キリスト教の言葉で言えば、イエスが外の世界で行ったことを、IFSでは内なる世界で行うことになります。イエスがハンセン病患者や貧しい人々、追放された人々にしたように、私たちも自分の内なる追放されているパーツや敵とみなしているパーツに愛を持って向きあい、彼らを癒し、家に連れ帰るのです。

　大事な結論は、パーツはこれまで一般的に考えられてきたようなものではないということです。認知的な適応でもなければ、罪深い衝動でもないのです。むしろパーツは神聖な存在であり、そのように扱われるに値するものなのです。

　本書で探求するもう一つのテーマは、いかにすべてが相似形であるかということです。すなわち、内なる世界で起こる自分とパーツとの関わり方が、外の世界での自分と人との関わり方に関連しているということです。

　もし私たちが、自分のパーツの真価を認め、敵のように見えるパーツにも思いやりを持つことができれば、それに似た人たちに外側で出会っても、同様に思いやりをもって接することができるはずです。

　逆に、自分のパーツを嫌ったり軽蔑したりすれば、それを連想させるような人に対しても同じように接するでしょう。

パーツについての発見

□　もっとも破壊的なパーツでさえも、その人を守ろうという意図を持っている。

□　多くの場合、極端な役割が必要だった過去のトラウマの中でパーツたちは立ち往生したままでいることが多い。

□　自分の役割を手放しても安全だと信頼できたとき、パーツは
システムにとって大きな価値のある存在となる。

重荷

　私が偶然見つけたもう一つの重要な発見があります。それは、パー
ツたちは極端な信念や感情を彼らの「身体」に宿しており、それが彼
らの感じ方や行動を駆り立てているということです。

　その人自身が持っている「肉体」とはまた別に、それとは分離した
ものとしてパーツが「身体」を持っているという考えは、最初は不思
議だったり、馬鹿げたことだと思うかもしれません。これは長年にわ
たってこの内なる領域を探求してきた中で、私が学んだことを報告し
ているだけですので、それらのデータの存在についての実在論的な判
断はしていないことをご了承ください。しかしもしあなたが自分の
パーツに対して、そのパーツの「身体」について尋ねたら、ここで取
り上げているのと同じ答えが返ってくるだろうと私は予測しています。

　私は長い間、この発見をどう受け止めていいのかわかりませんでし
た。それにもかかわらず、パーツたちは自分たちには身体があり、そ
の身体には、自分のものではない感情や信念が入り込んでいる、と説
明してくるのです。
　多くの場合、彼らはこれらの感情や信念が自分の中に入ってきたり
くっついたりしたトラウマ的な瞬間を正確に伝えることができますし、
自分の身体のどこに、彼らにとっては異物と思われるものが入ってい
るのか、あるいはくっついているのかを伝えることができます。
　例えば、「腕についたタール」「お腹の中にある火の玉」「肩にのっ

ている大きな重り」といった具合です。このような異質な感覚や思い込み、またはエネルギーと表現されることもあるものを、私は「重荷」と呼んでいます。それはまるでウイルスがパソコンの動きを変化させてしまうように、パーツが抱えている重荷は、そのパーツの経験や活動を強力に編成するものであるということがわかっています。

　ここで重要なのは、これらの重荷は、親に虐待されたときに子どもが抱く無価値感や、交通事故に遭ったときにパーツに付着する恐怖や、幼くして裏切られたり見捨てられたりしたときにパーツに入り込む「誰も信用できない」という信念など、その人の直接的な経験の産物であるということです。

　私たちは、幼少期の頃にはこうした感情や信念の正当性をほとんど見分けることができません。その結果、これらの感情や信念は幼いパーツの身体にこびりつき、その後の人生を（無意識的にとはいえ）強力に支配するようになるのです。私たちはこれらを「個人的な重荷」と呼んでいます。

　個人的な重荷の中で、もっとも強力な重荷のいくつかは、愛着理論の提唱者であるジョン・ボウルビィが「内的作業モデル」と呼ぶものに似ています［11］。

　それは、自分の面倒を見てくれる人、世間一般、そして、その後の親しい人間関係から、あなたが何を期待するかについて、あなたが子どもの頃に作成した地図だとボウルビィは考えました。また、それは自分自身の善良さのレベルや、自分がどれだけ愛とサポートを受け取るに値する存在であると自分自身が思っているかについても教えてくれるものでもあります。

　個人的な重荷以外にもう一つ、「受け継がれた重荷」と呼ばれるも

のがあります。これは、あなたが直接人生で経験したものから生じたものではなく、あなたの両親から受け継ぎ、その両親もまたそれぞれの親の世代から受け継いだ、というようなものです。または、あなたが今属している民族や文化圏から取り込んだものもあるでしょう。

　受け継がれた重荷は、個人的な重荷と同様、あるいはそれ以上に強力に私たちの人生を形作るものになりえます。それは、私たちが長い間その中に浸かっているため、トラウマによる個人的な重荷に比べ、気づきにくいことがあります。まるでそれは、魚にとっての水のように、顕著であるのに気づかれないことがあるのです。

パーツは重荷ではない

「パーツ」と「重荷」を区別することはとても重要です。なぜなら、世界の多くの問題は、心を理解する見方で生じる誤りに関連しており、その誤りとは「重荷」と「それを担うパーツ」とを取り違えてしまうことだからです。

　例えば、麻薬を常用し、その欲求を抑えられない人は、一般的には中毒者だとみなされます。その場合、その欲求を抑えるために麻薬拮抗薬を使うか、中毒のパーツに抵抗する回復プログラムを用いるか、または、意志の力でその衝動と戦うかのいずれかになるでしょう。

　その一方で、もし私たちが、麻薬を欲する中毒のパーツは「防衛パーツ」であり、その人が抱える深刻な精神的苦痛や自殺願望からその人を遠ざけ、その人を守る重荷を担っていると考えるなら、その人への対処法はまったく違ってくるでしょう。

　戦う代わりに、そのパーツを知り、そのパーツを尊重し、そのパーツが守っている別のパーツを癒したり、変容したりすることを許可してもらえるよう交渉することができるのです。

そうすることで、中毒のパーツは、守る役割から解放され、そのパーツが今まで背負ってきた恐怖と責任の重荷を下ろしてもらうことで、その人の癒しを助けることになります。重荷がパーツの身体から離れると、パーツはすぐに元の「価値ある状態」に戻るのです。

重荷を下ろすことは、IFSのスピリチュアルな側面と言えます。それはまるで、内なる眠れる森の美女や人食い鬼、または中毒者が呪いから解かれたようです。重荷を下ろしたパーツは、ほぼ例外なく「身体が軽くなった」「遊びたい」「休みたい」と言い、その後、新しい役割を見つけます。

例えば、「元」中毒のパーツは、これからはあなたが人々とつながるのを助けたがるかもしれません。過剰に警戒していたパーツは境界線を明確にする助言者になり、批判者だったパーツは内なるチアリーダーになる、といった具合です。**それはまるで、それぞれのパーツが真の目的を持った人間のようなものなのです。**

悪い私はいない

『「悪い私」はいない』というこの本のタイトルを見て、こんな疑問が浮かんだ人もいるのではないでしょうか。

例えば、ひどい暴力をふるったパーツはどうすればいいの？ 人を殺したり、性的虐待をしたパーツは？ あるいは、自分自身を殺そうと自殺を決意しているパーツは？ 一体どのようにして、これらの悪い役割を担うパーツが、良いパーツになれるのでしょうか？

IFSを行ううちに、クライアントのパーツをつき動かす重荷は、子どもの頃のトラウマに根ざしていることが次第に明らかになってきました。そのため、1980年代後半から1990年代前半にかけて、私は、複雑性トラウマを抱え、境界性パーソナリティー障害、慢性うつ病、

摂食障害といった重い診断を受けた人たちの治療を専門に行うようになりました。

　また、虐待の加害者を理解し、治療することにも関心を持つようになりました。なぜなら、加害者の一人を癒すことで、将来的に多くの被害者を救う可能性があることが明らかになったからです。

　私は7年の間、イリノイ州にある「オナルガ・アカデミー」という性犯罪者治療センターで相談にのっていました。

　子どもに性的虐待をしたパーツの声に、クライアントが耳を傾けるのを手伝う機会があったのですが、何度も何度も同じ話を耳にしました。彼らの多くは、自分が子どものころに虐待を受けており、彼らの防衛パーツが、彼らを守ろうと必死になった際に、加害者の怒りや性的暴力のエネルギーを取り入れ、そのエネルギーによって加害者から彼らを守ろうとしたのです。

　しかし、その時点から、この防衛パーツは、加害者の憎悪と支配欲、そして弱い者を罰するという重荷を背負い続けることになりました。そして、そのパーツも虐待を受けている時期に立ち往生したままでした。

　このように、子どもを虐待する行為は、弱くて無垢なものを傷つけることで相手を支配する、というパーツの動機に起因しています。そして加害者パーツは、その人の心の中で、自分の傷つきやすい子どものパーツにも同じことをします。

　この過程は、虐待された人の防衛パーツが、親から虐待を受けていたときに、加害者である親の重荷を「受け継がれた重荷」として担う一例です。

　子どもの頃の虐待の経験の中で立ち往生していたそれらのパーツを

癒し、親から受け継いだ暴力的または性的なエネルギーの重荷を下ろすことができると、加害者のパーツは他のパーツと同様に、すぐに変容して価値ある役割を担うようになりました。この時期、私は他の種類の加害者（殺人犯を含む）にも働きかけ、同様の発見をする機会がありました。

　私は、ウィル・ロジャースの有名な言葉「好きにならない男に会ったことはない」を思い出し、パーツについても同じことが言えると気づいたのです。最終的に私は、どんな凶悪なことをしたパーツたちさえも、みんな好きになってしまったのです。

　それから数十年経った今、私は数え切れないほどのクライアントに接してきましたが（世界中のIFSセラピストも同様です）、「悪いパーツはいない」と言っていいと考えています。

　スピリチュアルな伝統は、すべての人に思いやりを持つことを勧めていますが、IFSはこの点において、実際にそれを可能にする助けになっていると思います。

　IFSは、根本的に異なる前提に基づいています。それは、たとえ悪魔のように見えるパーツだとしても、それぞれのパーツはその役割を強いられ、嫌な重荷を背負わされ、そして今もそれに突き動かされており、隠された辛い歴史を共通して持っているということです。そしてIFSは、そのようなパーツと、それを持っている人々が癒され、変化を促すための明確な手順を示しています。これは、絶望している人々に希望をもたらすものです。

セルフ｜The Self

　クライアントが自分のパーツに耳を傾け、彼らとより良い関係を築けるよう手助けしていた初期の頃、私はゲシュタルト療法で使われる

複数の椅子を使った手法を試していました。

　基本的に、クライアントは椅子に座り、向かいにある空席の椅子に向かって話します。クライアントには、自分が話しているパーツがその空席の椅子に座っているとイメージしてもらいました。そして、クライアントだけではなくパーツも話すことになるので、椅子の間を何度も行ったり来たりしてもらった結果、複数のパーツと対話していくうちにオフィスが椅子だらけになりました。私は、クライアントがそれぞれのパーツになりきって部屋の中を移動するのを見て、実際にパーツ間のパターンについて多くを学ぶことができました。

　あるとき、洞察力に富んだあるクライアントが、椅子から椅子への移動は不要で、一つの椅子に座っていても同じことができるのではないかと提案してきました。そのクライアントはその方法でうまくいったので、他の人にも試してみたところ、彼らもその方法でできることがわかりました。

　私の主な目標は、クライアントが自分のパーツたちとより良い関係を築けるようにすることでした。たくさんのクライアントを通じて何度も見たパターンは、私が家族療法士として見たパターンとよく似ていました。

　例えば、子どもの過食症のクライアントが批判的なパーツと話をしていると、突然、批判者に腹を立てて怒鳴ったりするのです。これを家族療法の例で見てみましょう。クライアントは批判的な母親と話している少女で、腹を立て母親に怒鳴っているとします。このような場合、家族療法士は、部屋を見回して、母親に対して密かに味方をしている人がいないかどうかを確認するように教わります。

　例えば、少女の父親が、自分も母親の意見に反対だというサインを出しているような場合です。このようなときは、父親に脇によけてもらい、少女の視界から退いてもらうと、少女は徐々に落ち着きを取り

46

戻し、母親との会話もうまくいくようになります。

　そこで私はこの「脇によける」という家族療法の手法を、内なるパーツに対しても使いはじめました。他のパーツに脇によけてもらうことで、それぞれのパーツの話をよりじっくりと聞けるようにするのです。

　例えば、話をしたいパーツ、この場合は「批判者のパーツ」に対して「怒っているパーツ」を探し、クライアントに「そのパーツに少しの間、脇によけてもらうよう頼んでもらえますか」と伝えます。すると驚いたことに、ほとんどの人が、それほど躊躇することなく、「はい、できました」と言うのです。そして、パーツに脇によけてもらうと、クライアントはまったく別の状態に変化していくのです。

　他のパーツ、例えば「怖がるパーツ」などが出てきても、それに脇によけてもらい、また、次々に現れるパーツも脇によけ、クライアントに話すスペースを与えると、その人は、よりマインドフルな状態になり、批判者のパーツに対して好奇心を持つようになるのです。

　他のパーツに脇によけてもらい、もっと内側のスペースを空けてもらうというシンプルなやり方で、批判者のパーツに対して好奇心を持ち、落ち着いて自信に満ちた誰かが現れてくるのです。

　クライアントがその状態でいると、パーツとの対話がうまくいきます。批判者のパーツは警戒心を解き、その隠された歴史を語り、クライアントは慈愛とともにその話に耳を傾け、そのパーツが守ってきたものについて理解する、といった具合です。

　回を重ねていくにつれ、どのクライアントの中にも同じように好奇心があり、穏やかで自信に満ちていて、思いやりのある誰かが突如現れるのです。それは、内面での癒しが起こるための関わり方を知っているようでした。

　そして、クライアントがそのような状態にあるとき、「それはどの

パーツですか」と尋ねると、「これは他のパーツではありません。これは私そのものです」あるいは「私の本質に近いものです」「これが本当の私です」と彼らは答えるのです。

これが、私が「セルフ（The Self)」と呼んでいるものです。そして、何千時間にもわたってこの仕事を続けてきた結果、私はこの**セルフが誰の中にもあると確信を持って言うことができます。**
さらに言うと、セルフは傷つくこともなく、成長する必要もないのです。そしてセルフは内的関係だけでなく外的関係を癒す方法についても独自の知恵を持っています。

私にとって、これは偶然見つけたもっとも重要な発見です。これがすべてを変えるのです。
防衛パーツが脇によけ、スペースが開かれると、そのすぐ下のセルフが自然に、たいていは突然、誰の中からも現れてくるのです。

あなたの番です

ここまで私はIFSの紹介をしてきました。これを聞いて、多くの人はある程度、概念的には理解してくれますが、実際に体験してみるまでは、私の言っていることを本当に理解することはできないと思います。
では、あなたの番です。さまざまな方法で自分自身を知るための手はじめとして、あるエクササイズに挑戦していただこうと思います。

エクササイズ❶
防衛パーツを理解する

※実際にエクササイズを練習する際には、巻末にすべてのエクササイズのステップを明
　確に要約してまとめたエクササイズ集がありますので、そちらをご活用ください。
※エクササイズ集P312を参照。

　少し時間をかけて、居心地のいい姿勢をとってください。瞑想する
ようなつもりで、落ち着けるように準備をします。もし深呼吸をする
ことが役に立つようだったら、そうしてください。

　今から、あなたの身体と心をスキャンしていきましょう。あなたの
中に現れてくる、思考や感情、身体感覚、または衝動など、それがな
んであれ、それに気づきを向けていきましょう。ここまでは、ただそ
こにあるものに気づき、それから少しだけ距離をとるという、マイン
ドフルネスのエクササイズと同じです。

　そうする中で、これらの感情、思考、感覚、衝動など、それらのう
ちに何か一つ、あなたに呼びかけて、あなたの注意を引こうとしてい
るものがあるかどうかを確かめてください。もしそのようなものが
あったら、それが「ターゲットのパーツ」となります。少しの間、そ
れに意識を集中し、それがあなたの身体の中の、あるいは身体の周り
のどこにあるのか、気づいてみましょう。

　それに気づいたら、そのパーツに対して自分がどう感じているかに

気づいてください。

　例えば、あなたはそれが好きですか？　それはあなたを悩ませていますか？　あなたはそれを恐れていますか？　あなたはそれを取り除きたいですか？　あなたはそれに依存していますか？

　ここではあなたが、この思考、感情、感覚、あるいは衝動とすでに何かしらの関係を持っていることに、ただ気づいていきましょう。

　あなたにはそれに対して、開かれている気持ちだったり、好奇心はあるでしょうか？

　もしそうでなければ、あなたの中に別のパーツが現れてきています。その場合はまず、その2番目のパーツの話を少し聞きます。そのパーツに、ターゲットのパーツに対して嫌悪感や恐れ、またはそれ以外の激しい感情を持っているのか、尋ねてみましょう。

　そして、あなたがターゲットのパーツを知るために、ちょっと力を抜いて少しスペースを与えてくれないか、そのパーツに聞いてみましょう。命令するのではなく、お願いをしてみます。

　もしあなたが、最初のターゲットのパーツに対して今は好奇心が持てなかったとしても、問題はありません。その場合は、ターゲットのパーツと話す代わりに、2番目のパーツと話すことができます。

　2番目のパーツは、あなたがターゲットのパーツと関わることを恐れているのかもしれません。あなたは、その恐れについて、2番目のパーツと話す時間をとることができるのです。

　あなたがターゲットのパーツに対して、好奇心を持って見ることができているなら、そのパーツとの対話をはじめましょう。

再び、ターゲットのパーツに集中し、それが身体のどの場所にある
かに気づいていきましょう。そこにある感情や衝動、思考、感覚に気
づきます。続いて、そのパーツがあなたに知ってほしいことがあるか
どうか尋ねます。これは少し奇妙に感じるかもしれませんが、まずは
試してみましょう。

「私に何か知ってほしいことはありますか？」と聞いてみてください。
そしてその返答を待ちます。
　答えを考えないでください。そうすることで、考えるパーツもリラッ
クスできます。何かしらの返答が返ってくるまで、ただ身体のその場
所に意識を向けて静かに待ちましょう。何も出てこなかったとしても、
問題はありません。

　何かしらの返答が返ってきたとしたら、そのパーツが何をしている
のかについての理解が得られたでしょうか。その場合、そのパーツが
何を恐れているのかを尋ねます。
「もしあなたがしていることをやめたら、何が起こることを恐れてい
るの？」と、そのパーツに聞いてみてください。

　そのパーツが質問に答えてくれたとしたら、あなたは今、おそらく、
そのパーツがどのようにあなたを守ろうとしているのかについて、何
かしらの理解を得たかもしれません。その場合、そのパーツがあなた
を守ろうとしてくれていることに対して、可能であれば、感謝の気持
ちを伝えてみてください。そして、そのパーツが、あなたの感謝に対
してどのような反応をするか見てみてください。
　次に、そのパーツが必要としているものを尋ねます。「これから先、
私からどんな助けが必要ですか？」と、そのパーツに尋ねてみましょ
う。そしてその返答を待ちます。

十分な時間をとったら、徐々に外の世界に焦点を戻します。周囲の環境に気づきを向けましょう。

そして、何であれ、パーツが見せてくれたことに感謝し、あなたがもっとそのパーツのことを知りたいと思っていること、これからまた話す機会があることを伝えてください。

───────────

この探求の中で、何かしらの情報を得ることができたのであれば幸いです。

ときには、とてもびっくりするようなことをパーツが教えてくれることもあります。これらの感情、感覚、思考、衝動などは、パーツの表れであり、私たちはこれを「トレイルヘッド（道の入口）」と呼んでいます。その一つに意識を集中することは、その思考、感情、衝動、感覚を発しているパーツにつながる道を歩きはじめるようなものだからです。

そのパーツを知るにつれて、それは単なる思考や感覚、衝動、感情というだけではなく、ありとあらゆる種類の感情や思考を持っているパーツであることがわかります。そのパーツが何をしているのか、なぜやっているのか、どんな役割を担っているのかについても、あなたに伝えてくるでしょう。

そうすることで、パーツはよりあなたに見てもらえたと感じ、あなたはパーツを尊重することができるようになるでしょう。

これが1980年代前半に、私がクライアントとはじめたことであり、その過程でまったく新しい世界が広がってきたものです。

高校の生物の授業で、池の水の一滴を顕微鏡でのぞいたとき、その中に小さなゾウリムシや原虫、アメーバがウヨウヨしているのを見て、

ショックを受けたことを思い出しました。

　自分の内側に目を向けるだけで、これまで私たちがとりとめのない考えや感情だと思っていたものが、自分の人生の舞台裏で交わされてきた活発な内なる共同体を構成していたことに気づくのです。

　このエクササイズでは、シンプルに自分のパーツの一つに意識を集中することで、あなたとそのパーツに距離ができたこと（ブレンド解除）に気づいたかもしれません。言い換えれば、突然、観察している「自分」と、観察されている「そのパーツ」の両方の存在に気づいたわけです。

　冒頭で述べたように、マインドフルネスの実践ではこのような分離が見られますが、これは素晴らしい最初の一歩と言えるでしょう。そして、自分がそのパーツについてどう感じているかを探り、他のパーツがそのパーツに対してどう感じているかに気づいたとき、次のステップに進んでいきます。

　もしそのパーツに対して怒りや恐れを感じるとしたら、それはセルフではなく、まだセルフとブレンドしている他のパーツでしょう。

　もし、それらのパーツに脇によけてもらい、スペースを空けてもらえたのなら、あなたはよりマインドフルネスの状態へ移行したことを感じるでしょう。

　私の見解ではパーツとの「ブレンド解除」がなされたことで、あなたのセルフにアクセスできているのです。

　世の中のさまざまな瞑想の手法は、このセルフのように、より広々とした開かれた心と、その空間を満たす穏やかな幸福感をもたらします。他のパーツにスペースを開けてもらうというシンプルな行為が、そんなセルフの資質を前に出させてくれるのです。

　多くの伝統的なアプローチでは、それらを単にとりとめのない思考や感情、またはエゴとみなし、ただ観察するだけです。しかし**このプロセスでは、あなたは観察している対象にしっかりと向きあい、旺盛な好奇心を持ち、「それ」と新しい関係を築きはじめるのです**。理想的には、その関係をさらに深めていくことで、あなたがそんなふうに接してくれることを、パーツたちが喜んでくれるようになるのです。

　通常、パーツたちのほとんどは、大人の監督なしに自分たちだけでものごとを切り盛りしている、かなり幼いパーツです。そこであなたがようやく振り向いて関心を向けてあげることは、まるで今までネグレクトしていた親がようやく子どもに興味を持ち、育ててくれるようになるのと同じようなものなのです。

エクササイズ❷
パーツマッピング（パーツの地図を描く）

※エクササイズ集P316を参照。

　今度は、互いに関わりのある複数のパーツを理解してみましょう。紙と鉛筆かペンを用意してください。もう一度、内側に意識を集中し、先ほどワークをしたパーツではなく、ワークしたいまた別の新しいパーツを見つけてください。

　入口は、どんな感情でも、思考でも、信念でも、衝動でも、感覚でもかまいません。

　この新しいパーツに焦点を当てながら、それが自分の身体の中や体の周りのどこにあるか探してください。そして、その感覚を十分とらえられるまで、それに集中し続け、準備ができたら、目の前の紙にそれを描き表してください。

　高度な芸術でなくてもまったくかまいません。どんなイメージでも結構です。落書きのようなものでも大丈夫です。ただ、自分の中のそのパーツを、白紙のページに表現する方法を見つけてください。

　どう表現したらいいか浮かんでくるまで、そのパーツにフォーカスし、そして、描いてみましょう。

　最初のパーツを紙に描いたら、再び、身体の中の同じところに意識を向けます。そこに何らかの変化が起こり、次に別のパーツが現れるまで、ただそこに集中します。

　そして、2つ目のパーツが表れたら、それに焦点を当て、身体のどこにあるかを見つけ、それに集中し続け、準備ができたら、そのパーツを同じ紙の上に描きます。

　2つ目のパーツを描いたら、身体の中のその感覚にまた戻り、再び変化が起こって別のものが現れるまでそのパーツと一緒にいましょう。
　新しいパーツが現れたらそれに焦点を移し、身体の中でそれを見つけ、同じ紙の上に表現できるようになるまで、それと一緒にいましょう。3番目のパーツを描いたら、もう一度身体の中のそのパーツに戻ります。そのパーツに焦点を当て、さらに別のものが出てくるまで、それとともにいてください。
　新しいものが出てきたら、またそれに意識を向け、身体の中でそれを探し、それを表現できるようになるまでそれとともにいてください。

　このプロセスを、自分の中のある側面のシステムのマップが描けたという感覚が得られるまで繰り返してみましょう。それができたと感じたら、外の世界に意識を戻します。

　あなたが発見したのは、IFSでいうところのニンニクの一房かもしれません。
　心理療法で使われるタマネギの例えになじみがあるかもしれませんが、タマネギの例えは、何層にもなっている皮をむき、その核を見つけ出し、それを癒すと終わりになるというイメージです。
　IFSでの例えは、どちらかというと、ニンニクの房に近いです。ニンニクの粒の一つひとつの中には、互いに関連するさまざまなパーツが存在し、おそらくそのすべてが過去の一つの場所に囚われているかもしれません。一つの粒を扱うと、そこに含まれていた重荷から解放されるのを感じますが、他のトラウマに関係する粒には触れていない

かもしれません。

　このマッピングのエクササイズは、あなたの中にあるニンニクの一粒、つまりサブシステムの一つを引き出すためのものです（時間があったら、気楽な気持ちで、他の粒のマッピングもしてみることをおすすめします）。

　次に、紙を手に持って自分から少し離し、あなたが描いた4つか5つのパーツを少し遠くから全体的に見渡してみてください。

　パーツたちは互いにどのように関係しているのでしょうか？　あるパーツは他のパーツを守っているのでしょうか？　あるパーツは互いに争っているのでしょうか？　それとも、パーツ同士は、何らかの同盟を組んでいる関係なのでしょうか？　答えがわかったら、それもマップに書き込んでください。

　そしてもう一度パーツを見て、それぞれのパーツに対して、あなたがどう感じているかを探ってみてほしいのです。

　そして次に、このシステム、これらのパーツが、あなたから何を必要としているかを考えてみてください。

　最後に、もう一度内側に意識を向け、これらのパーツが姿を見せてくれたことに感謝し、これはあなたが彼らと話す最後の機会ではないことを、もう一度彼らに伝えてください。そして、再び外側に意識を戻してください。

―――――――――

　このエクササイズをさまざまな場面で活用することをお勧めします。

　例えば、自分の人生で差し迫った問題がある場合、内側に意識を向けマップを作成してみると、どのような決断をするべきか、どのパーツがそれを難しくしているのか、答えが見えてくるでしょう。なぜなら、私たちはしばしば、複数のパーツとブレンドしているからです。自分のパーツをマッピングすることは、パーツから分離する方法の一つです。

第 2 章

パーツが
ブレンドする理由

Iｆ FSでは、あるパーツの視点、感情、信念、衝動が、セルフと
混在している現象を、「ブレンド（混じる、混ざり合う、一体化
する）」という言葉で表現しています。

パーツがブレンドしているとき、セルフの性質が隠されてしまい、
パーツの性質にとって代わられたようになります。あなたは恐怖や怒
り、無関心に圧倒されるかもしれません。解離したり、混乱したり、
何かを渇望したりするかもしれません。言い換えれば、あなたは少な
くとも一時的に、自分とブレンドしている過去の自分のようなパーツ、
例えば怯えている少女や、すねた少年になっているのです。

なぜ、パーツたちはブレンドするのでしょうか。防衛パーツたちが
ブレンドするのは、彼らはあなたの人生の状況を、自分たちがなんと
かしなければならないと思っているからです。防衛パーツたちは、セ
ルフとしてのあなたが、人生をうまく管理できると思っていないのです。

例えば、子どものころに父親に殴られていてそれを止めることができなかった場合、あなたのパーツは、セルフとしてのあなたが自分のシステムを守ることができるとは信じられず、代わりに自分が守らなければならないと考えるようになります。

家族の中で子どもが親に代わって責任を引き受けざるを得ない状況が起こることがありますが、それと同じように、内なる子どものパーツたちも親の役割を担いはじめるのです。外の世界で親代わりをする子ども（＊訳注）と同じように、その能力がないにもかかわらず、そのパーツたちはあなたを守る責任を背負っているのです。

＊訳注：parentified children＝親代わりをする子ども：親が保護者としての役割を果たさないために、親子の役割が逆転し、まるで親のように家族の面倒を見る責任を引き受けている子どものこと。

パーツはあなたを守るためにがんばり、極端にブレンドすることで、あなたのシステム全体（心や身体の機能）を乗っ取ってしまいます。

あるパーツはあなたを過度に用心深くさせたり、ないがしろにされたと怒らせたりします。また、あるパーツはあなたを常に少し解離させたり、または脅威を感じると完全にあなたを解離させたりすることもあるでしょう。そして、あるパーツは内的批判者となってあなたをより良く見せたり、より良いパフォーマンスをするよう動機づけしたり、あるいはリスクを取らないようにあなたを辱めようとしたりします。ときには極端に周りの人の世話を焼いて、自分のことはおろそかにしてしまうパーツもいます。

トラウマを抱えた自己システムにおける防衛パーツの役割を挙げ出すと、きりがありません。

ここで重要なのは、これらの症状やパターンは、幼少期にストレス

を受けたパーツの振る舞いであり、それらのパーツの多くは過去のトラウマを経験した時間にそのまま立ち往生し、ずっとあなたのことをまだ幼くて無力だと思い込んでいるということです。

彼らはたいてい、自分がブレンドして守らなければ、何か恐ろしいことが起こる、と信じています（たいていの場合、あなたが死んでしまうことを恐れています）。彼らが過去に立ち往生したままでいる時間や場所を考えると、彼らがそう思ってしまうのも納得がいきます。

ほとんどの時間、あるパーツとブレンドしており、それに慣れてしまっている人々は、自分が持っている信念がそんなに極端だと思っていないことがあります。しかし、心の奥底には「人は嘘つきだ」「誰も完全に信用してはならない」「貧乏にならないように常に働かなければならない」などの信念があり、それに気づいていないだけなのです。自分の人生がそのような重荷に支配されているのにもかかわらず、それに疑念を持ったり、吟味したりすることがないのです。

他にも、何かに反応したときだけ現れ、ブレンドするパーツもいます。

例えば、「誰かに拒絶され、突然、恥の感覚や惨めさでいっぱいになる」「運転中に他の車が割り込んできてカッとなる」「プレゼンの準備をしなければならないのにパニック発作を起こす」などです。

これらの反応が過剰反応であることは分かっていても、なぜそんなに自分が動揺するのか、その理由がまったくわからないのです。そして、それについて自分の内側と対話することもないまま、自分のことを「神経質な人」「怒りっぽい人」「心配性な人」などと思い込んでしまうのです。

ここで重要なのは、どんなにパーツがブレンドしたとしても、セル

フは変わらずそこにあり、消えることはないということです。

日食が起き、月が太陽を遮って急に暗くなると、昔の人々は太陽が消えたと思い込んでパニックになったものです。**太陽と同じように、セルフは一時的に見えなくなることはあっても、決して消えることはありません**。月が通り過ぎ、雲が消えれば、太陽はこれまでと同じように明るく輝きます。

同様に、パーツがブレンドを解除し、再びセルフの滋養的なエネルギーが現れると、パーツはパワフルで愛に満ちた内なるリーダーの存在を感じ、安らぎを得ることができるのです。

パーツがブレンドすると、心理療法でよく起こる投影や転移、またはその他のパーツを通した歪んだものの見方で、私たちは世界を見ることになります。

一方で、セルフの視点は、そのような歪んだフィルターにかけられることはありません。私たちがセルフであるとき、敵対する相手の防衛パーツだけを見るのではなく、その奥にあるそのパーツを駆り立てている苦痛を見ることができます。

あなたの防衛パーツからは、他の人の防衛パーツしか見えません。セルフの明晰さは、一種のＸ線のような透視能力を与えてくれます。相手の防衛パーツの背後にある脆弱な部分を見ることで、相手に対して心を開くことができるのです。

またセルフは、誰の中にもセルフを感じとることができるがゆえに、深くつながっているという感覚をもたらし、同時に、他の人のセルフともっとつながりたいという強い願いを持っています。この「つながっている」という感覚には、本書の後半で紹介するスピリチュアルな要素が含まれます。それは、魂、タオ、神、ブラフマンと呼ばれる、「より大きなセルフ（SELF）」（＊訳注）とつながっている感覚です。それ

を感じられるのは、私たちが実際にそれとつながっているからなのです。

*訳注：著者は、セルフを「Self」と「SELF」の二つの表記で、異なる意味で使い分けており、「Self」は個人のセルフ、「SELF」は一般に神、タオ、魂などと呼ばれる、個を超えた存在を意味しています。本書では「Self」を「セルフ」、「SELF」を「より大きなセルフ」と訳しています。

　また、重荷を抱えたパーツがブレンドすると、私たちはこの「つながっている」という感覚を失います。そして、お互いから切り離され、魂からも切り離され、孤独と寂しさを感じるようになるのです。
　ここにも、内的システムと外的システムの相似形があります。一度パーツが重荷を背負うと、彼らは互いに分離し、そしてセルフからも分離して孤独を感じます。彼らは、パーツ同士で互いに影響を与えあっていることや、自分がセルフに愛されていることに気づいていないのです。これは、私たちが「より大きなセルフ」と切り離されているときに感じる感覚と同じです。

　だからこそ、ブレンドしているパーツを見つけ、ブレンド解除しても大丈夫なのだと彼らに信頼してもらうことが、IFSの重要な部分なのです。
　マッピングのエクササイズでお気づきのように、パーツに気づき、それを紙の上で表現するというシンプルなワークによって、パーツとの間に十分な距離を保つことができ（ブレンドの解除）、パーツを別の角度から見ることができるようになることがよくあります。
　これは、上空10kmの高さから街を眺めるようなもので、パーツが担う役割や、システムとして全体がどのように機能しているかをよりクリアに見ることができるのです。木から離れていくと、だんだん

森が見えるようになるのと同じです。

　距離をとることができると、単にパーツ同士の応酬の渦中にいるよりもパーツのことがよく見えるというだけでなく、それぞれのパーツへのケアがしやすくなります。

　例えば、「恐れ」を嫌っているパーツから十分に距離を取ることができると、その「恐れ」が不可解な神経の反応ではなく、それは怯えている小さな子どものようなパーツで、なぐさめられることを必要としていることにあなたは突然気づきます。

　すると、あなたはその小さな子どもを叱ったりするのではなく、その子を慈しみ、抱きしめてあげたいと思うのです。そして、もう恐れに悩まされることはなくなり、パーツを抱きしめることが実のところとても効果的であることに気づきます。

　多くのスピリチュアルな伝統は、自分を愛することの大切さや、少なくとも自分を慈しむことの重要性を強調しています。

　IFSは、より具体的にその方法を教えています。例をあげると、クリスティン・ネフとクリス・ジャーマーは、「マインドフルネス・セルフコンパッション」という壮大で非常に優れたムーブメントを世に送り出しました。これはIFSと非常に相性の良いもので、仏教の実践に基づいています。

　IFSは、その実践をもう少し具体的にした形で、あなたを助けることができます。例えば、苦しんでいるパーツや、以前は敵視していた特定のパーツに配慮や思いやりの気持ちを送り、そのパーツの反応に気づくことができるようにします。

　また、いくつかの伝統的な教えでは、特定の修行によって「思いやりの筋肉」を鍛えることが推奨されていますが、IFSではセルフは最

初から思いやりに満ちているということが前提になっています。それは単に開放される必要があるだけで、強化する必要はないのです。思いやりを表すことに対して恐れを抱くパーツを知り、対応することで、思いやりを表現しても大丈夫だとパーツに知ってもらうのです。

それを毎日のエクササイズとしてやることは、パーツの信頼を勝ち得るのに役立つでしょう。

実のところ、多くの瞑想法は「ブレンド解除」の練習ととらえることができます。思考や感情にマインドフルに気づき、穏やかに受け入れることで距離をとったり、または、それらを鎮めるためのマントラを唱えたりして、あなたはセルフにアクセスしているのです。こういった瞑想を通じて、あなたは人生に、より「穏やかさ、自信、明晰さ、思いやり、勇気、創造性、好奇心、つながり」といった資質をもたらします（これらの8つの資質について後で詳しく話します）。

同時に、あなたのパーツたちは、内的関係でも、外的関係でもリーダーシップを担うセルフとしてのあなたをもっと信頼できるようになるでしょう。IFSでは、次のエクササイズで紹介するような、特定の瞑想法を提案しています。

エクササイズ❸

ブレンドを解除してセルフに立ち帰る

※エクササイズ集P319を参照。

　このエクササイズは、IFSの道を歩む多くの人々と同様、私自身も毎日行っている簡単な瞑想です。日々の実践として試してみることをお勧めします。

　楽な姿勢をとり、もし役に立つようなら、深呼吸してみましょう。気になっているパーツに焦点を当て、確認してみるところからはじめます。
　自分の身体の中や身体の周りにどんな感覚が感じられるでしょうか。そこに現れているパーツを見つけましょう。複数感じられる場合は、それぞれのパーツがどんな様子か好奇心を持ちましょう。

　そこから、あなたがもっと知りたいと思うパーツを一つ選びます。そのパーツに何か話したいことはないか、何か必要なことはないか、まるで子どもの面倒を見るように、興味をもって尋ねてみましょう。そして答えを聞きます。

　そのパーツへの理解が深まってきたら、今度はそのパーツにあなたのことを知ってもらいましょう。もしかすると、そのパーツはまだ、あなたのことをまったく知らないかもしれません。
　その上、他のパーツの振る舞いをあなただと思い込んでいるので、

あなたのことをまだ幼い子どもだと思い込んでいることが多いのです。

たいていの場合、パーツは自分のことを気にかけ、心配してくれるあなたに、このとき初めて出会います。ですから、あなたが誰なのか、何歳なのかも伝えてください。そして「もう一人じゃないよ」と伝えて、そのパーツの反応を見てみましょう。

そのパーツに自分のことを何歳だと思っているか聞いてみたり、振り返ってあなたを見てくれないかお願いしてみてもいいかもしれません。

最初のパーツとの簡単な対話を終えたら、少し時間をとり、関心を向けてほしがっている別のパーツがいないか見てみましょう。しばらく留まり、思考、感情、感覚、衝動など、どんなパーツが現れるか見てみるのです。そして、先ほどと同じように、まずはこのパーツについて理解を深めましょう。そして、次に、そのパーツにあなたのことも知ってもらいましょう。

少し時間をとるので、いくつかのパーツとこのやりとりを続けていってください。

ここから先はオプションです。何が起きても、起こらなくても大丈夫です。まずは試してみましょう。

一人ずつ順番に、それぞれのパーツに対して少しリラックスし、あなたとともにいるスペースを開けてもらえるようお願いしてみましょう。パーツがリラックスして脇によけてくれると、自分自身の感覚がより広がり、穏やかになって、心にも身体にも明らかな変化を感じるでしょう。

たとえそれが起こらなくても問題はありません。がっかりしないでください。パーツは、あなたを信頼しても大丈夫だと思えるほど、まだ十分にあなたのことを知らないだけなのです。

　パーツが安心し、距離をとってくれると、そこには広々とした感覚や、より「本来の自分」＝セルフとしての感覚が現れます。それはどんな感じなのかに意識を向けてみましょう。

　今、あなたの身体や心はどんな状態でしょうか？　そこに感じられる広がり、幸福感、充足感、そして、自分は十分であるという感覚に気づいてください。また、今この瞬間は何もする必要はなく、すべて大丈夫なんだ、という感覚にも気づいてください。

　人によっては、手足の指がピリピリするような、体内を駆け巡るエネルギーを自然に感じることがあります。これは「気」「クンダリーニ」「プラーナ」とも呼ばれているものですが、IFSではこれを「セルフ・エネルギー」と呼んでいます。

　この「セルフ」の感覚、セルフとして身体の中に存在するのがどんな感覚か、より感じてみてください。この身体感覚に慣れると、一日の中で、自分がそこから離れたときに気づくことができます。

　その状態から離れてしまうのは、たいてい、パーツがブレンドして雑念をもたらしたり、エネルギーの流れを妨げたり、心を閉ざしたり、あちこちに圧をかけたりしているからです。そういった動きに気づいたら、それをしているパーツに、少なくとも瞑想の間はそれをする必要はないことを確約し、ブレンドを解除しても大丈夫だということを伝えましょう。

　その後、もしパーツが戻ってきたければ、そうしてもいいと伝えましょう。

では、あと1分ほどで、あなたの焦点を外側にもどしましょう。

これを終える前に、あなたがより身体の中に存在することに協力してくれたパーツたちに感謝しましょう。もしブレンド解除できなかった場合は、まだそうすることを恐れていると知らせてくれたパーツに感謝しましょう。

では、きりのいいところで戻ってきてください。

─────────

この練習を続けていくことで、セルフとしてのあなたが身体の中に存在し、ともにいてくれることにパーツが徐々に安心感を覚え、信頼を高めていくことに気づくでしょう。

また、セルフが自分を覚えていてくれて、声をかけてくれることによって、セルフが内なる親のような存在であるとパーツが信頼を寄せるようになります。

このようなセルフ主導の在り方、セルフ・リーダーシップのすべてが、親の肩代わりをしていた子どものパーツが役割から抜け出し、重荷を解放することの助けになるのです。

IFSの4つの基本目標

1. 強いられた役割からパーツを解放することで、彼らが本来のあるべき姿に戻る。
2. セルフおよびセルフ・リーダーシップへの信頼を回復する。
3. 内なるシステムを再調和させる。
4. 世界との関わり合いにおいて、よりセルフ主導になる。

パーツのブレンドに気がつき、ブレンド解除していくことは、この

20分の瞑想だけにとどまらず、人生全般を通しての実践になります。私は一日を過ごす中で、どれぐらいセルフとして身体の中に存在しているかに気づきを向けます。

　どれだけ心を開いているか、好奇心があるか、固執している意見やプレッシャーを感じる考えがないか、また自分が話すときの声の響きやセルフエネルギーの流れを感じるか、額がこわばっていないか、肩に重みがあるか（私にとっては、管理者のパーツがいるところです）などを判断基準として私はチェックしています。

　これらは私の目安です。皆さんもご自分の目安を見つけてください。

　長年の実践の結果、私はこれらの目安を素早くチェックし、活性化したパーツに対して、少し離れてリラックスし、私が身体に存在することを信頼してもらえるようお願いできるようになりました。

　今はたいていの場合、その質感とそれが感じられる身体の場所の変化にすぐ気がつくようになりました。それでもまだ難しい状況はときどきありますが、それは単に、そのような状況によって刺激され、活性化するパーツをまだ癒す必要があることを意味します。

　このように、内なる世界で自分のパーツと一緒にいることができれば、外の世界においても、人生のより長い時間をこの在り方で自分自身を導くことができるようになるのです。

　先ほどの瞑想の中で、パーツにあなたの実年齢を伝えるようにお願いしました。「今の私のことを何歳だと思っている？」とパーツに尋ねると、70パーセントぐらいの確率で、一桁の数字が返ってきます。それはその年齢のときに、そのパーツが本来の輝きを失い、今のような役割に追い込まれたことを意味します。

　パーツは一度その役割を担うと、外の世界だけに焦点を当て、あなたには目を向けていないので、あなたが成長したことに気づいていな

いのです。だから、多くのパーツは、まだ幼いあなたを守っていると
信じているのです。

　今のあなたが何歳なのかを知ることは、たいていパーツに大きな衝
撃を与えるので、ほとんどのパーツは最初はそれを信じてくれないで
しょう。

　上記のように、IFSのプロセスでは、パーツが思い込んでいるあな
たの年齢のアップデートをしばしば行いますが、その目的は、小さい
あなたを守っていると思い込んでいたパーツが、実はそうではなかっ
たと気づくことです。

　そして、セルフとしてのあなたを内なるリーダーとして信頼するよ
うになると、パーツたちはとても安心し、本来の姿に戻ることができ
るのです。パーツたちは少し大きくなったり、幼くなったり、または
同じ年齢のままかもしれませんが、往々にして、本来の尊い価値のあ
る存在に変容します。

パーツについてもっと知ろう

　ここから先に、より深く進む前に、私が「パーツ」と呼んでいるも
のについて明確にしておきたいと思います。

　先に述べたように、しばしばパーツは、極端な振る舞いをする厄介
者であると誤解されています。その結果、私たちはただ、パーツと戦っ
たり、パーツを敬遠したり、さげすんだりします。

　同様に、パーツに対してだけではなく、外側の人々に対しても、私
たちは同じようなことをしています。トラウマを抱えたり、継続的に
虐待を受けたりした人々は、しばしば極端な振る舞いをするようにな
り、依存症、激怒、パニック発作、自己愛性人格障害や強迫性障害な

どの症状に陥ることがあります。私たちの現代社会や精神医学分野では、一般的にはこのような症状を持った人に対して、画一的に病理的診断を下し、病人とみなして対応します。

しかし、ベッセル・ヴァン・デア・コークや、依存症の分野のガボール・マテなどの多大な英雄的努力によって、この見方は変わりはじめています。こうした極端な症状は、トラウマやネグレクトの背景から生み出されたもので、彼らはそこから解放されうるものだと見ることができるようになったのです。

繰り返し述べますが、人々もパーツも、本質的に欠陥があったり破壊的であったりするわけではありません。

私たちは皆、このようなパーツを持っています。一見厄介者に見えるパーツは、幼少期に起こった出来事によって重荷を背負い、歪んだ役割に追い込まれていますが、本当は価値のある尊い存在なのです。IFSでは、それらパーツが「本来持っている良い性質の状態」を取り戻せるように変容のプロセスを開始します。そうなれば、パーツが極端な役割から解放されるだけでなく、今までつながっていなかったパーツ本来の良い資質や能力が、あなたの中に現れてくるようになるのです。

パーツは煩悩でもなければ、エゴでもないことをご理解いただけたでしょうか。**彼らは小さな内なる存在で、あなたの安全を守り、パーツ同士の安全を守り、そこで一丸となって最善を尽くしているのです。**

それぞれのパーツは、まるで一人の人間のように包括的な人格を持っています。パーツの一人ひとりが固有の存在で、それぞれ独自の願望、年齢、意見、才能、そして能力を備えています。彼らの存在は（極端な役割を担っている間のような）単なる迷惑や悩みの種ではなく、素晴らしい内なる存在なのです。

　パーツはトラウマの産物でもなければ、外部の声や外からのエネルギーを内面化したものでもありません。パーツがあるのは、心の自然な状態なのです。私たちはそのように造られており、すべてのパーツが価値のある資質と能力をもたらしてくれるのは素晴らしいことなのです。

　ここまで説明したように、怒っているパーツというのは、ただの怒りの塊ではありません。心を開いて耳を傾けてみると、そのパーツは大きな怒りを持っているけれど、本当は恐れや悲しみも持っていて、怒ることであなたの安全を守ろうとがんばっているだけだということがわかるでしょう。

　あなたの中に存在する複数のパーツは、それぞれが異なる願望や年齢、感情、意見などを持っている小さな人で、彼らはたいがい、内なる幼い子どものようなものだということを心に留めておいてください。

　あなたがトラウマや愛着の傷を経験した幼い頃には、身体的にも心理的にも、自分自身を守るための十分な能力を持っていませんでした。セルフとしてのあなたがパーツを守れなかったので、パーツは内なるリーダーとしてのあなたへの信頼を失いました。それどころか、パーツは自分があなたや他のパーツを守らなければならないと考え、あなたを身体から押しのけ、自分がリーダー役を買って出たのです。

　しかし、その緊急事態に対処しようとした結果、パーツたちはまるで家族の中で親の代わりになった子どものように、その場で立ち往生し、恐怖と責任という大きな重荷を抱えています。だからこそ「あなたはもう幼い年齢ではない」と気づくことはパーツたちにとって救いなのです。しかし、彼らが立ち往生して動けなくなっているのは、あなたが何歳かわからないからではありません。あなたが経験した過去のトラウマの中で時間が止まったまま生きているからです。

そのため、彼らはその体験によって傷つき、そのときの重荷（極端な信念や感情）を背負っている他のパーツを守らなければならないと、いまだに思っているのです。彼らはその重圧と恐怖を抱えて一人ぼっちでいるのです。自分の内側に意識を向け、パーツたちに耳を傾け、対話をし、あなたがともにいることで、彼らが一人ぼっちではないことを知らせることができるのです。このシンプルなやりとりが、実は非常に画期的で、まるで孤児のようになっている内なる子どものパーツたちからとても歓迎されるでしょう。

パーツについて知っておきたい5つのこと

1. パーツは生まれつき存在しています。

   Ｔ・ベリー・ブラゼルトンなどの新生児研究者たちによると、新生児は5種類か6種類の状態のいずれかを入れかわり立ちかわり経験しているそうです [1]。おそらく、これらのパーツは生まれたときから存在していて、それ以外のパーツは発達の段階で、それが必要とされる適切な時期がくるまで眠っていて、あるときひょっこり現れるのです。お子さんをお持ちの方なら、2歳児を寝かしつけた後、翌朝に突然、その子が何に対しても「いやだ、いやだ」と言うようになった経験を思い出すかもしれません。その主張をするパーツは、一晩のうちに登場したのです。

   このように、パーツが存在するというのは、心の自然な状態なのです。

2. 「悪いパーツ」というのは存在しません。パーツに対する理解が進むにつれ、彼らのさまざまな側面が見えてくるでしょう。あなたの人生を支配しているパーツ、または非常に知的

なパーツでさえ、そのほとんどは、幼い子どものパーツなの
です。

パーツが重荷を下ろした後、彼らは貴重な資質（歓喜、喜び、
繊細さ、共感、驚き、セクシャリティなど）や能力（集中力、
明確な識別力、問題解決力、他人や世界のために尽くす情熱など）
としてその本領を発揮します。それらに新たにアクセスでき
るようになることは、あなたの人生を豊かにしてくれるで
しょう。

3. パーツたちの信頼を得るのはしばしば難しいことがあります。
彼らが重荷を背負っているということは、過去にあなたが彼
らを守れなかったことを示唆しています。あなたは彼らを閉
じ込めたり、または彼らの極端な防衛的な役割に依存し、彼
らを利用した可能性があるため、彼らにはあなたを信頼しな
い十分な理由があるのです。

パーツたちは、まるで孤児のように、愛情と養育を必要とし
ていますが、今までの経緯から、最初はあなたのことをなか
なか信用してくれません。彼らの信頼を取り戻すには、セル
フとしてのあなたが何度も現れ、ときには彼らに謝る必要が
ある場合もあるでしょう。

幸い、彼らは、実際の孤児とは違い、たいていの場合は、数
回のコミュニケーションで信頼関係を築くことができます。

4. パーツたちは、あなたの身体やあなたの人生に大きなダメー
ジを与えることがあります。彼らは過去の恐ろしい場面に立
ち往生し、その重荷を背負っているので、あなたが彼らの声
を聞かないと、彼らはあなたの注意を引くために必要なこと
は何でもするようになります。

ここで、いくつかの例を紹介します。あなたや他者に罰を与える、他の人にあなたの面倒を見るよう説得する、あなたの計画を台無しにする、自分にとって脅威となる人々を人生から排除するなどです。

また上記のことにとどまらず、パーツたちは、身体的な症状や病気、悪夢や奇妙な夢、感情の爆発、慢性的な感情の問題をあなたに与えたり、それらを悪化させたりすることがあるのです。実際、「DSM（精神障害の診断・統計マニュアル）」に載っている症候群のほとんどは、IFSの観点から見ると、トラウマを負った後に、さまざまな防衛パーツの集まりがその人を支配している様子を説明したものです。

このように、病気であると診断を受けた場合でも、それをパーツの行動ととらえることができると、「自分には欠陥がある」という考えが軽くなり、防衛パーツがその役割から解放されるよう手助けする力が湧いてくるでしょう。

5. パーツたちは真摯に向き合う価値のある、とても大切な存在です。彼らと愛情に満ちた新たな関係を築き、変化の手助けをすることで、彼らはあなたにとって素晴らしい仲間や、助言者や、遊び相手になるでしょう。もっと彼らと一緒に過ごしたくなり、彼らがどんなアイデアを出してくれるのかが楽しみになるかもしれません。

必要に応じて、あなたは彼らの内なる良き親になります。それらはあなた全体ではなく一部（パーツ）であり、パーツ同士が仲良くする手助けができるとわかっているので、彼らが対立していてもあまり気にならなくなるでしょう。そして、ただ彼らと一緒に時間を過ごすことが、素敵な人生の実践になるのです。

セッション1 │ サム

　IFSの手法が実際にどんなふうに行われるかをより知ってもらうために、本書ではクライアントとのIFSセッションの記録をいくつか紹介しています。セッションの中で、私はニックネームで「ディック」と呼ばれており「D」と表記されています。

　私は毎年、カリフォルニア州のビッグ・サー近郊にあるエサレンという美しいリトリートセンターでIFSを教えていますが、昨年の冬、当時そこのポッドキャストを運営していたサム・スターンからインタビューを依頼されました。そこで私は彼にIFSのデモセッションをやらせてもらえないかと打診したところ、彼は快く承諾してくれました。

　このとき、彼は初めてIFSを体験しました。このインタビューをお聞きになりたい方は、以下のURLからお聞きください。

(soundcloud.com/voices-of-esalen/dr-richard-schwartz-internal-family-systems)

ディック（D）　では、どんなことを扱ってみたいですか？

サム（S）　あなたのやり方では、まずは「入口（トレイルヘッド）」を見つけるというワークがあったので、扱う題材として興味深そうな出来事についてメモをとっておきました。

　　　私は中学2年の13歳のときにいじめられ、とてもつらい経験をしました。でも私は自分の中でそれを封印してしまったのです。まるで自分の一部を閉ざしてしまったような感じです。

D　なるほど。では、そのつらさに焦点を当てたいですか？　それとも恥の感覚や、閉ざしているパーツに焦点を当てたいですか？

S　閉ざしているパーツです。

D　では、閉ざしているパーツを身体の内側や周りに見つけられるか
　　見てみましょう。

S　ディック、私は何を探せばいいのでしょうか？

D　無感覚さとか……。例えば、その13歳の少年のいるところに向
　　かうことを考えると、どんな恐れが出てきますか？

S　恐れは感じません。その少年だった自分を見ると、彼は軟弱だっ
　　たり弱々しい感じに見えて、つながりは感じられません。

D　その少年を見て、あなたは彼に対してどのように感じますか？

S　彼とは一緒にいたくないです。

D　では、その「少年と一緒にいたくないという気持ち」に焦点を当
　　て、そう言っているパーツに尋ねてみてください。もし、あなた
　　が少年のところに行き、彼と一緒にいることを許したら、そのパー
　　ツはいったい何が起こると恐れているのか聞いてみてください。

S　えーと、彼（13歳の少年）は、自分が殴られるんじゃないか、と
　　怖がっているように見えます。どうやら、私のことを怖がってい
　　るみたいです。

D　そうですか。あなたは彼に対してどんな気持ちを抱いています
　　か？

S　彼に強くなってほしい。やり返して、自分を守るべきだ。

＊訳注：このときサムは、13歳の少年に対して「強くなれ」と言っているパーツにブレンド
　　　　していて、そのパーツとしてしゃべっています。

D　なるほど。その子に「強くなれ」と言っているパーツがいるんで
　　すね。
　　では、そのパーツに、その気持ちを理解したと伝え、私たちは別
　　のやり方でその少年を助けることができるので、そのためのス
　　ペースを開けてくれるようお願いしてみましょう。そして、その

パーツが、少し脇によってリラックスしてもらえるか見てみましょう。

S　彼に何か言ってあげればいいんですか？

D　口に出して言う必要はないです。ただ心の中で、そのパーツが脇に寄ったり、リラックスしたりするのを感じられるかどうか見てみてください。

S　はい。「強くなれ」と彼に怒っていたパーツは協力して、脇に寄ってくれるみたいです。

D　すると、今はその少年に対してどう感じますか？

S　弟のような親しみを感じます。

D　いいですね。

　　では、あなたが彼を助けるためにそこにいることを伝えてください。それに対して彼がどう反応するかを見てみましょう。

＜しばらくして＞

S　ああ〜、彼はとても喜んでいます。より生命力に満ちて、元気いっぱいな感じです。

D　いいですね。

　　では次は、あなたに何か知ってほしいことがないか、彼自身のことについて話したいことがないか聞いてみてください。そして、ただ答えがくるのを待ってみましょう。

S　彼は、野球チームに入りたがっていることがわかりました。今私たちは、友達同士みたいな感じです。ああ、彼は心を開いてくれている。もし彼が泊まりにきたら、本当に楽しい時間を過ごせるような気がします。

D　いいですね。サム、では次に「自分がいじめられたと感じるような出来事」について、彼に何が起こったのか教えてもらえるように頼んでみてください。そして彼が、感情や感覚、イメージなど

で何を伝えてくれるか、ただ待ってみてください。

S　彼は「びっくりした」と言っています。そして「裏切られた」って。その相手の男の子とは仲が良く、仲間だと思っていたのに、突然殴りかかってきたんだって言っています。

D　なるほど。サム、それは彼にとって、とてもつらいことだったと理解できますか？

S　もちろんです。

D　そうですね。では、あなたの理解を彼に伝えてください。それから、彼があなたに見せたいものがあれば何でも見せてもらえないか、そして、それが彼にとってどんな体験だったかも聞いてみてください。

S　この出来事について、あまりにたくさん考えてしまい、自分の思い込みと、実際の記憶とを切り分けるのが難しいです。

D　なるほど。

では、その「物語を語るパーツ」や「考えるパーツ」にも、他のパーツにしたように、少しスペースを空けてもらえるか確認してください。そして、その考えるパーツも、少し脇によけてくれるか、見てみましょう。

S　はい、できました。

D　そうしたら、もう一度、13歳の少年に、何が起きたのか、それがどれほど大変だったのかなど、教えてもらえるように頼んでみてください。

S　阻止されました。今まで、まさにそこにいた感じだったのに、そこから引き戻されてしまいました。

D　そうですか。では、あなたを引き戻したパーツを探してみてください。

S　そのパーツは、私が感じすぎてしまうことを心配しているようです。恥ずかしい気持ちになり、自分で自分を責めてしまいそうです。

D 彼は、さっきの「強くなれ」と言っているタフな男のパーツを恐れているのでしょうか？　もしも自分が泣いてしまったら、殴られるんじゃないかと。

（サムは同意する）

もし、これが怖すぎると感じるなら続けなくても大丈夫です。まずは、そのタフな男のパーツに、しばらく別の部屋（＊訳注：イメージの中で）で待っていてもらえるよう頼むのはどうでしょう。少年と話し終えたら、また外に出てきてもらうのでそれまで待ってもらえるか伝えてみてください。

S 理解してくれたようです。

D では、あなたを引き戻したパーツが、再び私たちを少年の元へ行かせてくれるか確認してみてください。

このまま最後までやらせてくれるなら、私たちは、そのいじめられている少年を癒し、彼がその場所に囚われたままにならないようにすることをお約束します。もうつらい思いはしなくて済むし、他のパーツたちも彼を心配する必要がなくなります。ただ、私たちにスペースを与えてくれればいいんです。

S タフな男のパーツは別の部屋に行ってもいいそうです。引き戻したパーツは準備OKで、私たちにスペースをあけてくれています。

D それはよかった。ではあの少年のところに戻れるかどうか、やってみてください。

S あの少年と一緒にいる感じがしない……。

D また別のパーツが阻止しているようですね。その妨げているパーツに、もし今あなたが彼と一緒にいることを許したら、どんな心配があるのか聞いてください。

S 何も返答がありません。ただの空っぽな感じです。

D わかりました。では、私がそのパーツに直接話しかけてみましょう。

（ディックがパーツに直接話しかける）

さて、そこに、あなたはいますか？　私と話してくれる気はありますか？

S　はい。

D　では、あなたは今、13歳の少年と一緒にいることを妨げているサムのパーツで合っていますか？

S　そうだ。

D　もし、サムが少年のところに戻り、彼の気持ちを感じたら、何が起きることを心配しているんですか？

S　そんな弱い少年とつながったら、サムのすべてが軟弱になってしまう。

D　もしサムがもっと軟弱になったら、どうなるんですか？

S　そうなったら、私が長い時間をかけて作り上げてきたサムのすべてを変えなければならなくなる。私が今まで厳重に管理してきたんだよ。このやり方で、すべてうまくいっているんだ。

D　わかりました。

もちろん、あなたが大事にしてきたすべてを台無しにしたいわけではありません。一方で、あなたがこれほど厳重に管理し、がんばり続けているのは、おそらく、あなたは、サムをそこにいる少年から遠ざけようとしているからだと思うのですが。

S　その通りだ。

D　私は、その少年が元気になって、あなたがそんなにがんばらなくてもよくなるという可能性を提案しています。

S　でも、もし私がいなかったら、サムが何かをするとき、達成するとき、どうやって手助けするんだ？

D　あなたの気持ちはわかります。だから、これはあなたの許可なしではやりません。でも、もし協力してくれるなら、先ほど言ったことをお約束します。

そうすれば、あなたはこの仕事から解放され、他のことができるようになります。

S　まぁ、それが最終的にサムのためになるのなら、協力するよ。

D　ありがとうございます。では私たちがこれを終えるまでの間、別の部屋で待っていてもらえますか。そして、再び、サム自身と話をさせてください。

（少し間を置いて）

サム、少年に近づけるかどうか、見てみてください。

S　はい、彼を身近に感じています。

D　いいですね。

では、あなたが戻ってきたことと、他のパーツにさえぎられてしまって申し訳なかったと、彼に伝えてください。そして、話の続きを聞く準備ができたので、それがどんなに大変な経験だったのか、彼があなたに知ってほしいと思っていることすべてについて話してもらえるよう頼みましょう。

S　彼はもっと小さい感じ、13歳よりもっと幼いなぁ。2歳くらいかな。

D　なるほど、その2歳の子どもに対してはどんな気持が湧いてきますか。

S　愛おしい感じです。

D　いいですね。では、その2歳の子にも、あなたがその子と一緒にいて、その子のことを気にかけていることを伝えてください。そして、その子があなたに知ってほしいと思っていることを、ただ見てみましょう。

S　今、大きな愛情を感じて、心を開いていってます。そして、13歳の少年に対しても、愛情を感じている。まるで父親のような優しさかな。

D　では、二人にそれを伝えてあげてください。

S　いい感じです。本当に、とても気持ちがいいです。

D　このまましばらく留まってもいいですし、他に何か、彼らが知っ
　　ておいてほしいことがあるようなら、そこに心を開いてみるのも
　　いいでしょう。

S　13歳の自分を感じています。
　　彼は中1か中2の男の子で不格好な服を着ていて、まだ思春期で
　　もなく、あまり成長もしていない感じです。服装も変な感じだし、
　　自分で自分のことをうまく守れていない。そして骨格は貧弱な感
　　じです。
　　私は彼に嫌悪感を抱いているわけではありません。むしろ今、彼
　　に思いやりをもって共感しています。

D　あなたが共感していることを彼に伝えて、彼がもっとあなたに
　　知ってほしいことがあるかどうか確かめてください。

S　彼は、面白い人気者になりたいと思っていました。だからこれは
　　とてもつらいことだったんです。いじめられたことで、人気者に
　　なりたいという思いが打ち砕かれ、本当に心を閉ざしてしまった。
　　その後、19歳、大学生になったとき、彼はカッコよくなる方法
　　を見つけたんです。そして、それが自分にとってどれだけ重要だっ
　　たかを考えていました。

D　そうですか。すでに今これだけのものを手に入れていることを伝
　　えて、彼があなたにもっと手に入れてほしいものがあるかどうか
　　確認してみてください。

S　うん。彼には意地悪なところがない。怒っているわけでもない。
　　むしろ、「僕を傷つけないでよ」と言いながら、ちょっと楽観的
　　なんだ。

D　いいですね。そして、彼がどれだけ傷ついたか、今あなたにわかっ
　　てもらえたと感じているかどうか、彼に聞いてみてください。そ
　　れとも、もっと知ってほしいことがあるのかどうかも。

S　はい。彼の中の「人生のどん底（魂の闇夜）」のような感覚と恐怖心につながってきました。

D　あなたがそれを感じても大丈夫だということを彼に伝えてください。彼があなたに感じてほしいと望んでいるものを感じましょう。彼は今、自分がどれほど怖かったか、あなたに本当に理解してもらえていると感じているでしょうか。

S　彼はそう言っています。

D　よかった。サム、ではその時代に戻って、そのとき彼がどんなふうに誰かに側にいてほしかったかを聞いて、そんなふうに彼と一緒にいてあげてください。

S　彼と一緒にいます。私は彼の友人であり、保護者であると彼に伝えました。

D　いいですね。彼の反応はどうですか？

S　気分が良さそうです。今、彼には味方がいるから。

D　そうですね。その場面で何か、あなたにしてほしいことがあるかどうか、彼に聞いてみてください。

S　セックスしたり、成人がやるようなことができる大人の世界に連れていってほしいと思っています。彼はずっと、そういうことに興味を持っていたんだって。

D　わかりました、ではそうしましょう。
彼を連れ出す前に、その場面で、いじめていた相手の子に対して、または、他に何かあなたにしてほしいことはないか聞いてみてもらえますか。

S　いいえ、彼は仕返ししたいようには見えません。誰かがひどい目に合うことは望んでいないようです。

D　いいですね。では、彼が行きたいところへ連れて行ってあげましょう。現在でもいいし、空想の場所でもいい。彼が望むところならどこでもいいです。

S　彼は、バーニングマン（＊訳注：アメリカの有名な祭典）に行きたいと言っています。

D　いいですね。

（少し時間をおいて）

そこで彼はどうしていますか？

S　少し引っ込み思案になってます。

D　あなたがそこで彼にいろんなことを教えてあげることができると伝えてください。そして、もう二度とあの頃のようないじめの時代には戻らないよ、と、その少年に言ってあげてください。

S　（サムが安堵のあまり大泣きする）

D　そうです。よかった。これでもう安心。もう二度と彼はあそこに戻らなくていいんです。本当によかったですね、サム。

S　すごいな。感動の涙が出てきます。

D　本当によかった。彼はもう戻らなくていいんです。これからはあなたが彼の面倒を見てあげてください。

S　それはいいね。彼がずっと望んでいたことみたいだ。

D　いいですね。では、彼がそのときからずっと抱えてきた感情や信念を今、解放する準備ができているか聞いてみてください。身体のどこに、あるいは身体の周りや身体全体に、そのすべてをどこに抱えているのか聞いてみてください。

S　頭の周りです。頭の周り、腰と心臓の周りにも。

D　はい。では、光、水、火、風、地球など、彼は何に向かってそれを解放したいか聞いてみてください。

S　光です。

D　いいですね、サム。では、光で彼を照らしてみましょう。そして彼に、そのすべてを彼の身体の外に出すように伝え、光にそれを取り除いてもらいましょう。もうそれを背負う必要はありません。身体の中にあるそれ全部をだすよう彼に伝えて。そうです、光に

溶け込ませましょう。そうそう、その感じ。

次に、今度は彼に、彼が望む資質を身体に招き入れるように言ってください。そして、今彼の中に何が入ってくるか見てみてください。

S　自尊心とか、他者への優しさとか……。良きスーパーヒーローのような感じです。

D　素晴らしいですね。では、今の彼はどのように見えますか？

S　年下の友人みたいな感じで、安全だけど、強いやつ。

D　いいですね。では、待っていてくれたパーツたち全員に部屋から戻ってきてもらい、今すぐ彼に会わせて、パーツたちの反応を見てみましょう。もう彼を守らなくてもいいし、彼をあなたから遠ざけなくてもいい、ということを伝えましょう。

　　そして、彼らの新しい役割について考えてもらいましょう。

S　タフな男の顔には、好奇心と困惑が見えます。私がその少年ではなかったことに、戸惑っているようです。

D　その少年はあなたではないということを明確にしてあげましょう。彼（タフな男のパーツ）はその少年に厳しくしていたけど、それはあまりいいことではなかったよね。

S　そうですね。

D　今彼（タフな男のパーツ）は、新しい役割について考える必要があります。以前のようなやり方で、あなたを守る必要がなくなったと知ったら、彼は何をしたいのか聞いてみてください。

S　彼は、自分は何でも得意だと言っています。そうか、彼がただ選べばいいんだ。彼は本当に、自分を高く評価しています。彼は、私が人生で実行してうまくいったことのすべては、自分の手柄だと思っているみたい。

D　今すぐ決める必要はないので、彼に新しい役割について考えてもらいましょう。今、あなたの中はどんな感じですか？

S　広々とした感じで……。面白い、何かが違う感じがする。

D　いいですね。では、今ここで終えてもいい感じでしょうか？

S　はい。このタフな男が、すべての主導権を握っているわけではないけれども、彼とどうやってつながって、彼が僕にとって重要な存在であることをどのように伝えたらよいかに興味がわいています。

D　それこそ、彼に伝えなければならないことです。つながるためにセッションをする必要はないんです。彼はいつもあなたの側にいます。ただ彼に焦点を合わせて、そのことについて彼と話すだけでいいんです。

　　では、戻ってきてください。素晴らしいセッションでした、サム。

S　はい。ありがとうございました。これは予想外でした。

———————————————

　これを紹介した理由の一つは、このセッションにはIFSの基本がたくさん含まれているからです。

　たとえば、サムのセルフが現れ、13歳の追放された少年をより身近に感じると自ら言うまで、私はさまざまな防衛パーツにスペースを開けるよう繰り返しお願いしました。そして、その少年がどのようにいじめられたのかを目撃（＊訳注：その体験を理解し、受け止めること）し、目撃を妨げるパーツに離れてもらい、目撃を完了させたのです。

　そして、過去の13歳の少年のところに行き、安全な場所（バーニングマン）に移動すると、その子はいじめによって味わった感情を解き放ちました。その少年は重荷を解放し、変容していきます。

　そして最後に、少年に対して、もっとも支配的な防衛パーツであったタフな男を呼び戻し、少年がもう保護を必要としないこと、そして、彼が新しい役割を考えることができることを確認します。

　全体を通して、パーツたちは、次第にサムのリーダーシップを信頼

するようになりました。

　私たちはパーツをブレンド解除し、セルフを開放し、エグザイル（追放されたパーツ）の目撃、救出、重荷の解放、そして防衛パーツが新しい役割を考えるのを助けることへと進みました。

＊訳注：IFSの癒しのステップとして、目撃、やり直し、救出、重荷を下ろす、新しい資質を取り入れる、変化の統合の6つがあります。

　さらに、私たちがダイレクトアクセス（直接アクセス）と呼んでいる方法で、私が防衛パーツと直接話をしたこともありました。

　サムの防衛パーツの多くは、さまざまな場面で関与してきましたが、サムと私が安心させれば、すぐにスペースを開けてくれました。

　しかし、ほとんどの人はそうではありません。防衛パーツが私たちを信頼してくれるようになるには時間がかかります。だから、セッションがなかなか進まなくても、イライラしないでください。

　このセッションを紹介したもう一つの理由は、多くの男性（私も含めて）が、子ども時代にいかに傷ついた部分に自分一人で対処することを強いられてきたか、そしてその結果、いかにして自分や人の弱さを遠ざけるようなタフな男のパーツに支配されてしまうかという点を示している例だからです。

　サムは雄々しいタイプではありませんが、子どもの頃のいじめ体験とそれに対する反応は、彼の人生に大きな影響を与えてきました。

　セッションの約半年後にサムから届いたメッセージを、追記として掲載したいと思います。

　　「個人的には、あれはとんでもないブレイクスルーでした。あれ

から私はパーツについて、本当にいろいろ考え（そして感じ）ました。私の中の小さな少年は、たくさんの癒しと、大きな受容を感じています。私は『タフな男』についてもいろいろ考え、どれだけ私と彼が深く結びついてきたかを実感しています。

　このワークを通じて、自分がどのように自分自身を形成してきたか理解できました。まだタフな男から分離したわけではないのですが、タフな男の存在と、自分がどれだけ彼を頼りにしているかをより強く意識できるようになりました。私が彼を『男性』としての義務感から解放し続けたら、彼がどのような役割になっていくのか（例えばクリエイティブな者、他者を助ける者）楽しみです。

　もちろん、私にはもっと向き合う必要があることもわかっています。自分が父親であることは、それをやりたいという気持ちにさせるのです」［2］。

第3章

これが
すべてを変える

キリスト教では、神から自分を切り離し、道から外れてしまうすべてのことを「罪」と定義しています。IFSでは、セルフとパーツを切り離し、パーツに極端な衝動をもたらすものを「重荷」と呼んでいます。

重荷を背負っているパーツは、セルフをまったく知らないか、セルフに耳を傾けないかのどちらかです。IFSの第二の目的は、パーツが重荷から解放され、ただちに変容するだけでなく、パーツがセルフとつながり、そしてセルフへの信頼をより強く持つようになることです。

このことを理解しはじめるにつれ、私は内なる世界と外なる世界の間に相似性を見出すようになりました。外なる世界では、人々が重荷（罪）を背負い、お互いから、そして人々が神と呼ぶものから切り離されていると感じ、さまよっています。同様に内なる世界では、パーツもまた「重荷」を背負い、お互いから、そして私たち（のセルフ）

から切り離されていると感じながら、さまよっているのです。

　パーツたちの重荷を下ろすことは、単に内的つながりを取り戻すだけでなく、あなたが神と呼ぶもの（より大きなセルフ）との間のつながりを育み、パーツ同士とのつながりもより深めることになります。

　このような癒しのプロセスをたどることで、自分自身の症状がなくなり、気分が良くなり、その上、点と点がつながっていくのです。**言い過ぎかもしれませんが、私たちの中に神のかけらがあるように、すべてのパーツの中に神のかけらがあるのかもしれません。**

　解離性同一性障害と診断された人たちにIFSを行っていると、数回のセッションを通じてその人たちの一つのパーツと私が直接話していたということに気づくことがよくあります。そして、そのパーツがそのパーツの中にもパーツあることについて話しはじめ、やがて私は、パーツにもセルフがあることを学びました。

　「パーツにパーツがあるなんて！」と最初は驚きました。でも、落ち着いてみると、あらゆるレベルで相似形あるいは同型の（同じ形をした）システムがあるというのは、ある種の美学というか、スピリチュアルな意味を持つものだと思いました。ロシアのマトリョーシカ人形のように、大きなシステムの中に同じようなシステムが埋め込まれているのです。

　もう一つの例は、フラクタル構造です。最初は戸惑いましたが、この入れ子状の相似システムの現象は、どこまでがそうなのかはわかりませんが、私にとっては美しいものです。実際に、あるパーツのサブパーツを扱っていて、そのパーツにもパーツがあることに気がついたことがあります。

第 3 章
これがすべてを変える

　前にも述べましたが、私はパーツを神聖な存在として見るようになりました。パーツには彼らのセルフが含まれているとともに、あなたのセルフが愛と思いやりを持つのにふさわしい存在なのです。

　キリスト教に話を戻すと、これは、人は神のかたちに創造され、神の愛を受けるに値するという考えと相似しているようです。

　人々が重荷（罪）から解放され、本来の姿に戻り、より大きなものと再びつながったことを感じることができるのなら、パーツにも同じことができるのではないのでしょうか？

　ミシシッピ州ジャクソンにある改革派神学校で、私たちは数年間にわたりIFSのトレーニングを行ったことがあります。そこの学生は皆、福音派のキリスト教徒でした。

　私は、人間の本来の性質は善であることを伝えていましたが、彼らは人間の本来の性質は悪であると主張するだろうと予想していました。実際、そのことについての議論も起こりました。

　私が「『聖書』には、人は神のかたちに創造されたと書いてあるのではありませんか」と尋ねたところ、「ええ、そうです。でもそれは小さな種に過ぎず、原罪に覆われているのです」と彼らは答えました。そこで私は、「原罪を重荷と訳せば、同じことを話していることになる」と言ったのです。

　彼らの教授であるビル・リチャードソン氏は、それを見事に言い表してくれました。

「そうですね。あなたがここでやろうとしていることは、なんとなくわかりました。イエスが外の世界でなさったことを、自分の中でやるように求めておられるのですね」と彼は言いました。イエスは、外の世界で排除された人々に思いやりと好奇心を持って関わり、ハンセン病患者、貧しい人々、追放された人々のお世話をして癒したのです。

点と点のつながりに話を戻しましょう。

例えば、私たち一人ひとり、そして私たちのパーツ一人ひとりの中にあるより大きなセルフのかけらが、散らばってしまったそれぞれのかけらとのつながりを取り戻すことを切望していたとしたらどうでしょう？　パーツが重荷を下ろして私たちのセルフを信頼し、他の人々や地球、そして、より大きなセルフとのつながりを感じられるようにすることで、神聖なつながりを取り戻すという大きなプロジェクトに貢献しているとしたらどうでしょう？

これこそが、精神的求道者たちにIFSが提供できるものではないかと私は思っています。悟りを得るために、エゴを悪いパーツとして埃の中に追いやったりせず、私たちのすべてのパーツが含まれれば、悟りの道はより明るく、より持続的なものになるのです。**私たちがより大きなセルフにつながりたいと願うのと同じように、パーツもセルフとのつながりを求めているのです。**

ある程度の期間、内面の探求に時間を費やしていくと、誰もがこの本質的なセルフこそが私たちの本当の姿なのだという結論にたどり着きます。

よく言われる「目覚め」や「悟り」とは、この事実を体現したものです。そして、自分のパーツや重荷と同一化しているところから、セルフとしての自己を認識することへのシフトは、深遠な意味を持っていると思います。

これは特定の宗教を超越したもので、霊的なものを信じる必要もありません。ただ、この素晴らしい本質が、あなたや、他のすべての人の中にあり、それは単に内側のスペースを開くことによってアクセスできるというところにたどり着くのだという話なのです。瞑想の中には、心を空っぽにすることでそれを行うものもあります。

これがすべてを変える

　しかしIFSでは、空にされたくないパーツと格闘するのではなく、愛情を込めて、数分間、内側にスペースを開くように求めます。そうするとすぐに、自然とセルフが現れることに気づくのです。

　繰り返しになりますが、実際に自分で体験してみるまでは、これはすべて単なる絵空事にすぎません。

　では次に、自分のパーツをもっとよく知り、そこにもっとセルフをもたらすためのエクササイズに移りましょう。

エクササイズ❹
内的葛藤を扱う瞑想

※エクササイズ集P322を参照。

＊訳注：これは、あなたが理解を深めたいと思う内的葛藤にまつわるパーツのそれぞれ
を「ターゲットのパーツ」として選び、それと対話するエクササイズです。

まずは、楽な姿勢をとり、深呼吸をしましょう。現在または過去に、あなたが内側の葛藤、すなわち「相反する二つの声のせめぎあい」に陥った経験を思い浮かべてください。

より葛藤の度合いが大きいものを選ぶといいでしょう。

その内的葛藤「相反する二つの声のせめぎあい」に焦点を当ててみましょう。その両サイドにはどのようなパーツがいるでしょうか。それらのパーツがどのように対立し、どれほど激しく主張しあっているかに気づいてください。そして、その対立に対して、または、それぞれのパーツに対して、あなたがどのように感じているかに気づいてください。引き続き、一つひとつそれぞれのパーツと理解を深めていきましょう。

まずはどちらか一方のパーツに、待合室のようなところに入ってもらいましょう。そうすることで境界線が生まれ、今から話を聞くパーツが少しリラックスできるでしょう。

待合室に入っていない方のパーツを「ターゲットのパーツ」として、それと対話していきます。

　まずは、そのパーツに対してあなたが何を感じているかに気づいて
ください。もし何かネガティブな感情があるようなら、その感情を抱
いている別のパーツに、このエクササイズの間の数分間だけ、あなた
がターゲットのパーツを知るための時間をもらえるように、お願いを
してみましょう。

　ターゲットのパーツの話を聞く理由は、ただそれを理解したいから
で、そのパーツの言いなりになることではありません。理解するため
に、ターゲットのパーツ以外のパーツ、例えば、待合室にいるパーツ
や別のパーツには、あなたから少し離れて、ブレンドの解除をしても
らいましょう。

　待合室にいるパーツには、あとで、そのパーツと対話する時間も作
るので、少しの間待っていてほしいと伝え、安心させてあげましょう。

　ある程度、ターゲットのパーツに好奇心を持てるところまできたら、
この対立におけるそのパーツの主張について、どんなことを知ってほ
しいか聞いてみてください。

　なぜこれほど強い言い分があるのか？　もしもう一方がこの対立に
勝ったら、何が起こることを恐れているのか？　など、好奇心に従っ
て聞いてみましょう。

　それを聞きながら、その内容に関して、同意する必要も、反論する
必要もありません。ただ、あなたがそのパーツと一緒にいて、尊重し、
気にかけ、その声に耳を傾けていることを知らせてください。そして、
そのパーツがどのように反応するかを見てみてください。

　十分に話を聞いたら、ターゲットのパーツを交代します。今まで話
していたパーツに他の待合室に入ってもらい、待っていたパーツに出
てきてもらいましょう。

　今度は、そのパーツをターゲットのパーツとして、先ほどと同じよ

うに対話して、理解を深めましょう。心を開いて寄り添いながら、パーツの言い分を聞きましょう。その内容に同意や反論する必要はありません。ただ、そのパーツの思いがどこから来ているのか、なぜこれほどまでにこだわっているのか、もしもう一方のパーツがこの対立に勝ったらどうなることを恐れているのかを理解しましょう。

　十分に話を聞いたら、そのパーツが、もう一方のパーツと向き合って直接話してもいいかどうか尋ねてください。双方のパーツが互いに尊重し合えるようにするために、あなたがそこにいて話し合いの仲裁をするので、大丈夫だと伝えてください。
　パーツにまだその気がない場合は、次のステップには進まないで、ここで終わりにしましょう。もし両方のパーツが了承したら、もう一方のパーツを招待して、一緒に座りましょう。

　あなたはパーツ同士がこの問題について話し合うためのセラピストのような存在になります。

　もう一度言いますが、あなたの役目はどちらかの肩を持つことではありません。あなたの役割は、二人が今までとは違う方法で会話し、互いを理解し、尊重し合うように手助けすることなのです。二人ともあなたの大切な一部であるという共通点があることを、再度伝えてください。

　そして、この新しいやり方でお互いを理解したとき、二人がどのように反応するかを見てみましょう。この内的葛藤がどうなるかに注目してください。

　ある程度話したら、話し合いをいったん中断します。そして、このような形でもっと定期的に話し合いができることを二人に伝えましょう。

　大きな決断の責任を担う代わりに、彼らにあなたの助言者のような役割を果たしてもらえないか、今後対立したときには、彼らの意見を聞いた上で、最終的な判断はあなたに任せてもらえないか尋ねてみます。その考えに対して、彼らがどう反応するかを見てみましょう。

　これまでのエクササイズと同じように、あなたが誰であるのか、あなたがもう幼い子どもではないことなどを、彼らに知らせるのも効果的です。

　1〜2分かけて、二人が今までしてくれたことに感謝しましょう。必ずまた戻ってくると念を押してください。そして、外の世界に焦点を戻していきましょう。

───────────

　パーツが協力してくれ、このプロセスを経ると、パーツ同士は、お互いの本当の姿をまったく知らなかったということがわかったのではないかと思います。それは、それぞれが極端な役割を担い、二極化し

ていたため、相手に対して極端なイメージを持ってしまっていたからです。

　国際紛争や国内紛争、そして会社、家庭、夫婦の中でも同じようなことが起こっています。一方が極端になればなるほど、もう一方も、反対方向に極端にならざるを得ません。この現象は、人間のあらゆるシステムのレベルで起こり、とくに優れたリーダーがいない場合に起こります。それは私たち個々の内なるシステムにおいても同じです。

　私たちの多くは、外側の世界の対応に追われ、自分の内なる世界をないがしろにしているので、このような大きな決断を負った内なる子どもたちは、大げんかに陥ってしまうのです。

　各パーツがとても大きな責任を負っているので、彼らにとって、完全にリラックスするという考えは受け入れ難く、おそらく一回の話し合いですぐに対立を解消することは難しいでしょう。しかし、少なくとも彼らは、以前よりもあなたとのつながりやパーツ同士のつながりも少しは感じているでしょう。私は皆さんに、このような新しい内なるリーダーシップを試してもらいたいと思います。

　私は、カップルのセッションをするときに同じやり方でアプローチします。最初に一人の話を聞き、そして次に、もう一方の話を聞きます。そうすることで、それぞれがまず私につながり、そして信頼を置くようになるのです。その後二人を引き合わせ、互いを尊重し合いながら、このような新しいやり方で話し合いをさせるのです。

チェックポイント

　ここまでで「あなたがパーツを知る、パーツにあなたを知ってもらう」ための4種類のエクササイズを紹介してきました。順調に進み、気分が良くなった人もいるかもしれませんが、人によっては、うまく

いかなかったエクササイズがあったり、どのエクササイズもできなかったり、または、部分的にしかできなかったかもしれません。

しかしそれはまったく珍しいことではありません。それは、パーツたちがどれだけ、このような形で彼らの世界にあなたを受け入れる準備ができているか、どれぐらいあなたを信頼し、脇に寄ってスペースを空け、お互いに対しての信頼があるかということに関係しています。

だから、パーツが一歩も引かなかったとしても、それはあなたが失敗したということではありません。それは単に、パーツたちがあなたに対する信頼を築き、彼らがあなたをよりよく知るようになるには、もっと時間がかかるということなのです。

エクササイズを行うことができた人は単に、何らかの理由で、すでにパーツがあなたに対して一定の信頼を持っており、スペースを開けようという気持ちを持っているということでしょう。

それは必ずしも私たち全員に当てはまるわけではありません。残念ながら、人生で大変な経験をたくさんしてきた人もいます。その場合、このような形で対話することが助けになるであろうとパーツが信頼するには、もう少し時間がかかるかもしれないというだけのことなのです。

ここまでエクササイズをやってきた中で、異常に眠くなったり、急にやるべきことが頭に浮かんだり、頭痛がしたりというような奇妙な体験が起こったかもしれませんが、それもよくあることです。

防衛パーツの準備がまだできていないとき、彼らはあなたの気をそらすか、エクササイズをするのが困難になるような方法で、あなたをそこから遠ざけなければならないと感じているのです。

彼らと戦うのはやめましょう。私のアドバイスは、ただ好奇心を持って、抵抗するパーツを知り、彼らが何を恐れているのかを理解し、彼らの恐れを尊重することです。

エクササイズ❺
難しい防衛パーツに取り組んでみる

※エクササイズ集P326を参照。

　このエクササイズはちょっとチャレンジだと感じるかもしれません。とくにIFSの経験が浅い方には難しいかもしれません。その場合はまず、準備のできていないパーツを知ることにトライしてみましょう。

　瞑想するときのように、少し時間をとって、楽な姿勢になりましょう。あなたにとって本当に煩わしいと思うパーツ、邪魔になるパーツ、または、あなたがそれを恥ずかしいと思っているパーツ、怖いと思っているパーツについて考えてみてください。

　少し時間をとって、そのうちの一つのパーツについて思い浮かべましょう。見つけてほしいのは、傷を抱えているパーツではなく防衛パーツです。

　このエクササイズでは、真っ先に内的批判者のパーツに焦点を当てる人もいます。もしもターゲットのパーツを見つけるのが難しいようなら、内的批判者を選んで扱うといいでしょう。

　そのパーツに意識を向け、自分の身体や身体の周りのどこにそのパーツがあるかに気づき、その場所に焦点を当てながら、そのパーツに対して自分がどう感じているかに気づいてください。そのパーツに対して、もしかしたらいくつかの緊張した感覚を抱いているかもしれません。

そのパーツを囲われた部屋に入れます。そうすることで、そのパーツを警戒している他のパーツが少し安全に感じられるようになり、警戒を緩めてくれるでしょう。囲われた部屋をとても快適にして、出てこないように中にいてもらい、窓の外から見えるようにしてみましょう。

そして、このパーツを警戒している他のパーツには、このエクササイズの間、このパーツがこの部屋から出てくることはないことを知らせます。彼らに少しリラックスするように頼み、あなたが部屋の中のパーツに対して好奇心を持てるか見てみましょう。

もし彼らがリラックスして脇によけてくれないときは、それでも構いません。その場合は残りの時間を使って、彼らのことを知り、このパーツに対する恐れや問題意識を理解してあげるだけでいいのです。

もしあなたが、部屋の中にいるパーツに対して、好奇心や何らかの開かれた気持ちを持つことができた場合は、そのことを伝えて、パーツを部屋の中に入れたまま、あなたに何を知ってほしいのかを聞いてみましょう。窓越しに、そのパーツとコミュニケーションがとれるかどうか見てみます。

そのパーツは自分自身について、あなたに何を知ってほしいと思っているのでしょうか？　そのパーツは、その役割をやめてしまったら、何が起こることを恐れているのでしょうか？

もし、その質問に答えてくれたのなら、少なくともそうすることであなたを守ろうとしてくれていたことに感謝を伝えましょう。

そしてあなたのことを何歳だと思っているのか確認してみてください。もし、実際の年齢と異なっていたら、実際の年齢を伝え、その情報をアップデートしてみてください。そしてどんな反応をするか見てみてください。

では今度は、そのパーツに、次のような質問を投げかけてみてください。

「もしあなたが守っているものが癒され、変化して、それがまったく問題にならなくなり、それを守る責任から解放されて他のことができるようになったら、あなたはどんなことをしたいですか？」

　つまり、そのパーツは、その役割から完全に解放されたら、他に何をすることを選択したいのでしょうか？　その質問に答えてくれたら、次はそのパーツが、これから先、あなたにどんなことを求めているか聞いてみましょう。

　このエクササイズを終える前に他のパーツを確認してみましょう。あなたが防衛パーツと交わした会話を目の当たりにして、彼らがどんな反応をしているか見てみてください。

　きりのいいタイミングで、パーツに対話に応じてくれたことに対する感謝を伝え、これが最後ではなく、また対話する機会があることを伝え、話を終える方向へ導きます。役に立つようなら、再び深呼吸をして、あなたの焦点を外側の世界に戻してください。

————————————

　何年か前、ダライ・ラマ法王に短いプレゼンをするために、マインド＆ライフ・ヨーロッパというカンファレンスに招待されたことがあります。このエクササイズで取り上げてきたようなことを彼と話し、そして質問しました。

「法王、あなたは敵である人々に慈悲を送るよう、少なくとも思いやりの気持ちで彼らのことを考えよ、とおっしゃっていますよね。では自分の内なる敵に対してもそうしたらどうなるでしょう？」

　このエクササイズはまさにその問いなのです。これはあなたが自分

の内なる敵に向き合うのを助けるためのものなのです。最初は敵に思いやりを持つことは難しいかもしれませんが、理想的には、心を開くところからはじめて、本当に相手のことを知ろうとすることがこのエクササイズです。

先ほどのエクササイズでそれが起きたかどうかは分かりませんが、あなたがそのパーツとともにいて、脅威を与えないような質問をし続ければ、これらの内なる敵は、どのようにしてこの役割を強いられたのか、何を守っているのか、多くの場合、本当は正義の味方だったという隠された物語をあなたに明らかにしてくれるでしょう。ヘンリー・ワズワース・ロングフェローがこう書いたように。

> 「敵の隠された生い立ちについて知ることができたなら、そこにある全敵意を和らげるに十分な悲しみと苦しみをそれぞれの人の人生の中に見出すことができるであろう」[1]。

内なる敵のようなパーツに向き合い、彼らの隠された物語を聞くと、必然的にそのパーツに対して、他のパーツが持っていた敵意がすべて解消されるのです。それは内なる敵のようなパーツにとっては、本当に素晴らしいことです。

彼らは皆、嫌な役割、ふさわしくない役割を押しつけられた善良なパーツであり、そこから離れたいと願ってはいるのですが、それができるほど安全だとは思えないでいるだけなのです。

彼らが安全だと思えない理由の一つは、リーダーであるあなたを信頼していないことです。このようにしてあなたが彼らのところに訪ねていくことは、その信頼を築いていく助けになるでしょう。

補足：このような取り組みを続けていくうちに、自分の内側の世界と

外側の世界の両方が変化しはじめることに気づくかもしれません。この新たな見方を受け入れると、今までと同じように人を見ることが難しくなるので、その結果、人と違う関わり方をするようになるのです。あなたのこうした変化に戸惑う人もいるかもしれませんが、かならず歓迎してくれる人もいるはずです。

第 **4** 章

システムの詳細

この本を読み進めていくうちに、個々のパーツに焦点を当てるのではなく、パーツ同士の関係性に焦点を当てるようになっていることにお気づきでしょうか。

私は「システム思考」というものが身についていたので、初めてクライアントのパーツに出会ったときに、その複雑さに圧倒されることなく、クライアントの話をよりよく聞くことができたのは幸いでした。私は、繰り返し起こるパーツ同士の関係性のパターンをシステムとしてとらえることによって、本当に腑に落ちる形で理解することができたのです。

例えば、ある過食症のクライアントの中で、批判者パーツが彼女に対する批判をはじめると、無価値感、未熟さ、孤独、空虚感を抱いている別の幼いパーツの反応が引き起こされることがすぐにわかりました。彼女にとって、その幼いパーツの感情を味わうことはあまりにも苦痛であるため、救い出そうと過食パーツがやってきました。そして、

まるでそこから彼女を連れ去るかのように、過食することでその苦痛から彼女の気をそらしたのです。

しかし過食が終わると、批判者はまたリベンジにやってきて、今度は過食をしたことについて彼女を攻撃しました。当然ながら、これがまた幼いパーツの反応を引き起こし、私のクライアントは再びその恐ろしいサイクルに巻き込まれてしまったのです。

この章では、内なる世界に適用できるシステム思考の基本的な考え方をいくつか取り上げます。この情報は、あなたの内的探求に大いに役立つものと思います。これからこの本の中で、この点について何度か言及していくつもりです。

システム思考の発展

システム思考は、1920年代にヨーロッパの生物学者たちによって開発されたものです。彼らは、細胞が互いに関連して生物を形成する仕組みを理解するには、細胞ごとに物理法則を学ぶという従来の機械論的、還元論的アプローチでは不十分であることに気づきました。彼らは、システム全体の挙動は、各部分を単独で、つまりシステム全体の文脈を離れて研究しても理解できないことを発見したのです。そこから、「全体は部分の総和に勝る」という有名な言葉が生まれました[1]。

システム思考的なものの見方は急速に他の分野にも広がり、動物や植物の生態系を研究する生態学や、フィードバックループ、自己調節、恒常性といった概念を導入したサイバネティクス（人工頭脳学）を生み出しました。

このように、物体の構造を単独で研究することから、物体がどのよ

うにネットワークやパターンに組み込まれていて、それをマッピングできるかに注目することへのシフトは、より機械的で還元的なパラダイムの中で育ってきた私たちには容易なことではありません。「パーツマッピング（パーツの地図を描く）」で皆さんに絵を描いてもらったのは、システムをマッピングするそのような方法の一つです。

1976年に初めてシステム思考に出会ったとき、精神医学に欠けていると私が思っていたものに関する疑問の多くに答えてくれる、命に対する別のアプローチを見つけたのだと、私は興奮を覚えました。グレゴリー・ベイトソンや他のシステム理論家の著作を読んでいたときに得た洞察がきっかけで、私は家族療法士になり、後にIFSを開発することになりました。

その大きな洞察とは、問題を抱えた人に精神医学的な診断を下し、それを症状の唯一あるいは主要な原因とみなすことは、不必要に彼らに制約を与え、病的であるとみなし、それを自己強化することになりかねないということです。

あなたは病気ですと宣告し、その症状が意味をなす大きな文脈を無視すると、変容につながる可能性のあるポイントを見逃すだけでなく、「自分は欠陥人間だ」と感じる受動的な患者を生み出してしまうのです。

幸い、そのような点においては精神科の診断が本質的な助けにならないものだと考える人が、この分野では増えてきています [2]。

背景がすべてを決める

システム思考では、あるシステムの構成要素が互いにどのように関連しているかに焦点を当てます。そのレンズを通して症状にアプローチすると、その症状は、その人が組み込まれているシステム（家族、

近所、職場、国など）の構造（関係性のパターン）の問題や、その人の中に組み込まれているシステム（つまり、その人の内的家族）の問題の表れであることがよくわかるのです。

私は家族療法士として、家族の構造を理解し改善することが、家族の背景を考慮せずに単に診断し治療するよりも、子どもの行動を止めるためにはるかに効果的かつ持続的な方法であることを学びました。

また、こうした家族構造は、家族のメンバーが持っている極端な信念や、必ずしも自覚されてはいないものの、常に持ち続けている感情によって維持されていることが多いこともわかりました。

例えば、いくつかの過食症のクライアントのケースでは、その家族のメンバーは「対立は危険だ」という信念を持っていて、クライアントの親たちは、対立が起こるたびに怖がっていました。そこには、甘えることや感情を曝（さら）け出すことへの嫌悪、外の世界に対して完璧な姿を見せなければならないという信念もしばしば見られました。

何であれ、その信念や感情の集合体が、家族の共通の世界観となり、家族のメンバーが互いに関わり合う方法となります。例えば、クライアントが傷ついたり、怒ったり、注意を引こうとしたときに、それを軽蔑するなどの形をとるようになったのです。

大きなシステムも同じです。企業や国の構造は、機能障害や症状があっても、基本的な信念、つまり共通の世界観を作っているOS（オペレーティングシステム）が変わらない限り、通常は同じままです。

例えばアメリカでは、国民全員をつき動かしている信念、例えば「無限の成長」のような基本的な信念を見直すかわりに、沈みかけたタイタニック号のデッキチェアを整頓するようなこと（税金、環境政策、移民政策など）に取り組んでいるのです。

人間の本質に関する否定的な（そして誤った）見方

　社会を支配するもっとも強力な信念には、人間の本質や世界の仕組みに関するものがあります。これらは、しばしば明言されず、反論もされていません。なぜなら、単にものごとはそういうものだという「現実」としてとらえられているからです。

『世界はシステムで動く』の著者ドネラ・メドウズは、こう言っています。

> 　「『成長することは善だ』『自然は人間の目的に変換されるべき資源の蓄えである』『進化はホモ・サピエンスの出現で完了した』『人は土地を所有することができる』。これらの概念は、私たちの今の文化の世界観の前提の一部です。これは他の文化圏の人々を完全に呆れさせました。彼らはそれらを、まったくもってそうではないと考えていたのです」[3]。

　社会のルールや目標のほとんどは、人は基本的に善か悪か、競争的か協調的か、信頼できるか利己的か、孤立しているか相互につながっているか、絶望的か救済されるべきか、劣っているか優れているかというさまざまな前提から形成されています。これらの見解はすべて、その社会の構成メンバーに影響を与えます。

　プラセボ効果についてはよく知られていると思いますが、その逆（ノセボ効果）も同様に本物で強力です。

　例えば、砂糖でできた錠剤であっても、それを飲むと具合が悪くなるとあなたが信じれば、おそらく具合が悪くなるでしょう。人間関係に当てはめると、他人に対する否定的な予測が、その人の行動やパフォーマンスに強い悪影響を与えるという証拠が数多くあります [4]。

このことは、否定的な予測が自己実現的な予言となり、否定的な見解をさらに強化するという、悪循環の強化型のフィードバック・ループを容易に生じさせることになります。これこそが人種差別がこれほどまでに有害である理由の一つです。

　冒頭で述べたように、西欧世界を支配してきた人間観は、悲観的な傾向を帯びています。

　奴隷制を正当化するために、ヨーロッパ系の白人は、自分たち以外を「文明化されていない」文化として区別するようになりました。その見方によれば、私たちは誰でも原始的な衝動と闘っているのかもしれないのにもかかわらず、一部の人々（概して有色人種）は、不合理で獣のような部分を制御することに長けていないのだというわけです。この原始的なものをコントロールするというベニヤ理論（＊訳注：ベニヤ理論とは人間の道徳性は薄いベニヤ板のようなものであり、少々の衝撃で容易に破れるとする考え方で性悪説の一種）は、内なる衝動だけでなく、人間にも適用できるのです。

　本書のテーマの一つは、自分の内なる世界の住人についてどう考え、どう関わるかが、人間についてどう考え、どう関わるかに直結しているということです。自分の中のあるパーツを恐れ、それをコントロールしようとすると、それと同じように、そのパーツに似ている他者に対しても同様の対応をするわけです。

　文明は、常に隙あらば表に出てこようとする原始的な本能を封じ込め、隠すために必要な保護膜を形成している、とベニヤ理論は示唆しています。

　歴史家のルトガー・ブレグマンは、ベニヤ理論とは対照的に、人間は基本的に善良であると主張しています。ブレグマンは、リチャード・ドーキンス、フィリップ・ジンバルド、スタンレー・ミルグラムといった、人間に対して極めて悲観的な（そして大きな影響力を持った）思想

家の研究を否定しています。ブレグマンが彼らの有名な研究の手法と データをもう一度見てみると、彼らの信用を完全に落とすに足る歪 曲と捏造が蔓延していることがわかったのです。

　ブレグマンの主張は、「この『人間は利己的である』という見方に 基づいて私たちはすべての制度を作り上げており、もしそれが真実で ないことに気づけば、すべてが変わるだろう」というものです。

　本質的には誰もが善良で親切であるという認識にパラダイムシフト すれば、経済システム、学校、刑務所を再編成することができるので す。彼は、人間の本質を肯定的にとらえた制度やプログラムが成功し ている数多くの例を紹介しています。

　例えば、ノルウェーの刑務所は、世界でもっとも再犯率が低いこと で知られています。アメリカの刑務所とは対照的に、ノルウェーの看 守は受刑者と友達になり、普通の生活に戻れるよう手助けをするよう 教えられています。

　一方、アメリカの投獄者数は1972年以来500％以上増加し、世界 の囚人のほぼ4分の1にまでなっています。これらの囚人の60％近く が黒人かラテン系であることは、人種差別とも言えるでしょう [5]。

　明らかに、支配と封じ込めというベニヤ理論に基づいたアプローチ はうまくいっていません。

　もし、悪いパーツなどおらず、単に重荷を負って過去に立ち往生し たままのパーツがいるだけで、罰するよりもその重荷を取り除くこと を必要としているということが真実だとしたら、どうでしょう？ も し、誰もが本質的にはセルフであり、すぐその状態にアクセスするこ とができるとしたらどうでしょう？ 世界はどう変わるのでしょう か？

否定的な見方がうまくいかない理由

　どんな社会的問題に対しても、強制、厳罰、辱めなど、何であれ戦いを仕掛けるような振る舞いをすると、フィードバック・ループがさらに強化されるようになります。これは、時間とともにエスカレートし、システムのリソースを消耗するため、システムを破壊する可能性を持っています。

　これは、内なる世界でも同じことが言えます。

　防衛パーツに対して戦いを仕掛けることは、彼らをより強化するだけです。しかし、その声に耳を傾け、愛することで、癒しや変容を促すことができます。

　ここでの課題は、私たちが個人的にも集団的にも、強硬で懲罰的なパーツ（人）によって支配されていることです。彼らは、人（とそのパーツ）は基本的に「悪いもの」であり、戦わなければならないと信じているのです。

　もし自分の中に危険な、野獣のような、あるいは罪深い衝動があり、常にそれを監視し、コントロールし、必要ならば戦う必要があると信じているならば（これは内面世界に採用されたベニヤ理論です）、他人をそのように見るのは理にかなっています。それゆえ、社会問題へのアプローチは必ずコントロール戦術と戦いを伴うことになるのです。

　ある国の指導者が、他国の人々を悪者扱いして戦争を正当化することは、何度も繰り返されてきました。「多くの戦い、十字軍、キャンペーン活動があり、力によって敵を征服しようとする多くの呼びかけがある……。このように、西洋の精神の内なる荒廃は、西洋が地球上にもたらした外なる荒廃とぴったりと一致しているのだ」とチャールズ・アイゼンシュタインは言っています [6]。

　私は、摂食障害のクライアントと接する中で、IFSを開発しました。摂食障害のクライアントを治療するもっとも一般的なアプローチは、治癒することを願って、その障害を「打ち負かす」ことに焦点を当て続けています。私たちの麻薬に対する「戦い」も、世界中で意図しない大きな結果を招き、大失敗に終わっています。

　私たちは、メッセンジャーを殺そうとするのではなく、メッセージに耳を傾けなければなりません。自然や人間性に対して戦争をしかけるのではない、新しいアプローチが必要なのです。

　人間には罪深く、攻撃的で、利己的で、衝動的な性質があり、それを理性で（あるいは神の助けで）コントロールしなければならないという考え方は、他者との間に深い分断をもたらし、また自分自身への軽蔑にもつながります。

　いくつか例をあげると、

「みんなが自分のために行動しているなら、自分もそうしなければならない」。

「自分の身は自分で守らなければならない」。

「オープンでナイーブになりすぎてはいけない」。

「自分の背後には気をつける必要がある」。

　といったものです。

　問題は、このやり方がうまくいかないということです。このやり方では、拒絶されるのを恐れて隠さなければならないと感じ、孤独感、恥ずかしさ、恐怖心を残すだけなのです。

　自分が、自分と同じような惨めな人間の中で、自分たちは大いなるものから分離し、利己的で罪深い魂であると信じている場合、たとえ人と一緒にいても、孤独を感じないことは難しいものです。あなたが哀れな自分として孤立しているならば、自分は拒絶されていて、より無価値だと感じ、その結果、さらに引きこもる可能性が高くなります。

その代わりに、もしあなたの孤独感が、あなたの別の部分によって
支えられていることを知っていたらどうでしょうか？　もし、自分自
身をエグザイル（追放されたパーツ）とみなすのではなく、あなた自
身をセルフとみなすとしたらどうでしょう？　そして、あなたの周り
のすべての人の中にセルフを見るとしたら、どうでしょうか？

フィードバック・ループ

　第1章で「受け継がれた重荷」について触れましたが、とくに、人
種差別、家父長制、個人主義、物質主義の4つは、アメリカの建国者
がヨーロッパから持ち込んで以来、アメリカの考え方を支配してきた
ものです。

　これらの受け継がれた重荷はそれぞれが組み合わさって、私たちは
皆、危険な「食うか食われるか」の世界で孤立し、自分たちだけで生
きているという意識を蔓延させています。そして、「強化型フィード
バック・ループ」とシステム理論家が呼ぶものを作り出しているので
す。

　競争的な分離意識（そして、十分な意志の力があれば誰でも成功でき
るという信念）は、自分よりうまくいかない人々を追放し、軽蔑する
ようになります。そして、それがさらにこのシステムの中での分離感
や生存をかけた恐れを強め、さらに追放が繰り返されるのです。

　あらゆる種類のシステムに共通する強化型フィードバック・ループ
の一つに、「成功者のための成功」というものがあります。

　我が国の富の分配に当てはめると、より多くの特権、蓄積された資
本、内部情報、特別なアクセスや影響力を持つ人々が、より多くの特
権、資本、アクセス、情報を生み出すことができることがわかります。

　一方、そうした特権を持たない人々は追放され、その結果、彼らや

彼らの子どもたちはより貧しい教育を受け、妥当な金利でローンを組むことが難しくなったり、レッドライニング（＊訳注：特定地域の住民には融資しないなどの投資差別）の対象となったり、人種や階級を理由に差別されるようになります。

さらに、彼らの声は政治家にはほとんど届きません。政治家は通常、社会の有力者、つまり富裕層に関心を寄せるからです。

しかし残念なことに、「抑制されない強化型フィードバック・ループを持つシステムは、最終的に自滅します」とメドウズは警告しています［7］。

しかしながら、すべての生命システムには、その生存に必要なもう一種類の重要なフィードバック・ループが存在します。

生物は、さまざまな重要なプロセスにおいて、ホメオスタシス（恒常性）を維持する必要があります。人体でいえば、体温、血糖値、血中酸素濃度、血圧などです。これらの数値が健康的な範囲から外れると、それを感知する受容体が刺激され、数値をその範囲内に戻すフィードバックプロセスが動き出します。

強化型フィードバック・ループが数値の変化の増大を招くのとは対照的に、ホメオスタシスを回復させるものは、安定型またはバランス型フィードバック・ループと呼ばれます。

例えば、血糖値が高くなりすぎると、膵臓にインスリンの分泌を増やすよう指令が来て、血糖値は健康な範囲に戻ります。

地球を、まるでギリシャ神話の女神ガイアのような生けるシステムあるいは存在として考えるなら、COVID‒19の流行は安定型フィードバック・ループの一部と見ることができるかもしれません。

人類の歴史の99パーセントにおいて、人類は地球の健康を脅かすような存在ではありませんでした。産業革命にはじまり、過去2世紀

で、世界の人口と、人類の地球の資源を搾取する能力が爆発的に増加しました。

　1880年代後半以降、私たちはさまざまな暴走する強化型フィードバック・ループに乗り、多くの人々の生活を目に見える形で向上させたため、進歩の行進の神話を確信するようになりました。

　しかし、残念なことに、この進歩は地球上の他の部分にとってはそれほど進歩的ではありませんでした。

　私たちは、採取し、追放し、分断するという態度や行動によって、**地球を本能的に感じる能力を失ってしまったのです**。私たちの受容体は麻痺しており、地球が何十年にもわたって繰り返し私たちに提供してきた、地球が元気でも健全でもないことを告げるフィードバックに鈍感になっているのです。

　地球が私たちに何も知らせなかったわけではなく、たくさんの兆候がありました。これは、人類の大半を占めるようになった競争的で強制的なパーツが、経済的、物質的な利益を重視するあまり、そのサインに耳を傾けなかったということに他なりません。

　私たちは地球を大切にすることをやめ、代わりに地球を自分たちが望むように利用できる資源の集合体として見てきました。しかし、これにはそれ相応の結果が伴います。

　そこで、パンデミックに話を戻します。
「森林破壊、農業の無秩序な拡大、集約農業、鉱業、インフラ開発、そして野生種の搾取などの横行が、野生生物から人への病気の波及という『パーフェクトストーム（＊訳注：複数の厄災が起こって破滅的な状態になること）』を作り出している」と、生物多様性の専門家グループは指摘しています。

　彼らは、人に感染することが知られている170万個の未確認ウイ

ルスが、哺乳類や水鳥に存在すると推定されると警告しています。これらのうちのどれかが、COVID‐19よりも破壊的で致死的である可能性があります。彼らはその第一歩として、各国が、人、動物、植物、そして私たちが共有する環境の健康の間に複雑な相互関係があることを認識することを提案しています。さらに、資源が枯渇し、資金不足に陥っているもっとも脆弱な国々の医療システムを支える必要があります［8］。

つまり、各国の指導者に「システム思考をすること」を求めているのです。

もしかすると、気候危機やウイルスは、私たちの種が地球のホメオスタシスの範囲を超えたときに作動する、安定型フィードバック機構として組み込まれているのかもしれません。

このような推測をすることは冷血だと思われるかもしれません。しかし、私はパンデミックがこれまでに世界中にもたらした信じられないほどの苦しみと死を軽視したいわけではありません。

私がここで訴えたいのは、この危機の教訓を早く学び、できるだけ早くこの危機を終わらせ、将来、より大きな災害が起こらないようにすることなのです。

もし我々人類が最終的にこのメッセージを受け取り、価値観や優先順位を変えることができれば、母なる大地からのより深刻な安定型フィードバックを避けることができるかもしれません。再び、母なる地球の声に耳を傾け、敬意を払いはじめることができるかもしれません。

しかし、劇的なパラダイムシフトなしには、それは不可能です。私たちの運命は、私たち自身の「手の中」ではなく、私たちの「心の中」にあるのです。

すべてはつながっている

　アイゼンシュタインが促したように、私たちは「分離の物語」を捨て、「相互に存在する物語」を採用しなければなりません [9]。**私たちは、皆が一緒にいることを皆に思い出させることができる、システム思考のリーダーを必要としています。**

　私はよくクライアントに、両極端に分離したパーツを対面させて、直接話し合いができるかどうか尋ねます。まず、それぞれのパーツに共通点があるかどうかを聞いてもらうのです。

　クライアントの安全を守りたいという願いは同じでも、その方法についての考え方がまったく違うことに、それぞれのパーツがショックを受けることがよくあります。自分たちが相互に関連していることを認識すると、彼らは自分たちが住む大きなシステム（クライアント）の幸福のために、よりよく協力し合うことを約束するようになります。

　同様に、家族、会社、国、そして国際的なレベルで、人々がつながりを持っていることに気づくのを助けると、それぞれのレベルでセルフが発揮されるようになります。そしてセルフは常に治癒をもたらします。

「人類のどの部分も、他の人類や地球の生態系から切り離されてはいないのです [10]」、というメドウズの言葉は、私たちがいかに相互につながっているかを思い出させてくれます。

　地球の気候が崩壊すれば、富裕層であっても誰もが苦しむことになります。

　もし、ある会社で働く人たちに過度なストレスがかかると、その会社は倒産し、経営者は破産するでしょう。脳ばかりが肥大化し、身体の他の部分がおろそかになれば、病気になり、脳も船（身体）と一緒

に沈んでしまいます。膨大な貧困層を抱えることは、その国の資源の大半を流出させるか、激しい社会的動乱を引き起こすかのどちらかです。傷ついたパーツを追放すれば、そのパーツがあなたを破壊するのです。

パラダイム・シフト

　現在、私たちは自分自身や人間の仲間を、根本的に利己的で欠陥のある存在とみなしており、それが「食うか食われるか」の冷酷な経済・社会システムをもたらしています。そして、問題に対して、体系的（システム的）ではない、脈絡のない方法でアプローチしているため、これらの問題に対する解決策はしばしば事態を悪化させ、地球を傷つけ、追放された人々を大量に生み出しています。

　追放することは、どんなシステムにとっても有害です。それは、私たちが互いにつながること、自分の身体や地球とつながること、そして神聖なものにつながることを断ち切る行為なのです。

　私たちの内なる世界もまた、このパラダイムによって汚染されています。本来は宝物である私たちのパーツが、外側のシステムを反映してしまう結果となるのです。多くのエグザイル（追放されたパーツ）がいて、多くの防衛パーツが彼らを見下し、そして、「重荷」が内なるシステムを形作る基本原理になっているのです。これはセルフとは対照的です。

　明らかに、このような自分自身や世界との付き合い方は、持続可能ではありません。以下は、私が提案する代替パラダイムです。

　私たち一人ひとりの中には、聡明で慈愛に満ちた善なる本質があり、それは調和に満ちた関わり方を知っています。そして、そこには混乱

した「一つの心」ではなく、パーツによってできた「内的システム」があるのです。

　これらのパーツはときに破壊的であったり、害を及ぼすことがありますが、いったん重荷を下ろすことができれば、パーツたちは本来の善なるものに戻るのです。そして、それが真実であるからこそ、私たち一人ひとりがその本質にアクセスし、人生を導くための明確な道筋を持つことができるのです。それは私たちの内側の世界でも外側の世界でも同じことです。そうすることで、私たちはあらゆるレベルで相互につながっているという基本的な真実に気づき、その自然な結果として、思いやりと勇気ある行動が生まれるのです。

　大変なことのように聞こえるかもしれませんが、このパラダイム・シフトを行うには、実は大きな犠牲や苦しみが必要なわけではありません。ほったらかしにしていた自分のパーツを取り戻すことは痛みを伴うかもしれませんが、その努力はそれ以上の価値があります。

　このシフトによって得られるもののほんの一例をご紹介しましょう。自分自身と他者へのより多くの愛、より多くの喜びと歓喜（同様に、深淵な悲しみと嘆きにも）につながります。そして、より有意義な習慣や活動、充実したビジョンが感じられるようになります。

エクササイズ❻
毎日のIFS瞑想

※エクササイズ集P329を参照。

　私や他のIFS実践者が、このパラダイム・シフトを自分の中で育むために使っている瞑想を紹介します。あなたも毎日、何らかの形で実践してみることをお勧めします。

　まずは、少し時間をとって、居心地のいい姿勢をとってください。もし深呼吸をすることが役に立つようだったら、そうしてください。

　この本の最初のほうにあるエクササイズを試した方は、もう自分のパーツをいくつか知っていることでしょう。まずは、あなたがすでによく知っているパーツたちに焦点を当てることをお勧めします。その目的は、彼らが今どうしているのか、何か必要なことはないか、あなたにもっと知ってほしいことはないか、フォローアップすることです。
　これは、あなたのパーツとの継続した関係を築くためのものです。そうすれば、パーツはあなたとより密接につながることができ、孤立や孤独を感じることが少なくなります。

　どこかのタイミングで、あなたが彼らのそばにいること、そして彼らを気にかけていることをもう一度知らせ、思い出してもらいましょう。パーツと対話しても、重荷が下ろされるまでは、彼らはそういうことを忘れてしまうので、あなたについてもう少し詳しく話して、よ

く知ってもらいましょう。彼らがもう一人ではないということを、何度も繰り返し思い出してもらってください。

そして、あなたがもう幼い子どもではなく、彼らが求めている愛情をそそいだり、お世話したりすることができる存在であるということも知ってもらいましょう。

大切なのは、もしあなたに子どもがいるのなら、まるで本当の子どもと同じように、あなたのパーツを真剣に受け止めることです。

とはいえ、パーツたちは、本当の子どもが必要とするほどの世話や養育を必要としません。彼らはたいてい、あなたとのつながりを知り、それを思い出すだけでいいのです。

そしてある時点で、自分の視点を広げ、あなたに見てもらいたがっている他のパーツを自分のところに招いてみましょう。日によって、違うパーツが現れるかもしれません。ただ、彼らのことを知り、彼らがあなたに何を求めているかを知り、あなたが誰であるか、彼らがもう一人ぼっちではないということを彼らに伝えましょう。

この次の部分は、それぞれの瞑想でのオプションです。

もしそうしたければ、これらの各パーツを再び訪れ、数分間だけ、内側の開放されたスペースでリラックスするように誘いましょう。あなたが身体の中にいることは安全なのだということをパーツたちに信頼してもらいましょう。

パーツたちが何かに反応し、彼らの極端なエネルギーが活性化すると、私たちの意識は身体の外に出てしまいがちです（P36参照）。あなたが身体の中にいることを、彼らがもっと受け入れてくれるようになると、彼らがリラックスしていくことにあなたは気づくでしょう。そして、心と身体の中に、より多くのスペースを感じることでしょう。

　ほんの数分間だけでいいこと、これはあなたをもっとそこにいさせ
てくれたらどうなるかという実験であることを、彼らに伝えてくださ
い。彼らが嫌がるのなら、そうする必要はありませんし、その場合は
そのまま、彼らをよく知るために対話を続ければいいのです。
　しかし、もし彼らが快く承諾してくれるなら、この広々とした空間
とセルフとして身体にいる感覚が増すことに気づいてください。ス
ペースがたくさんある状態で、自分の身体の中にいることがどんな感
じなのかに気づいてください。

　呼吸の変化や、「今ここ」にいる感覚に気づくかもしれません。筋
肉がリラックスし、すべてが大丈夫だというような幸せな感覚を感じ
るかもしれません。そして、先ほども言ったように、身体の中を流れ
るエネルギーのようなものを感じたり、手足が少し震えたり、ピリピ
リしたりすることもあります。
　私は聴覚が鋭いので、この状態になると、自分の声のトーンの変化
にも気づきます。また、急を要するような課題がないときの安堵感を
楽しむこともできます。

　もし、あなたのパーツがリラックスするのに苦労しているのなら、
それは何らかの理由でもっとケアが必要だということです。その場合
は、あなたがそれを理解していることを伝え、何かをしなければなら
ないというプレッシャーはないことを伝えましょう。
　十分な時間をとったと感じたら、また外の世界に焦点を戻しはじめ
ましょう。なんであれパーツが伝えてくれたことに感謝し、今後もっ
とこのエクササイズをするつもりであることを彼らに伝えます。
　深呼吸をすることが、今この場所に戻ってくることに役立つような
ら、深呼吸をしてみましょう。

一日を通して、私はよく一呼吸おいて、自分がどれだけセルフとして身体にいる状態であるかに気づきを向けます。その状態でないときは、乗っ取っている何らかのパーツがいるか、少なくとも普段より活性化しているということです。私はすぐにそのパーツを見つけて、私を信頼しても大丈夫だということを思い出してもらい、少しリラックスして、もっとスペースを開けることができるよう尋ねてみます。

　しばらく時間がかかりましたが、今ではほとんどすべての場面で、私のパーツは簡単にそうしてくれますし、またそのエネルギーや広々とした空間を感じることができ、その場所から人々と関わることができます。

　これは、日々の実践になります。パーツに気づき、スペースを開けても大丈夫だと信頼するのを助けることに加えて、通常は積極的にパーツに働きかけ、癒すことが必要です。

　なぜなら、あなたのシステムが、トラウマを抱えたままの脆弱な状態である限り、彼らはあなたを信頼することは難しいからです。そのため、私や他のIFSプラクティショナーは、この瞑想と組み合わせて、パーツの重荷を下ろすセッションを積極的に行っています。

第5章

私たちの内なるシステムを
見える化する

　こまでで、いくつかのエクササイズの経験を通じて、心の
システムや、私たちが提唱しているパラダイムシフトにつ
いてより深く理解していただいたと思います。ここからは、
パーツたちが内部でどのように自分たちを編成し、互いに関係しあっ
ているかを紹介します。

　エグザイルと防衛パーツの区別についてはすでに紹介しましたが、
それらのパーツがどのようなものなのか、もう少し詳しく見ていきま
しょう。

エグザイル（追放されたパーツ）

　まず、エグザイルの話からはじめましょう。これは、私たちの文化
の中では、よくインナーチャイルドと呼ばれている幼いパーツたちで
す。傷つくような経験をする前は、これらのパーツたちは、喜びに満

ちていて、遊び心があり、創造的で、無邪気で、心を開いていて、信頼とともにあり、私たちがそばにいたいと思うような存在でした。

　また、彼らはとても敏感なパーツでもあります。もし誰かがあなたを傷つけたり、裏切ったり、辱めたり、怖がらせたりすると、これらのパーツはその出来事の影響をもっとも受け、極端な信念や感情を重荷として背負ってしまうのです。

　トラウマや愛着の傷を受けたことにより取り込まれた重荷は、これらのパーツを、楽しく遊びにあふれた状態から、過去の場面に凍りついて慢性的に傷ついたインナーチャイルドに変えてしまいます。そしてそれは私たちを圧倒し、その恐ろしい場面に引き戻す力を持っているのです。

「私は愛されている」と感じていた彼らは、「私には価値がない」「誰からも愛されていない」と感じるようになります。彼らが私たちとブレンドするとき、彼らの信念は私たちのものの見方となり、彼らの重荷になった感情をすべて感じるようになるのです。

　そのような感情を再び体験したり、そのようなことを信じたりするのは、私たちにとっては耐え難いことです。**しばしばその重荷が、私たちを日常で機能できなくさせることがあります。**エグザイルに支配されたとき、一週間もベッドから出られなかったクライアントもいます。

　そのため、私たちはこれらのパーツを嫌な記憶や感覚、感情として考え、それらを閉じ込めることによって、先に進んでいると思っています。そのパーツが、ただ傷ついているだけの、私たちの大切なリソースであるということに気づいてもいないのです。

　これは、傷ついたパーツは癒されうるという考え方を許さない「心は一つ」という見方が染みついているからであり、そして、傷ついた

ときは自分自身を立ち直らせて前に進むのがベストだというアメリカの厳しい個人主義があるからです。

　実際、あなたが傷ついた体験をした後、周りの人たちはあなたに「そんなことはもう忘れなよ」とか、「気にしすぎだよ」というようなメッセージを与えたのではないでしょうか。

　でも、それらの幼いパーツにとって、それは傷に傷を重ねるだけです。その出来事によってできた傷つきに加え、あなた自身がそれを見捨てたり、心の中の牢獄に閉じ込めることで、彼らの傷を上塗りしているのです。

　その結果、あなたに目を向けてもらおうと彼らはしばしば必死になり、隙さえあれば、その牢獄から逃げ出そうと躍起になります。

　それらのパーツは、私たちが疲れているときや、彼らをなだめるような賞賛を得られないとき、あるいは元の出来事と似た形で私たちが傷ついたり恥をかいたりしたときに現れます。

　これは、不要な悲劇です。この喜びに満ちたインナーチャイルドは傷つき、そして見捨てられ、私たちはもうその素晴らしい資質にアクセスすることができません。それどころか、大きな喜びや畏敬の念、愛情を感じられなくなることは、大人になるためのプロセスの一部だと思い込んでしまうのです。

　例え追放されて閉じ込められていたとしても、彼らの重荷は私たちの自尊心、親密なパートナーの選択、キャリアなどに無意識のうちに影響を及ぼすことがあります。なぜ小さなことがそんなに気になるのか自分でもわからない、または自分でも不思議に思うような過剰な反応の背後には、彼らが影響しています。

　アメリカにおいて、エグザイルを何人も抱え込むことなく成長する

ことは非常に困難です。子どもの頃、ほぼ間違いなくあなたは家族や仲間から何度も傷つけられ、辱められ、恐怖を感じ、そしてただ前に進むことを冷たく期待されたことでしょう。虐待を受けた人は、必然的に多くのエグザイルを抱えることになります。

　追放されたパーツには、傷ついた脆弱なパーツだけではなく、家族になじめない、あるいは周りの人を怖がらせてしまうような、激しい防衛パーツがあります。そのようなパーツを私は「追放された防衛パーツ」と呼んでいます。ロバート・ブライは、このパーツについて雄弁に語っています。

　　走る子どもは、生きたエネルギーの塊だ。私たちは皆そのエネルギーの球を持っていた。しかし、ある日、親がその球の何かを嫌っていることに気づく。「じっとしていられないの？」「弟を殺そうとするのは良くないわ」などと言ってくる。私たちの背後には見えない袋があり、親の嫌がる部分を、親からの愛情をキープするために袋の中に入れるのだ。学校に入るころには、私たちの袋はかなり大きくなっていく。すると、今度は先生から、こんなことを言われるのだ。「良い子はそんな小さなことで怒ったりしないものよ」。だから、私たちは怒りも袋にしまいこんだ。ミネソタ州マディソンで、兄と私が12歳になる頃には、私たちは「素敵なブライ少年」として知られるようになっていた。私たちの袋はすでに1マイル（約1.6km）もの長さになっていた……。私たちが自分自身の一部を袋に入れたとき、それは退化して、野蛮な方向に進化を後戻りしていく。例えば、ある若者が20歳のときに袋を封印し、15年か20年待って再び開けるとしよう。そのとき彼は何を見つけるだろうか？　悲しいかな、彼の中にあった性欲、野生味、衝動、怒り、自由はすべて退行している。それらは

原始的な感情であるだけでなく、袋を開けた人に敵意を抱いている。45歳で袋を開ける男性あるいは女性は、当然ながら恐怖を感じる。彼女がちらっと見上げると、路地を通り過ぎる猿の影が壁に写っている。それを見れば、誰でも怖くなるはずだ。私たちが好まない人格の部分は、すべて私たちに敵対するようになるのだ [1]。

これらのエグザイルは、フロイトが「イド」と呼んだものとして有名ですが、彼はこれを単なる原始的な衝動だと誤解していました。先に述べたように、その否定的なとらえ方は、西洋文化の人間に対する有害な見方を助長し、心理療法が私たちのそうした部分を知ろうとしないことに大きな影響を与えたのです。

多くのエグザイルがいると、彼らを呼び覚ます可能性のある多くのもの、人、状況があるため、感覚がより繊細になり、世界がより危険に感じられるようになります。

いったんエグザイルが刺激され、私たちの中にある器から飛び出すと、まるで死ぬかのように感じることがあります。なぜなら、そのきっかけとなった出来事が起こったときと同じ恐怖や屈辱を感じるからです。あるいはブライが指摘するように、エグザイルがあまりに極端になったために、私たちは恐怖を感じるのかもしれません。

この話題については後ほど詳しく書きますが、今はスピリチュアルな趣向という点で、エグザイルの無価値感は、無意識のうちに私たちをスピリチュアルなものや、救済や救いを約束する教祖に向かわせる可能性が高いということを書いておきたいと思います。同様に、エグザイルの恐怖と傷によって、私たちは教祖や万能の神の概念を中心とした崇拝に傾倒するかもしれません。

管理者

　多くのエグザイルがいると、あなたの中の他のパーツは、本来の大切な役割から離れ、防衛パーツにならなければならなくなります。それはまるで、思春期のパーツが軍隊や警察に無理やり入れられるようなものです。

　そのうちのいくつかのパーツは、感情が揺さぶられるようなことが起こらないように外界をコントロールする役割を担っています。もっとがんばれるように、あるいはもっと良く見えるようにと、かつて親や教師がしたように、これらのパーツは私たちを怒鳴りつけることによって、私たちの人間関係、外見、成績を管理します。このようなパーツが内的批判者となるのです。

　また、他のパーツは別のアプローチで、自分自身をおろそかにしたまま他の人の面倒を見ようとします。また、過敏に反応するパーツもいれば、知的で、私たちを自分の身体から遠ざけることに長けているパーツもいます。

　これらの管理者のパーツが担う役割には、共通点がたくさんあります。彼らに共通している望みは、私たちを支配したり、喜ばせたり、切り離したりすることで、エグザイルが刺激されないよう先回りすることです。

　ということで、管理者は防衛パーツの一種なのです。これらのパーツは責任という重荷を背負っているのですが、彼らもまた幼いのでそれを担う装備が整っていないのです。家族療法では、このような大人の義務を引き受ける子どもを「親代わりをする子ども」（P61参照）と呼んでいます。**管理者のパーツは親代わりになってきた内なる子どもなのです。**彼らはたいてい、非常に疲れていて、ストレスを感じています。彼らは、エグザイルのために世界を安全に保とうとすると同

時に、エグザイルを封じ込めようとしています。

　彼らはまた、私たちがあまり感情や身体感覚を味わわないように、私たちの身体を麻痺させる能力も持っています。なぜなら、感じなければ、エグザイルの反応を引き起こさずにいられるからです。

　管理者は常に働いていて、中にはまったく眠らないパーツもいます。

　他の管理者は、危険を冒して傷つくことを恐れているので、私たちが自分についてポジティブな気持ちを持つことを望んでいません。彼らは、私たちを引き裂くことで、私たちを守っているのです。彼らは、私たちの中の自己嫌悪のパーツであり、私たちが良い気分になれるようなことは何でも妨害するのです。

　彼らは私たちに瞑想や他の精神的な修行をさせてくれるかもしれませんが、それは通常、分離のない意識状態とつながるためにではなく、ストレスを軽減するためだけのものです。その修行が戦略的なスピリチュアル・バイパスのように、エグザイルを封じ込めるのに役立つなら、彼らはそれに大賛成です。レーダーが届かないところにいるのが一番安全なので、彼らは私たちを小さい存在にしておきたいのです。

　一般的に管理者は、私たちが彼らのコントロールから外れることを嫌いますし、先に述べたように、私たちが心を開いたり、自信を持ったり、自分に対して良い気持ちを持つことを嫌うパーツもいます。

　一方で、所属したい、みんなを喜ばせたいと思う管理者もいます。これらのパーツは、例えば、私たちを定期的に教会に通わせるパーツだったりするのですが、神を直接体験することにそれほど興味があるわけではありません。

消防士

　消防士のパーツとは、管理者のパーツとはまったく別の種類の防衛パーツです。

　管理者がいくら先回りしてがんばっても、ときとしてエグザイルの感情を刺激することが世の中にはあり、それは心理療法でいうところの「防衛機制」を突破することになります。そのような事態になると、自己システムは緊急事態に陥ります。

　防衛パーツの多くは、エグザイルの苦痛を経験すると、あなたが死んでしまうかもしれないと思っています。その結果、私たちの多くは、このような緊急事態に対処することを仕事とするパーツを持っています。これらのパーツは、エグザイルから噴き出す感情の炎を消すために、すぐに行動を開始します。

　エグザイルの反応に対して先回りして対処しようとする管理者とは対照的に、これらの消防士のパーツはエグザイルの感情的反応が引き出された後に活性化し、必死に（そしてしばしば衝動的に）感情の炎をかき消そうとします。例えばお酒や薬物などの物質を使って、感情の炎よりもハイにさせようとするか、または、炎が燃え尽きるまで気をそらす方法を探そうとします。

　エグザイルを恐れていればいるほど、あなたの消防士は、あなたの健康や人間関係への悪影響はほとんど気に止めず、必死の手段に訴えてくるでしょう。彼らは、「今すぐあなたをその感情から遠ざけなければ大変なことになる！」ということだけを知っているのです。

　ときどきあなたが死に対する恐怖を感じることがあるとしたら、それは当然で、他の解決策がうまくいかない場合、消防士によっては自殺という選択肢も持っているからです。

　第1章では、スピリチュアル・バイパスについて言及しました。多くの人が感情から逃れるために瞑想をしていますが、**私が治療を提供しているグループでは、自分のエグザイルを超越しようとしてスピリチュアルな修行を使うことがはびこっていることがわかります。**

　消防士が修行の中毒になる一因は、それが彼らにとって素晴らしい解決策になるからです。やっている間は気分がいいし、他の類の中毒と違って、自分の管理者も含めて、やっていることを怒る人は誰もいないからです。それどころか、人々はあなたの規律正しさに感心したり、羨んだりして、あなたを神聖な存在として見るわけです。

　管理者と違って、消防士は「高次の意識状態」に入り、なすがままにされるのを好みます。自分の痛みから遠ければ遠いほどいいのです。それは何も癒さないし、エグザイルをさらに見捨てたように感じさせてしまいますが、これらの「高次の意識状態」では、純粋なセルフをより感じることができ、とても気持ちが良いのです。

　消防士は幼いエグザイルにとってのベビーシッターのようなものですが、エグザイルがしばしば救済を求め必死になったとき、彼らだけではエグザイルが泣きわめいたり、自己のシステムに不安や恥の波が押し寄せるのを防ぐことができません。

　このため、消防士はエグザイルの気分をよくさせてくれる人を探すのに必死になり、しばしばその特別な人や修行を探す役割を担います。そして、エグザイルの気持ちを永久に良くさせてくれる人を探して、瞑想やスピリチュアルリーダーを転々とする求道者になってしまったり、または魔術を行うように見える存在を見つけた場合、彼らは熱狂的な支持者や信者になってしまうのです。

　多くの人は、彼らの背景にある強烈なトラウマによって、多くのエグザイルを抱えながら、救済を期待してスピリチュアルな教えにやって来ます。しかし残念ながら、多くのスピリチュアルな教えは、人々

のトラウマを回避するのを助ける以外に、人々のトラウマにどう対処したらよいかを知りません。

　消防士について最後にもう一つ。

　私たちがこの文化の中で生活し、エグザイルの苦しみを見ず、地球でやっていることへの憤りを感じないためには、気晴らしが必要です。この道徳的な苦痛を麻痺させるために、たくさんの消防士のためのアクティビティが提供されています。

　セルフは、目を背けずに不正を見て、感じて、不正を変えるために行動するものですが、それをさせないために、私たちのパーツは、違法薬物や処方薬、常に利用可能なメディアのエンターテイメント、すべての消費活動やスピリチュアル・バイパスを必要とすることを覚えておいてください。

　この点において、私は自分自身をセルフ・リーダーシップの模範として掲げるつもりはありません。私は、街頭で抗議するよりも、Netflixやボストン・セルティックス（バスケットボールチーム）を見ている時間のほうが長いのです。

　IFSを広めることは何か重要なことをしているのだと自分をなぐさめていますが、世界で起こっていることを完全に吸収し、社会運動にすべての時間とエネルギーを捧げないようにするためには、やはり消防士が必要なのです。

　ここでもう一度言っておきたいのは、エグザイル、管理者、消防士といったカテゴリーは、あなたのパーツの本質を表しているわけではないということです。これらのパーツは、あなたの身に起こった出来事によって、その役割を負わざるを得なかっただけなのです。

　フィードバックとホメオスタシス（恒常性）の強化・安定化というシステム思考の考え方に戻ると、管理者は通常、あなたのシステムの恒常性を維持するメカニズムです。あなたの行動や内面的な経験が、彼らにとって安全だと信じるものから外れるたびに、あなたを連れ戻すために彼らは行動します。

　例えば、あなたのパーツの多くが「世界はとても危険だから、見つからないようにしていたほうがいい」という重荷を背負っている場合、あなたが自分自身を肯定的に見はじめると、危険を冒すようになるのを恐れて、批判者があなたを攻撃するでしょう。批判者がそれに失敗すると、今度は他の管理者が働いて、あなたを解離させたり、眠らせたりするかもしれません。

　瞑想の練習に苦労して失敗したように感じる自称瞑想者の多くが、その重荷を背負っていました。パーツは、あなたが心を開くことが良いアイデアだと思わないので瞑想をさせてくれないのです。

　この例では、管理者は自己価値のバロメーターをホメオスタシスの範囲内に収めています。他の人の場合、そのバロメーターは、怒りや悲しみ、高揚感、あるいは欲求不満かもしれません。また、自発的な動きや話し方、自己主張、脆弱さといった振る舞いである人もいます。**私たちは皆、私たちを安全に保ちホメオスタシスの範囲内の生活を維持するための重荷を背負っています。**私たちを安定した状態にしておくために彼らが使用する活動の種類に違いはあっても、その意図に違いはありません。

　ある意味、消防士は強化型フィードバック・ループの一部であるように思えます。消防士は、管理者が快適と感じるホメオスタシスの範囲から大きく外れてしまうことが多いからです。そうすると、その管理者は全力であなたを連れ戻そうとします。

実際、消防士と管理者の間で強化ループがしばしば発生し、管理者が彼らをコントロールしようとすればするほど、消防士は強くなり、場合によっては死に至るまでエスカレートすることがあります。

しかし、感じないようにしている感情が許容範囲内に戻るまで、それを押しつぶすか、気をそらすことが、消防士の行動自体の本来の目的であるという意味では、それはたいてい、恒常性を保とうとしているのです。

管理者や消防士がエグザイルを抑え込もうとすると、エグザイルはより懸命に出てこようとしたり、あなたの関心を引こうとするので、エグザイルの反応はしばしば強化型フィードバックのサイクルを引き起こします。

例えば、エグザイルがあなたの関心を引こうと試みたとき、あなたが管理者に説得され、無視すると、最初は軽い頭痛だったのが、猛烈な偏頭痛になるのです。

ここで重要なのは、システム思考的に考え、問題を取り囲むパーツの内なる関係性を追跡することで、間違いを回避することができるという点です。例えば、あなたが管理者とブレンドし、消防士やエグザイルをさらに抑圧し、エグザイルの痛みに耳を傾けずにアスピリン（鎮痛剤）を飲んだりするといった間違いです。

そうではなく、システム思考的に考えることができれば、エグザイルの痛みに耳を傾け、感じた次の日に、自殺願望を感じたり、飲みに行きたくなったりしても、あなたとセラピストは過剰に反応しないでしょう。代わりに、あなたとセラピストは、エグザイルへの働きかけが、まだ許可を得ていない消防士を刺激したに違いなく、今その消防士は恐れていて、単に恒常性を保つための方法で行動しているのだということを信頼できるのです。

　繰り返しますが、トラウマを抱えた内なるシステムは、デリケートな生態系です。外側の生態系と同じように、ある側面が変化すると、予期せぬ結果を招くことがあります。

　しかし、システムという観点から考えるなら、その可能性ははるかに低くなります。その結果はたいてい予見できるので、先手を打つことができ、セルフから対処することができるからです。

　もちろん、この構図は内なるシステムだけに適用されるものではありません。家族や企業を理解し、協業するために効果的に使われてきました。そして、どのようなレベルの人間のシステムにも適用できると、私は信じています。

　パーツや人々のシステムは、トラウマを抱えたり、効果的なリーダーシップを欠いたりすると、二極化し、防衛同盟を結び、互いを排除したり、切り離したりする傾向があります。

　この本のエクササイズは、主に防衛パーツを知り、その価値を認めることに重点を置いています。自分自身でエグザイルに心を開くのは、かなり難しいかもしれません。もしエグザイルの感情に圧倒されそうになったら、そのエクササイズを中断することが大切です。

　たいていの場合、あなたのエグザイルが誰なのかを知ることは有効ですが、実際に彼らに近づいて助けようとすることはお勧めしません。

　なぜなら、私を含めほとんどの人は、エグザイルを助けるために誰かのサポートが必要だからです。理想的にはIFSセラピスト（ifs-institute.comのディレクトリを参照してください）か、少なくともあなたが感情的になっている間、セルフとしていることができる人が必要です。

　私は何年も前に、防衛パーツとそのシステムを守る彼らの権限を尊

重し、邪魔者のように扱わないようにすることの大切さを学びました。重荷を背負った内なるシステムは繊細な環境であり、それに応じてアプローチし、訪問する必要があるのです。

　防衛パーツは生涯をかけて、あなた（と他の人たち）をエグザイルから遠ざけようとしてきました。ですから、まず彼らに相談し、あなたをそこに行かせる正当な理由があることを納得してもらう必要があるのです。**防衛パーツの許可なしにエグザイルのところに行くことはありません。**

　私は、IFSの開発の初期に、このことを苦労して学びました。

　クライアントが激しい苦痛や恐怖を感じるパーツがあると説明すると、それこそが癒すべきものだと思い、私はできるだけ早くクライアントをその方向に誘導し、そこにたどり着くことに成功すると、知らず知らずのうちに防衛パーツを迂回してしまっていたのです。

　この後のモナの事例でわかるように、セラピストである私たちが犯した過ちに対して、防衛パーツがクライアントを罰することがあります。例えばクライアントが、自殺衝動、身体の痛みや発熱、自己嫌悪、私に対する不信感などの深刻で反動的な反応を経験するのです。だからこそ私たちは、クライアントの生態系に対して繊細な訪問者となることを学んだのです。

　今この構図を示しているのは、そのためでもあります。エクササイズを続ける中で、私たちがどこにいて、どこに向かっているのかを頭で把握するためです。

　繰り返しますが、「エグザイル、管理者、消防士」というかなりシンプルな構図です。あとは、先ほども少し触れましたが「追放された防衛パーツ」というカテゴリーのパーツが見つかるかもしれません。

　これらのパーツは、幼いわけでも、弱いわけでもありません。むし

ろ、彼らは衝動的な消防士であることが多く、誰かを傷つけたか、または、その可能性があるために、管理者が閉じ込めて追放したものです。あるいは、そのようなパーツを持っていることを辱めるような両親や文化の中で育てられたからです。

　これらのパーツに耳を傾け、他の防衛パーツと変わらないことがわかるまで、あなたはこれらのパーツをとても怖がったり、歪んだ見方をしたりしていることがよくあります。しかし彼らもまた、あなたの助けを必要としているのです。

「エグザイル、管理者、消防士」の構図で説明しているパーツのカテゴリーは、あなたのパーツそのものの本質をとらえているわけではありません。むしろそれらは、子ども時代に起こったことのためにパーツが押しつけられた役割に過ぎないのです。その役割は過去に凍結されてしまった場所で、そのときに背負った重荷によって維持されているのです。

　その場所から連れ戻され、重荷を降ろし、その役割から解放されたとき、それらのパーツは、本来の価値のある、まったく別のものになります。何に変容するかは予想がつかないことが多いです。管理者はビーチで寝そべっていたいと思うかもしれませんし、消防士はあなたを酔わせることよりも、健康的で遊び心のあることにそのエネルギーを使いたいと思うかもしれません。

セッション2 ｜ モナ

　私は最近、あるIFSセラピストにコンサルティングセッションを依頼されました。

　そのクライアントであるモナは、4年前に精神病の発作を起こし、それに関係する可能性のあるパーツを探りたがっていましたが、同時

にかなり恐れてもいるようでした。モナは、その前の発作で入院して双極性障害（＊訳注：躁状態と抑うつ状態を繰り返す精神障害）と診断され、抗精神病薬を投与されました。その後、彼女は生活を立て直しましたが、再発を恐れてまだ薬を服用していました。

彼女は、IFSが自分に何が起こったのかを理解し、再発しないという確信を得る助けになるかどうかを知りたいと思ったのです。

彼女のセラピストであるボブと一緒にビデオ通話をし、私はモナに、躁状態のパーツを身体の中で探し、それに焦点を当てるように頼みました。

彼女は、精神科病棟に入院していたときの、閉じ込められているように感じて絶望的な気分になっている彼女自身の姿をしたパーツのイメージを、胸のあたりで見つけました。その若い女性のパーツに対してどんな気持ちが湧いてくるかを尋ねると、モナは、彼女を気の毒に思い、抱きしめたいと言いました。私がそうするように言うと、モナはそうしましたが、突然モナの意識はその場面から遠ざかり、眠いと言いだしました。

私は、眠くさせることでモナを連れ去ったパーツと直接話をすることにしました。そしてその病院にいる若い女性のパーツとモナを一緒にいさせることをなぜ恐れているのかと聞いてみました。

すると、モナを眠くさせるパーツは、モナが躁状態のパーツに再び支配され、モナが以前の状態に戻ってしまうことを恐れていると言うのです。

私は、それは納得できるけれども、どうすれば躁状態のパーツに支配されないですむかを知っていること、そして支配する代わりに、躁の役割をしなくてすむように助けるつもりだと伝えました。すると眠らせて解離させるパーツは引き下がり、モナは病院にいる若い女性のパーツを抱きしめる場面に戻りました。

　突然、巨大な深い穴が見えてきて、モナは怖がりはじめました。私は彼女に、怖がっているパーツを（イメージの中で）待合室に連れていくように頼みました。そして、もし彼女がそのブラックホールのような穴に入りたければ、ボブと私が一緒に入ることを保証しました。

　すると、好奇心がモナに芽生え、私たちと一緒に穴に入りたいと言いました。私たちが中に入ると、彼女は暗闇の中から手が伸びてくるのを見ました。彼女はその手をとり、私たちは穴から出ました。そしてその手が4歳の女の子の手であったことに気づきました。

　モナは女の子を抱きしめ、穴の中に放り込んでしまったことを自然に謝りました。私はモナに、過去にその子に何があったのか尋ねるように言いました。すると、ある防衛パーツが飛び込んできて、その女の子が悪かったのだと言いました。

　私はその防衛パーツに直接話しかけ、どこでその考えを得たのか尋ねました。モナの両親がモナとモナの姉妹に対して、「男の子たちが彼女たちにしたことの責任は、それを許した彼女たちにある」といつも強調していた、とそのパーツは言いました。

　私はそのパーツに、両親が言ったことを信じ、守ろうとするのは理解できること、とはいえ、私たちがしたいのは4歳の女の子のパーツが感情的な重荷を下ろすのを手伝うことであり、起きたことについてその子が教えてくれることを自動的に信じるわけではなく、ただ彼女を癒すだけだということを伝えました。

　すると突然、モナには裸で外にいるその女の子の姿が見えました。モナは、どうしてその子がそのような状況になったのかよくわからないと言いました。

　その女の子に直接尋ねるようにモナに言うと、「子どもの頃、私の家族と一緒に住むようになった10代の男の子がいたんです。彼が彼

女に何かをしたのだけれど、彼女は解離してそこからいなくなった、つまり眠ってしまったので、何が起きたのかを知らないと言っています」とモナは答えました。

「ああ、彼女をずっと守っていた眠らせる解離パーツが、今まで続けてきたやり方で、今日もその子を守ろうとしてくれていたんですね。あなたを救ってくれたことについて、私たちはそのパーツに感謝しなければいけませんね」と私は言いました。

　私はモナに、その場面に行って、そのときその子が必要としていた方法で、その子と一緒にいるように伝えました。モナはイメージの中でその場面に行き、女の子に服を着せて、その場所から現在へと連れてきました。そして、女の子がそのときから抱えていた恥や恐怖という重荷を下ろすのを手伝いました。

　そうしてあげると、女の子はとても幸せな気持ちになって、遊びたいと言いました。私はモナに、病院にいる躁状態の若い女性のパーツを連れてきて、女の子が元気でいる様子を見てもらうように言いました。

　すると躁状態のパーツは、病院のガウンを脱ぎ、躁の感情という彼女が持っていた重荷を下ろしました。「精神を病んでいたとき、脳の中ではこうしたいろいろなことが起きていて、それがあまりにも圧倒されるものだったのだと思います」とモナは言いました。

　セッションの最後に、少なくとも一か月間、毎日これらのパーツの様子を見ることを習慣にするという宿題をモナに出しました。モナは、心が軽くなった、安心したと言いました。

　しかし、その数時間後、彼女のセラピストのボブから、モナが自殺したがっているとパニック状態で電話がかかってきました。彼は私にもう一度彼女と話をしてほしいと言いました。

第 5 章

私たちの内なるシステムを見える化する

ディック（D） 何があったんですか？

モナ（M） 車で帰る途中で、強烈に死にたくなったんです。激怒し
ているパーツがいて、私を殺したがっています。

D そうなんですね。一緒に取り組んでみましょう。それが私たちに
何を知ってほしいのかを理解するために、私にそのパーツに直接
話しかけさせてください。

（パーツに向かって）あなたはそこにいますか？

M （パーツが答える）モナは愚かなクソ女だ！　そいつがとても嫌い
だ！　大嫌いなんだよ！　ただ死んでほしい！　痛めつけて殴り
たい！

D （穏やかに）どうしてなのかな？　理由を教えてくれませんか？

M そいつは間違ったことしかしやしない！

D もしモナを殺したり傷つけたりしなかったとしたら、何が起こる
ことを心配しているんですか？

M 彼女はすべてをめちゃくちゃにし続けるだろう。

D 彼女は何をめちゃくちゃにしたの？

M （泣きながら）彼女がすべてを台無しにしてしまうから、私たちが
必要な愛情を得ることができない。すべての関係においてそうな
んだ。

D なるほど。なぜ彼女にそんなに腹を立てているのか教えてくださ
い。それは私たちがしたワークと関係がありますか？

M 彼女は、自分が人目にさらされて、裸であることをみんなに見せ
ている。

D 彼女がそれをさらしたことは、あなたにとってどんなことだった
のでしょう？

M 起こりうる最悪の事態だ！　彼女は強く、完璧でなければならない。

D　あなたはモナを何歳だと思っていますか?

M　(モナが答える) このパーツは私を32歳だと言っています。私は今はもっと年をとっていると彼女に伝えています。

D　いいですね。
あなたが32歳のとき、彼女にはあなたを強く完璧にしておく理由があったんじゃないかと思うんです。合っていますか?　そして、もしあなたが油断したら、あなたを攻撃するという正当な理由もあった。

M　そのとき、私はうつ状態になり、完全に心を閉ざしました。すべてを失い、それが何年も続きました。

D　今、あなたがその状態にないことを知って、そのパーツは安心していますか?

M　いいえ、私はきっと失敗し続け、傷つき続けるだろうと彼女が言っています。

D　そうですか。もう一度、そのパーツに直接話しかけてみましょう。(パーツに向かって) このような気持ちを私に話すことはどんな感じでしたか?

M　(パーツが答える) モナがいかにバカなのか誰かに言うのは、気持ちがいいわ。

D　違いますよね。あなたが私に言ったのは、彼女が自分をさらけ出して無防備になることがどんなに危険なのかということでした。私たちはそのことをよく理解しました。
そして、あなたが懸命に、彼女がそうならないようにしなければならないときがあったことも理解しています。それを聞いてどんな感じでしょうか?

M　気分がいいです。

D　いろんなことを教えてくれてありがとう、またモナと話をさせてください。モナ、いますか?

（モナがうなずく）

このパーツに対して今どんな気持ちですか？

M そのパーツに愛情を感じます。それはただ私を守ろうとしているだけなんです。

D ああ、それは君の安全を確保しようとしているだけで、君を本当に殺したいわけではないんだね。あなたを行動させるのに、脅す以外の方法を知らないだけなんだ。

　あなたがそれを理解したことを伝えて、どんな反応をするか見てみてください。

M 安堵しているようです。

D そして、子どもの頃とは違う、今の自分の生活や、信頼して無防備になれるボブ（彼女のセラピスト）のような人がいるんだということを教えて、そのパーツの情報を更新してあげてください。

M ああ、彼女は泣いていて、疲れ切っています。

　私は彼女に、完璧でなければならない、強くなければならないという信念をどこで得たのかを尋ねました。彼女は、20代の頃だったと言います。彼女が泣いている間、私は彼女を抱きしめていました。彼女は自分の暴走を恥ずかしいと思っています。

D 恥ずかしがる必要はありません。彼女を見つけることができてよかったですね。そして、私に声をかけてくれたことも嬉しかったです。今からボブに引き継ぎますね。

ボブ（B） ありがとう、ディック。モナ、そのパーツについて今はどう感じていますか？

M まるで母のような気分です。今でも彼女を抱きしめています。

───────────

　私がこのセッションを紹介した理由は、おそらくわかっていただけたかと思います。どんなに前もって防衛パーツに確認し、許可を得て

いるように見えても、モナの反動のように、消防士が後から出てくることは珍しいことではありません。

　もしあなたにこのようなことが起こったら、そのパーツ同士を対立・二極化させ、強化型フィードバック・ループを引き起こすのではなく、代わりに好奇心を持ってみてください。私の経験では、そのパーツはただ、理解され、安心し、愛されることを必要としているのです。

　私たちがエグザイルに近づくと、多くのクライアントが（怒りや恥ずかしさのあまり）次のようなことを私に言うようになりました。「あなたが私に何をしているのかわからない。私は10年間酒を飲んでいなかったのに、昨夜は外に出て酔っぱらいました」。

　私のお決まりの返事は「いいですね。それは今、まだ癒されていないパーツと私たちが通じてきているからです」です。

　言うまでもなく、「症状はパーツの活動である」という視点は、心理療法の現場ではなかなか受け入れられません。

　モナのケースでは、私は3人の消防士に出会いました。眠くさせる解離パーツ、躁状態のパーツ、そして自殺願望を持つパーツです。また、起きたことに対してモナを責める管理者にも出会いました。

　どうやって管理者と消防士の違いを見分けるのでしょう？　実際のところどんな行動も、管理者にも消防士にも使われるので、行動の種類ではないのです。

　例えば、大酒飲みのクライアントがいたとしましょう。彼は自分が軽蔑されたと感じると、バーに行って酔っぱらってしまうのです。

　しかし、時間が経つにつれ、ずっと酔っ払っていれば、そもそも侮辱されたと感じることがないことに気がつきます。このように、飲酒は消防士の行動から管理者の行動へと変化してきました。同じ行動がそれぞれのパーツで異なる目的のために使われているのです。管理者

はエグザイルが反応するのを未然に防ぎ、消防士はエグザイルが反応
した後に対処します。

　モナのケースでは、「回復した記憶」という問題も出てきます。モ
ナは、裸の子どもである自分の姿を目撃し、その女の子は、10代の
少年に何かされたと言っていました。それは正確な記憶なのでしょう
か？　さらなる証拠がない限り、確かなことはわかりません。
　しかし、IFSを使えば、記憶が正確であるかどうかを知る必要もな
ければ、外の世界でそれに基づいて行動する必要もなく、その子ども
を連れ戻して重荷を降ろすことができ、それがやはり癒しの効果をも
たらすのです。

セルフ・リーダーシップ

SELF-LEADERSHIP

第**2**部

第 **6** 章

癒しと変容

Ｉ FSにおける癒しと変容とはどういう意味なのでしょうか？
先に述べたように、私たちの文化においても一般的に、そして心理療法においてはとくに、「パーツとは見たままのものである」とみなすひどい誤解をしてきました。

つまり、あなたに過食させるパーツは単純に過食衝動であり、あなたを恐怖で震えさせるパーツは単純にパニック発作であり、それらがすべて、破壊的な衝動、感情、思考パターン、あるいは精神疾患であるというものです。

自分は病気でも欠陥人間でもなく、単に極端な役割を担っているパーツがあるだけだと理解すれば、安心し、楽になるでしょう。

家族も同じです。例えば、家族療法の本には、アルコール依存症の家族がいる家庭では、家族の力動によってしばしば子どもが「迷子」「ヒーロー」「スケープゴート」などの役割に押し付けられることにつ

いて書かれています。

しかし、これらの役割は、その子の本質とはなんら関係ないのです。もし優秀なセラピストが来て家族を再編成すれば、その子は役割から解放され、本当の自分に戻ってリラックスできるはずです。

私は、内なる家族も同じだと考えています。パーツは与えられた役割に押し込められ、そこから解放されることを切望しています。そして、いったん解放されると、変容していくのです。

もし、あなたが完璧に調和した文化の中で、完璧に調和した家族の中で育てられたとしたら、このような役割のパーツはないでしょう。実際、あなたは自分のパーツにほとんど気づかないでしょう。なぜなら、それぞれのパーツは協力し合い、お互いを思いやり、セルフとつながっていると感じているからです。

言い換えれば、あなたの内なるシステムは調和しているのです。人によっては、重荷を負ったことのないパーツ、つまり本来の尊い状態のパーツをたくさん持っている人もいます。

私たちセラピストは、このような人たちと一緒に仕事をすることはあまりありません。なぜなら、彼らはとくにセラピーから利益を得ることがないからです。その代わり、私たちは通常、問題を抱えた人々の重荷を抱えたパーツに働きかけをしています。

IFSの4つの目標を思い出してみましょう。

担っている役割からパーツを解放し、本来の自然な状態に戻すこと、セルフへの信頼を回復すること、内なるシステムを調和させること、そしてセルフ主導になることです。

このワークで「healing（癒し）」と呼んでいるものは、これらの目標を達成するために非常に重要です。なぜなら、重荷を背負ったエグザイルは、私たちに弱さ、不安、無価値感、恥、孤独、空虚さを感じ

させ続けるからです。そして、そのすべてが、私たちの防衛パーツを駆り立て続けることになるのです。

元来、「heal（癒す）」という言葉には、「完全にする」「救う」という意味があります。

いかなるレベルであれ、私たちが人間のシステムを癒すとき、バラバラになったシステムのメンバーや、対立し二極化したメンバーを調和させ、システムを再び完全なものにするのです。癒された家族や会社のメンバーがいなくなるのではなく、彼らは再びつながり、調和するのです。内なる家族も同じです。

過去に立往生しているエグザイルをセルフが連れ戻すと、エグザイルが癒されます。そして、エグザイルは重荷を降ろして、システムの中の他のすべてのパーツと再統合しはじめることができるのです。

そうなると、システムの脆弱性ははるかに少なくなり、防衛パーツもまた、重荷を下ろして新たな尊い役割を担うことによって解放されたと感じます。

こうして、感情的反応や、エグザイルを抑えるために使われていた防衛のためのすべてのエネルギーは、より健全な努力のために使われるようになります。そしてあなたは、癒された元エグザイルの素晴らしい感情や能力に新たにアクセスすることができるようになるのです。

ここで、あるクライアントとのセッションを要約して説明します。

シェリルは、ボーイフレンドに結婚を申し込まれた直後に、私のところに来ました。彼のプロポーズに対する彼女のとっさの反応は、恐怖でした。彼女は彼を本当に愛していたので、それがどういうことなのか理解できませんでした。

二人は長い間一緒にいて、彼女は彼のことをよく知っていました。

彼女は今、自分自身を信じられず、自分の直感が、自分には見えていない何かを見ているのかもしれないと考えていました。彼女は関係から身を引くかどうか考えていて、そのことについてかなり悩んでいました。

　私はシェリルに、その恐怖に焦点を当て、それを知るように促しました。彼女は自分のお腹のあたりに恐怖の感情を見つけました。それに対して彼女がどう感じるかを尋ねると、「とても怖い、聞きたくない」と言いました。

　私は、そう言っているパーツが、恐怖の感情について知るために私たちに数分間の余裕を与えてくれるかどうか確かめるように彼女に尋ねました。パーツは、自分たちもその後に発言できるのであればと、承諾してくれました。

　するとシェリルは恐怖に好奇心を抱いていると言い、なぜそんなに恐怖心を抱いているのかをそのパーツに尋ねました。

　最終的にその恐怖のパーツは、幼い頃のシェリル自身の姿を見せました。彼女は、アルコール依存症の父親から身体的虐待を受けていて、逃げられない状態にいたのです。それは、彼女自身も気づいてはいたものの、見ないようにしてその影響を最小限にしていた記憶でした。

　その恐怖は、「もう二度とその少女（エグザイル）を同じ目には遭わせない」という決断をした防衛パーツであることがわかったのです。そのパーツは、二度とそのようなことが起こるような状況（結婚して家族になるなど）にならないようにすることで、その少女を守ろうとしていたのです。

　シェリルがその防衛パーツの話を聞いているうちに、そのパーツはリラックスしはじめました。私はシェリルに、その少女のところに行って、彼女を癒す許可をそのパーツに求めるように言いました。防衛パー

ツは、懐疑的ではあるものの、シェリルにやらせてみるのを近くにいて見ていると言いました。

そこで私はシェリルに、その少女に対してどんな気持ちなのか尋ねました。シェリルは泣き出して、少女をとてもかわいそうに思うと言いました。私はその少女に近づき、その思いやりを伝えるよう言いました。

少女はシェリルの思いやりを受け入れ、シェリルは少女を抱きしめました。そしてシェリルは少女に、父親との関係がどれだけつらいことだったかを教えてほしいと頼みました。

少女はシェリルに虐待の場面を見せました。そしてシェリルは、当時少女がいつも感じていた強い不安や裏切られた感覚を受け止めました。

それまで追放されていたその少女が完全に理解されたと感じた後、シェリルはその場面に入り、少女が見ている前で、父親に「二度とこの子に手を出すな」と言いました。そして、少女をその時代から現在のシェリルの家に連れてきて、二度とあの頃には戻らなくていいこと、これからは自分が面倒を見ることを言い聞かせました。

それを信じられたとき、少女は不安や無力感、逃げられない感覚などの重荷を下ろす気持ちになったのです。少女は、そのすべてを自分の身体から光の中へ解き放つことにしました。そして、安全である感覚、自分は愛されるべき存在であるという感覚を、自分の身体の中に招き入れました。

続いて、恐怖の防衛パーツに、もう少女を守る必要がないことを確認してもらうために、少女に会いにくるように呼びかけました。防衛パーツはそれを見て感動し、喜びましたが、まだその恐怖を解き放つには至りませんでした。防衛パーツは、まだ出てきていない他のエグ

ザイルを守るという重荷を背負っていたからです。

最終的に、私たちはそれらのエグザイルも癒すことができました。その後、シェリルは彼と結婚して、元気にしていると聞いています。

これはIFSの癒しのプロセスの一例です。

この要約をここで紹介するのは、これまでのエクササイズの中であなたが体験しはじめたことの一部を説明するためです。

シェリルの場合はすぐに彼女のエグザイルに向かいましたが、本書のエクササイズとしては、エグザイルの癒しのプロセスは今までやっていませんし、この後もやりません。

前にも述べたように、自分一人でエグザイルに直接働きかけるのは、細心の注意を要します。でも、あなたの防衛パーツに、それを突き動かしているエグザイルについて尋ね、学ぶことはできます。そして、訓練を受けたIFSセラピストや、あなたが感情を表に出しても動揺せず、あなたと一緒にセルフでいられると信頼できる人の助けを借りることができれば、そのエグザイルのところに行くことができるでしょう。

エグザイルがあなたを信頼するには、あなたが彼らと十分につながることが必要です。そして、彼らに起こったことをあなたが目撃し、それがどれほどひどいものであったかを知る必要があります。

次に彼らが立ち往生している過去の場所に行って、そこから彼らを連れ出すことができるのです。その時点で、彼らはたいていの場合、自分が抱えている信念や感情の重荷を進んで下ろします。

防衛パーツにエグザイルをもう守る必要がないことを伝えると、彼らはときにパニックになります。なぜなら、彼らは何十年も同じ仕事をし続けてきたのにリストラされると思ってしまうからです。

　パーツは皆、役に立ちたいと自然に願っています。ただそれがどんな形になるかは予測できません。なので私は彼らに「今後、どんなことをしたいですか？」とシンプルに尋ねることを学びました。

　これまで常に危険を察知しようと過度にがんばっていた管理者の多くは、良きアドバイザーになります。あなたが新しい環境に身を置いたとき、彼らはただ周囲の状況について識別したことをささやいて教えてくれるようになるのです。

　また、逆に今までとは反対の役割をやりたがるパーツもいます。今まであなたを批判していたパーツが、あなたの応援団になります。あなたを見えなくさせていたパーツが、今度はあなたが輝くのを助けたがるのです。

エクササイズ❼
道の瞑想

※エクササイズ集P332を参照。

　この章では、セルフ・リーダーシップに焦点を当てています。ここでは、あなたがセルフとセルフのエネルギーをより感じることができるようにするためのエクササイズを提供したいと思います。

　ではまた、楽な姿勢をとって、深呼吸をしてみましょう。

　そして、心の中で、自分がある道の入口に立っていることをイメージしてみてください。それはすでに通ったことのある道かもしれませんし、まったく初めての道かもしれません。

　その道の入口に、あなたのどんなパーツがいるか、少し時間をとって見てみましょう。そして、あなたが一人でつかの間の旅に出てもいいか、その間そこで待っていてもらえるか、パーツたちに尋ねてみてください。

　それに対して、パーツたちがどんな反応をしているかに気づいてください。

　怖がっているパーツはいませんか？　もし、怖がっているパーツがいたら、そのパーツをお世話してくれる別のパーツがいないか探してみましょう。お世話するパーツと一緒にいることで、怖がっているパーツが落ち着くか、見てみてください。

　そして、このプロセスは、彼らにとってもあなたにとっても良いこ

とであると伝え、あなたが長い期間いなくなるわけではないことを伝えましょう。それでも彼らの気が進まないなら、無理にする必要はないことも伝えてみましょう。

その日そのときで、喜んでそうしてくれる日もあれば、気が乗らない日があっても、それは自然なことです。彼らにその気がない場合は、彼らともっと仲良くなるためにこの時間を使うこともできます。

あなたを一人で行かせたら、何が起こることが心配なのか良く聞いてあげてください。

もし、大丈夫そうであれば「すぐに戻ってくるから」と念を押して、道を進んでいきましょう。

その道を歩きながら、何が起こるかに気づいていきましょう。今はただ、道を進んでください。私は時折、間を置いて、あなたに気づきを促します。

その道を歩きながら、何が起こるかに気づいていきましょう。とくに、あなたに「何かの考え」が浮かんでいるかどうかに気づきましょう。

もし何かを考えているとしたら、それはまだ何かしらのパーツがあなたと一緒にいるということです。その場合は、そのパーツにあなたから離れてもらい、他のパーツたちと一緒に、道の入口で待っていてもらえるかどうか尋ねてみてください。

もし離れてもらえない場合は、あなたと離れたら何が起こることを心配しているのかをパーツに尋ねてみましょう。

自分の身体をスキャンして、セルフらしくないと感じるものがないかどうか、チェックしてみましょう。もし何か見つかったら、それもパーツである可能性が高いので、そのパーツに道の入口に戻るように

お願いしてみましょう。

　パーツに気づくたびに、お願いして離れてもらいながら進んでいくと、次第にあなたの思考は静かになり、純粋な意識の状態が広がっていくのに気づくでしょう。

　もしパーツがあなたの元を離れようとしないのであれば、それはそれでいいのです。あなたはただ、彼らの恐れを知るために時間を費やせばいいのです。

　もし、あなたに「歩いている自分自身の姿」が見えているとしたら、それはあなたのためにそれをしようとしているパーツがいるということです。

　それを見ているのは誰なのでしょう？　それを見ているあなたは、そのパーツにも、道の入口に戻るように頼むことができます。そうすると、歩いている自分の姿を見る代わりに、あなたは直接、自分の目を通して周りの景色を見ることになります。

第 6 章

癒しと変容

　パーツがあなたを信頼していて、道の入口で待ってくれているのであれば、あなたは今、私が「セルフの資質」として今までに話してきた、次のような感覚を体験しているでしょう。

- 明晰さ
- 広々とした感じ
- 今ここにいる感じ
- 思考がない感じ
- 幸福感
- つながっている感覚
- 自分の身体の中にいる、という感覚
- 信頼感　など

　または、身体の中を流れるある種の振動するエネルギーを感じるかもしれません。私たちはそれを「セルフ・エネルギー」と呼んでいます。そのエネルギーを感じたら、それが全身を駆け巡るように意識してみましょう。

　もし身体のどこかに、エネルギーが流れない場所があれば、何らかの理由でそれをブロックしているパーツがいる可能性が高いです。
　その場合は、そのパーツも道の入口に戻ってくれるかどうか確認してみてください。
　もしまったくこれらの「セルフの資質」を感じないとしたら、何かしらの理由があって、パーツがまだあなたと一緒にいるということです。あなたの心と身体をスキャンして、そのパーツが見つかるかどうか、そして道の入口に戻ってくれるかどうか、見てみてください。

　あるところで、いったん立ち止まって、この体験を受け止めてみましょう。
　あなたの身体の中にこのようなセルフの資質があることがどのような感じか、気づいてください。そしてセルフのエネルギーが、あなたの中でどこに、どのように現れているのか、そのさまざまな現れ方にも注目してください。
　これらの感覚を、目印として覚えておくことが大切です。それらは、あなたがどれだけセルフとして身体の中にいるのかを教えてくれます。一日を過ごす中で、自分がどれだけそこにいるのか、いないのか、パーツがどれだけ物事を動かしているのかがわかるのです。

　例えば私の場合は、ハートがどれだけ開いているか、頭で考えていないか、肩やおでこに力が入っていないかなどをチェックします。これは私の管理者がいる場所だからです。

もし仕事中にそのようなパーツに気づいたら、道の入口に戻るような感じでリラックスして脇によってもらい、なんであれ私が物事に対処するのを見守ってもらうように頼みます。「私に任せて」と言うのです。

　中には、脇による前に話をすることが必要なパーツもいますが、それはそれで大丈夫です。

　もし今、あなたがセルフのエネルギーをたくさん感じていて、セルフとして身体の中にしっかりいるのなら、宇宙からのメッセージを受け取ることを試してみることもできます。

　もしそうしてみたければ、ただそれを受け取ることを意図してみましょう。メッセージがくるかもしれませんし、こなくても大丈夫です。場合によっては、明確な導きを得られることもあります。

　では、あなたがいいと思うタイミングで、道の入口へ戻っていきましょう。

　パーツたちのところに戻ったら、彼らの反応を見てください。あなたにこの瞑想をやらせてくれたことについて、彼らに感謝を伝えましょう。

　パーツたちにとってこれがどんな経験だったか聞いてみましょう。いつかまたこのエクササイズをやってもいいかどうか、確認してみてください。あなたは彼らを助けることができる存在であること、そしてあなたの目的は、彼らの信頼を得ることであるということを、もう一度彼らに伝えましょう。もし何らかの理由であなたを信頼していないパーツがいたら、そのことについて知り、そのパーツと良い関係を作りたいと思っていることも伝えましょう。

　そして、まだセルフのエネルギーのバイブレーションを感じているのなら、それをあなたのパーツに向けて届けてあげるといいでしょう。

それはとても癒しの効果があります。実際にやってみると、自分のパーツや他の人にそのエネルギーを注ぐことができることがわかるでしょう。

　私は、クライアントとワークしているときに、クライアントにもこのエネルギーを送ります。あなたのパーツにセルフのエネルギーを送ることができたとしたら、それを受け取ったパーツの反応を見てみてください。

　そして、すべてが完了したと感じたら、このエクササイズに協力してくれたパーツたちにもう一度感謝を伝えて、あなたの意識を外の世界に戻していきましょう。

　目を開けて、いつもの世界に戻ってきたときにも、このセルフの状態でいられるかどうか確認してください。

　人によっては、この道をあまり進めないことがあります。何らかの理由で、パーツがそれを許さないのです。

　それでも、その理由を知る価値はあります。なぜ、これが安全だと信じられないのかを聞いて、彼らの恐れに働きかけてください。

　しかし、もしパーツが入口で待っていてくれて、あなたが一人でその道を行くことを許してくれるなら、人々はたいてい私が説明したような経験をすることができます。

　あなたが完全に身体の中にいることをパーツが許してくれたら、セルフ・エネルギーが自然に立ち現れ、あなたはそのエネルギーを自分にも他人にも好きなように向けることができます。パーツが同意しているかどうかにかかわらず、パーツにそのセルフ・エネルギーを向けることをお勧めします。なぜなら、彼らはとてもそれを喜ぶからです。

個人的には、それが歓迎されるとわかっているとき以外は、他の人に
それを向けることはしません。

　途中で、私はあなたにメッセージを受け取ることを試してみること
を提案しましたが、何も起こらないことも少なくありません。
　とはいえ、自分の人生やパーツとの付き合い方について、明確なガ
イダンスを受け取る場合もあります。そしてときには、一種の温かさ、
つまり一人ではないという心地よさを感じることもあります。
　もしこの時点で何らかの情報を受け取ったら、それを自分のパーツ
と共有してみることをおすすめします。

　この情報がどこからくるかについては、私は特定の立場をとってい
ません。それがあなたの直感からくるのか、あなた自身の賢いパーツ
からなのか、スピリットガイドからなのか、あるいは何なのか、それ
はあなた自身が発見することに任せます。
　ただ経験からいうと、人がセルフとしていて、それを望むと、役に
立つメッセージがくることがよくあるのです。

　このエクササイズのもう一つの重要な点は、他のやり方では気づか
ないようなパーツに気づくことが多いということです。
　私たちは皆、「セルフのような管理者」を持っています。そのよう
なパーツは、私たちが世界と関わるほとんどの場面に関与していて、
私たちにかなりブレンドしているので、通常はそれらに気づくことは
ありません。
　そのようなパーツはよく「自分が"私"である」と信じており、私
たちもしばしばそう信じています。しかし、彼らは本当に有力な防衛
パーツなのです。
　例えば、これらのパーツは、私たちを親切で、礼儀正しく、思いや

りのある人のように振る舞わせたりしますが、それはひとえに他の人々が私たちを好きになり、私たちが良い人間だと思わせるためなのです。そして、容認できないパーツを追放する任務を負っていることが多いのです。

　たとえセルフのような管理者が思いやりや感謝、敬意を伝えたとしても、それは防衛の意図からなので、セルフからの本物の思いやりや感謝、敬意とは違います。

　一般的に彼らは軽蔑的な意味合いを込めてエゴと呼ばれたりしますが、彼らは軽蔑する対象ではなく、むしろ私たちの愛を向けるに値する存在なのです。そして他の防衛パーツと同じように、私たちは彼らの大きな重荷を軽減する必要があります。

エクササイズ ❽
ブレンド解除を通してセルフにアクセスする

※エクササイズ集P337を参照。

　先ほどのエクササイズと同様に、このエクササイズは、セルフが自分の内側でどのように機能しているかを探究するのに役立ちます。

　いつもと同じように、少し楽な姿勢になりましょう。それが役に立つようなら深呼吸をしてみてください。

　あなたがとくに知りたいと思っているパーツをチェックしてください。彼らが今日はどんな様子か見てみましょう。あなたがともにいること、彼らのことを気にかけていて、必要であれば助けられることを彼らに伝えましょう。

　そして、まだあまりよく知らない他のパーツにも範囲を広げてみましょう。彼らがそこにいることをあなたが知っていること、彼らのことを気にかけていること、そして彼らのことをもっと知りたいと思っていることを伝えてください。

　それらのパーツがすべてあなたに気づいてもらえたと感じているようなら、彼らに、あなたから少し離れてリラックスしてもらうように頼んでください。そして、あなたの心と身体の中にスペースを空けてもらいましょう。ほんの少しの間だけでいいと安心させてあげましょう。

　そしてこのエクササイズの目的は、パーツとあなた自身が、本当の自分をもっと知ることであることを、彼らに伝えてください。

　もし彼らがスペースを空けてくれたなら、意識の拡大と、広々とした感覚を体験していることに気づくかもしれません。それは、道の瞑想のエクササイズで感じたのと同じような感覚です。これは、私たちが「セルフ主導」と呼んでいる状態です。

　今回は、あなたが目を開けているときでも、パーツがこの状態を維持させてくれるかどうかをチェックしてみましょう。今まで目を閉じていた人は、目を開けてみて、広々とした空間を感じられるかどうか見てみます。

　目を開けると、防衛のためにパーツが警戒モードに戻ることに気づくかもしれません。これは、目を開けながらも、その拡大した意識の中にいる練習で、日常生活の中で、「セルフ主導」で身体の中にいる感覚へとあなたを導くプロセスの一歩なのです。

　練習といっても何かを鍛えるのではなく、むしろただパーツとの信頼関係を深め、セルフとしてのあなたが身体に根付きながらリーダーシップをとることが安全であるということを、パーツに学んでもらうのです。

　実際にやってみて、何も問題がないことがわかれば、彼らももっとこれをやってみたいと思うはずです。どんどんこのあり方を体験して、日常生活に広げていってください。

　このエクササイズの最後には、自分のパーツがやってくれていることすべてに感謝することを忘れないようにしましょう。それから再び外に焦点を戻してください。

　そして、このセルフの感覚をどれだけ維持できるか、行ったり来たりしながら、一日を過ごしてみましょう。

———————————

セルフとは何か、セルフでないとは何か

　IFSを開発した当初、これらのエクササイズを通じて、クライアントのパーツが内側にスペースを開くと、彼らは自然にセルフの状態にシフトすることを発見しました。異なるクライアントの中に共通する資質が現れたので、私はそれを区分し次のようなリストを作りました。

セルフ・エネルギーとセルフ・リーダーシップの8つのC

- ☐ Curiosity（好奇心）
- ☐ Calm（落ち着き）
- ☐ Confidence（自信・信頼）
- ☐ Compassion（思いやり）
- ☐ Creativity（創造性）
- ☐ Clarity（明晰さ）
- ☐ Courage（勇気）
- ☐ Connectedness（つながり）

　これらの資質には順番はありませんが、最初に現れるのは「好奇心」であることが多いことを私は発見しました。この本の中で行ったエクササイズの中で、もしかしたらあなたも自分のパーツに対して、新たな「好奇心」を持つようになった自分に気づいたのではないでしょうか。

　私はこれまで「思いやり」というものは、修練して身につけなければならないものだと思い込んでいたので、「思いやり」の資質が、セルフの自然発生的な側面として現れたことは、私を驚かせました。

　特にある種の精神修養の世界では、「思いやり」は生まれつきのものではなく、時間をかけて「思いやり筋」を鍛えなければならない、

という考え方があるようです。これもまた、人間の本質に対する否定
的な見方です。

　明確にしておきたいのは、私がここでいう「思いやり」とは、誰か
が本当に苦しんでいるときに、その人の痛みを感じながらも、その痛
みに圧倒されないで、セルフでありながらその人の気持ちに寄り添う
ことができる能力のことを指します。それができるのは、自分の中で
自分自身に対してそれができている場合だけです。

　つまり、もしあなたが自分のエグザイルと一緒にいて、そのエグザ
イルにブレンドしたり、圧倒されたりせず、その代わりに「思いやり」
を示して助けることができるなら、目の前に座っている苦しんでいる
人に対しても同じようにできるのです。

　もちろん、これにはかなりの「勇気」と「落ち着き」が必要です。
　あなたがセルフとしてあるとき、以前はあなたを凍りつかせたよう
な厄介な人や状況をうまく扱うことができますし、かつてあなたを怖
がらせた内なる洞窟や奈落の底へも入っていくことができるのです。
そうすることで、「自信」が生まれ、「創造性」も発揮されます。
　セルフとしてあるとき、自分や他人の中で何が起こっているのかが
「明晰」にわかり、あらゆる解決策や既成概念にとらわれないアイデ
アを思いつく「創造性」を発揮することができるようになるのです。

　そして、セルフを体験すると、自然に人類全体との「つながり」を
感じ、さらに地球や宇宙、より大きなセルフなど、より大きく包括的
な何かとの「つながり」を感じます。言い換えれば、セルフとしてあ
るとき、孤立や孤独を感じることはあまりなくなるでしょう。

　もちろん、これらの資質はすべて連動しています。
　あるパーツに「好奇心」を持つと、それが何であるかが自然に「明

晰」にわかり、その結果、そのパーツが経験してきたこと、やろうとしていることすべてに新たな「思いやり」を持てるようになります。**全人類との「つながり」を感じると、他人に対してより「好奇心」が湧き、より助ける「勇気」が持てるのです。**

このように、セルフの資質のどれか一つにアクセスするだけでも、他の資質の出現や活性化につながることが多いのです。IFSでは、まず良い方向の軌道に乗せるために、ある一定のセルフ・エネルギーからはじめ、そうすると他が後からついてくるという話をします。

とはいえ、これらの資質がすべて同時に現れる純粋なセルフの状態にある人は稀です。道の瞑想でかなり近づくことができる場合もありますが、たいていの場合、私たちにはさまざまなパーツがある程度ブレンドしています。

しかし、ブレンドする必要がないことをパーツに繰り返し証明するうちに、次第に8つのCをより多く、より頻繁に経験するようになります。そして、喜び、静寂、許し、広い視野、遊び心など、他の資質が自分の中に立ち上がってくるのを発見することでしょう。

これらの資質に慣れれば慣れるほど、自分がセルフであるときとそうでないときを見分けることができるようになります。

私は、一日を通して確認する目安をいくつか持っていますが、とくに反応しやすい場面では、この目安が役に立ちます。

例えば誰かと接しているとき、自分の心がどれくらい開いているか、閉じているか、相手への思いやりがどれくらいあるかにすぐに気づくことができるのです。相手と話すとき、無意識のもくろみがないか、声のトーンに制限やエネルギー不足がないかをチェックするのです。また、8つのセルフの資質のうちのいくつかを体現しているかをチェックするだけでもいいでしょう。

　人によって目安が違うので、ぜひ自分の目安を見つけてください。そうすれば、それらの資質から逸脱しているものはパーツの活動であると仮定することができます。そしてそのパーツを特定し、あなたがその状況に対処することをパーツに信頼してもらい、距離をとってあなたに任せることが安全であることを思い出させることができるようになります。

　そうすると、突然あなたの心がもっと開き、声が変わり、視界がクリアになり、呼吸が深くなるのを感じることでしょう。

　セルフが何でないかについても、少しお話したいと思います。セルフとは、一般的に考えられている自我（エゴ）とは違うということを強調したいのです。

　IFSの用語では、自我は、あなたの人生を運営し、あなたの安全を守ろうとする管理者の集まりです。セルフは、観察自我や目撃者意識ではありません。なぜなら、セルフはただ受動的に見ているわけではないからです。

　セルフは、ただ観察しているだけでは満足しません。**苦しんでいる自分のパーツが出てきては通り過ぎるのを受け身で見ているのは、思いやりではありません**。あなたが本当にセルフにアクセスしたとき、あなたは自然に自分のパーツを助けたいと思うようになります。

　セルフは観察できません。セルフはあなた自身の意識ですから見ることはできません。それはあなたの意識のある場所であり、そこからあなたは自分のパーツや外界を見ることができます。

　もし、私があなたに自分のパーツを抱きしめるように頼み、あなたが見ているのが、それをしている自分の姿だったとしたら、それはあなたのセルフではありません。道の瞑想でお話ししたように、内なる世界で自分自身の姿を見ているとしたら、それはたいていセルフのよ

うなパーツです。そのパーツはあなたに任せても大丈夫だと信じていないので、あなたに代わって物事を動かそうとしているのです。

スピリチュアルな伝統の中には、セルフとは言葉では説明できないものであり、恐れ多いものだと教えるものもありますが、私はそれが真実であるとは思いません。人々がセルフにアクセスするとき、そこにはこれまで述べてきたようなセルフの資質があり、それがそこにあることをはっきりと感じることができるとともに、他の人々もそれを感じとることができます。

それは、霊的存在や説明不可能なものとは対照的な、きわめて現実的なものです。

セルフは実のところ、あなたのパーツの総和以上のものです。それは誰の中にもあるものですが、完全に機能するためにはある程度のハードウェア（例：脳の容量など）が必要なのです。

幼い子どもはセルフに完全にアクセスすることはできませんが、感情的になっている自分を癒すのに十分なセルフを体現することができます。これは、多くのIFSチャイルドセラピストが目撃し、説明しているプロセスです。

子どもたちは、たとえパーツがどれだけセルフ主導を許したとしても、世の中で自分を完全に守るための脳の力を持っていないのです。そしてこれがパーツがセルフとしてのあなたのリーダーシップを信頼しなくなった理由の一つでもあります。幼い頃に傷ついたとき、あなたはパーツたちを守ることができなかったので、パーツたちが代わりにその任務を引き継がなければならないと考えるのです。

自分が長い間同一化してきた不安で利己的なパーツではなく、セルフとしての自分は、好奇心旺盛で、穏やかで、自信があり、思いやり

があり、創造的で、明晰で、勇気があり、楽しくて、寛大で、遊び心があり、自分の本質は何か大きな宇宙の原理とつながっていると気づいたとき、私たちは幸せを感じることができるのです。

スピリチュアリティとセルフ

エグザイル、管理者、消防士に働きかける考え方について、今まで述べてきました。

では、セルフについてはどうでしょうか？　簡単にいうと、セルフはシステムのあらゆるレベルにおいて、バランス、調和、全体性、癒しをもたらし、促進しようとする先天的な欲求を持っています。

私の知見では、セルフ主導の人々の多くは、何かしらの宗教的伝統や鍛錬、儀式を通じてより多くのセルフにアクセスし、より壮大で普遍的な何か（例えば、ある人は「神」と呼び、「より大きなセルフ」と私は呼んでいます）とのつながりを感じることができます。

また、セルフ主導の人々は、自分のパーツや他の人々、そして地球とのつながり、調和、癒しをもたらすことを奨励する精神的な道を選びます。

彼らは頻繁に瞑想を行いますが、それはパーツを否定したり追放したりしない形のもので、例えば、瞑想、マントラ、チャンティング、マインドフルネスの実践によって、パーツからのブレンド解除を促し、防衛パーツを安心させ、セルフが身体に根付くことを許容します。それによってセルフの体感を伴う幸福感、穏やかさ、愛を感じられるようになるのです。

瞑想を通してセルフにアクセスするのは、それは単に20分間を気持ちよく過ごすということだけではありません。それはパーツに対し

て、脇によってもらうことが彼らにとっても有益であることを示すことにもなります。なぜなら、パーツはあなたの温かい存在を身体で感じ、安心し、あなたをより信頼することができるようになるからです。

　また、セルフにもっと完全にアクセスすることがどんな感じなのか、自分でもより深く感じられるようになります。一日を過ごすうちに、自分がどれだけその状態にいるのか、またはいないのかということに気づき、もしそうでないならパーツにスペースを開けてもらい、あなたを戻すことを思い出してもらいましょう。

　ある種の瞑想では、非二元論的な状態に入ることもできます。境界のない一体感を体験することで、自分が分離しているという感覚を失い、大海原のようなものと一体化するのです。私は瞑想でこの状態を体験したことがありますが、いつも深い感動を覚えます。この地球という惑星がいかに困難なものであるかに対する思いやりと、より良いものにしようという決意が生まれます。

　量子物理学では、光子は粒子であると同時に波でもあります。
　セルフについても同じことが言えると私は思っています。セルフを粒子の状態で体験するとき、私たちは他者や、より大きなセルフとある程度つながっていることを感じると同時に、自分が境界線を持った独立した存在であり、個人の主体性があることも感じています。
　しかし、瞑想によってそのような境界線を失い、波の状態になると、私たちはより大きなセルフというはるかに大きなフィールドの一部になり、超自然的な感覚を味わうことができるのです。

　実は、物理学では、すべてのものが粒子であると同時に波であるという、この奇妙な現象が認識されつつあります。固体に見えるものはすべて、実は振動するフィールドの一部であるという認識が広まって

いるのです。

　理論物理学の第一人者であるショーン・キャロルは、「何が起こっているかを理解するためには、実は粒子という概念を少し手放す必要がある」と言っており、その代わりにフィールドについて考えることを提案しています。

　磁場や重力場についてはすでに知られていますが、キャロル氏は次のように指摘しています。

　「宇宙はフィールドで満ちており、我々が粒子と考えるものは、海の波のようにそのフィールドの励起に過ぎない。例えば、電子も電子場の励起に過ぎないのである」[1]。

　私は、セルフというフィールドがあると信じています。

　例えば、私たちは瞑想によってその場に入り、その一部となり、粒子であることを忘れることができます。波の状態で非二元論的な存在になるのです。

　瞑想が終わると、再び粒子化し、自分が他の人たちとは別の身体の中にいることに気づきます。**私たちのパーツは、とくに重荷を負っているとき、波の状態のつながりを忘れ、私たちもそれを忘れさせてしまうのです。**私たちがそれらのパーツから距離をとり、純粋なセルフにアクセスすると、波の状態のつながりを思い出します。

　粒子の私たちのセルフも振動するフィールドの一面であるため、セルフは他の人や自分自身のパーツと共鳴します。

　　「私たちの宇宙に存在するすべてのものは、常に振動しながら動いている。静止しているように見えるものでさえ、実はさまざまな周波数で振動し、共振し、共鳴している。共鳴は運動の一種で、二つの状態の間で共振することが特徴である。そして究極的には、

すべての物質はさまざまな基礎的なフィールドの振動に過ぎない。異なる振動をするものやプロセスが近接すると、興味深い現象が起こる。少しすると、それらはしばしば同じ周波数で一緒に振動しはじめる。ときには不思議に見えるような方法で『同期』するのだ。これは今日、『自発的な自己組織化現象』と呼ばれている」。

と科学作家のタム・ハントは書いています [2]。

このようなフィールドや波の体験をし、それを思い出すことで、仏教徒がいう「無執着な視点」を維持することができることを、私は発見しました。それは、解離的な意味での無執着ではなく、人生で何かしらの矢面に立ったときに、反応しない平静な状態です。

このように無執着であることは、世の中のさまざまな出来事が気にならなくなるだけではなく、自分のイメージやライフスタイルをあまり心配せず、世の中を良くするために行動することを助けてくれます。

波の中で時間を過ごすことと、そこで得た超越的な視点やセルフのエネルギーを、自分のパーツや出会う人々にもたらすことのバランスをとることが、私たちには必要なのです。

瞑想することは、IFSの内なるワークを見事に補完してくれるものとなり得ます。

私は、チベット仏教のラマ・ジョン・マクランスキーとラマ・ウィラ・ミラーの二人の先生と協力して、彼らの実践がIFSのプロセスをどのように強化し、IFSがどのようにスピリチュアルバイパスやパーツの追放を回避するのに役立つかを研究しています。

私は、ロック・ケリー氏とも同様のコラボレーションを行いました。彼は、ゾクチェン仏教の瞑想を応用して、人々がセルフを垣間見ることができるように手助けをすることで知られています。

　IFSとキリスト教との融合について詳しく述べている人もいます
[3]。

　パーツのセルフへの信頼を奪うような形でなければ、キリストをは
じめ、その他のセルフ主導の預言者を崇めることは、人々が自分のセ
ルフにアクセスするのを助け、利他的な行為に駆り立てる役に立つと
私は信じています。

　とはいえ残念なことに、パーツのセルフへの信頼を奪うような宗教
の宗派もあるのです。

私のスピリチュアルな夜明け

　私の父は有名な内分泌学の医師・研究者であり、科学的無神論者で
した。父はブルックリンとクイーンズで育ったニューヨーカーで、父
を育てたのは、10代のころハンガリーから移住してきた保守的なユ
ダヤ人でした。

　父は若い頃、組織化された宗教を放棄し、世界の諸悪の根源は宗教
だと非難していました。父は自分がユダヤ人であることを常に誇りに
思っていましたが、宗教的なユダヤ人ではなく世俗的なユダヤ人でし
た。私は彼の影響を強く受けています。

　私の母はモンタナの小麦農家でキリスト教徒として育ち、父の両親
を喜ばせるためにユダヤ教に改宗しました。母もまた、宗教的な信念
を強く持っていたわけではありませんでした。

　ユダヤ教やキリスト教で触れた、懲罰的で崇拝を求める親のような
神を信じることができなかったので、自分は無神論者だと思っていま
した。

　スピリチュアルなものにはほとんど興味がありませんでしたが、大
学卒業後、不安を解消するために超越瞑想を試したところ、実際に効

果がありました。マントラを使って、20分間悩みを忘れ、完全に快楽状態に入り、暖かく振動するエネルギーが体内を駆け巡るのを感じたのです。

　私はこの修行法が大好きでしたが、その背景にあったヒンズー教の神秘主義的なものは敬遠していました。私は、何年も定期的に超越瞑想を実践し、その後やめましたが、私がアクセスできた素晴らしい状態の記憶は残っています。

　私が初めてクライアントの中のセルフに出会ったのは1980年代前半、複数のクライアントに対して、彼らのパーツが内側にスペースをあける手助けをしているときでした。そして私はこの現象を心理学の理論と結びつけようと試みましたが、うまくいきませんでした。

　発達心理学や愛着理論では、そのような自己の強さを持つ人は、子どもの頃に十分な養育を受けた人であるという考え方が一般的でした。

　ところが、私のクライアントには、子どもの頃毎日のように虐待を受けていたにもかかわらず、傷ついていないセルフが現れることがあったのです。

　そのセルフは、超越瞑想で私が到達した場所と似ているのではないかと思うようになりました。

　その頃私には、さまざまな精神的伝統を学んでいる生徒もいました。ある生徒は、セルフをインド哲学のアートマンのようなものだと考え、別の生徒は仏性だと信じていました。そこで私は、反宗教的な重荷を降ろして、さまざまな精神的伝統の中にあるセルフの類似点を探してみることにしたのです。

　その結果、セルフはあらゆるところに存在していることがわかりました。これらの伝統のとくに瞑想的、または秘教的な側面として、セルフが存在していることがわかりました。

　多くの人が、誰の中にも神聖な本質があるという信念に賛同しています。私は、このような伝統的な教えよりもずっと早く、人々の本質にアクセスする方法を偶然見つけたのだと考えるようになりました。

　それらの多くは、自分の神聖な性質に対する無知を克服し、本当の自己を認識することを目的としていました。

　私は、クライアントとともに同じようなことを発見しました。自分のパーツに気づき、それから分離しはじめると、突然アイデンティティが変化し、自分は重荷を負ったパーツではなく、セルフであることに気づくようになるのです。

　私は、多くの伝統が「目覚め」と呼ぶものを達成するためのシンプルな方法に、偶然にも出会ったようでした。

　私は、このワークで「目覚める」と言っていますが、それはどこかの山の上に住んでいて、訪れた人に知恵を授けてくれるような教祖になるという意味ではありません。また、常に仏陀のような状態になれるということでもありません。

　ただ「自分が本当は何者であるかという感覚」のシンプルな変化が、さまざまなポジティブな形で人生に浸透しはじめるということを私は発見しました。

　日々の暮らしに大きな変化はないかもしれませんが、地に足がついている感覚、幸福感、そして私はここにいていいという感覚に劇的な変化が起こります。私にとっては、それが「目覚め」なのです。

　慣れてくればくるほど、その状態から脱したとき、つまりパーツが発動したときに、簡単に察知することができるようになります。

　それは一時的なもので、そのパーツからブレンド解除して、そのパーツを助けることができるとわかっているので、それほど大きな問題に

はならなくなります。そして、たとえブレンド解除できなくても、セルフはまだそこにいて、いつかは戻ると信頼しているのです。

　私たちの悩みの多くは、パーツの発動そのものよりも、それによって自分が制限され、それが終わらないと信じているために、パニックに陥っていることに起因しています。

第 **7** 章

行動する「セルフ」

　こまでで、「セルフ」とは何か、「セルフ・リーダーシップ」
とはどういうことかを明確に理解していただけたと思いま
す。

　この章では、セルフ・リーダーシップの実現が私たちの人生におい
て自分の内側と外側にどのような影響を及ぼすのかを、詳しく見てい
きたいと思います。

　発達心理学や愛着理論は、成長する過程で子どもが養育者に求めて
いるものを理解するのに役立っています。

　IFSは、クライアントの不安型愛着スタイルのパーツや回避型愛着
スタイルのパーツに対して、クライアントのセルフが安定型愛着の対
象となるという意味で、**愛着理論を心の内側に取り込んだものと見る
ことができます。**

　クライアントがセルフにアクセスするのを助けたとき、愛着理論の
教科書に書かれているような愛情に満ちた方法で、彼らが自発的に自

分のパーツと関わりはじめるという発見をして、最初、私は驚きを覚えました。これは、子どもの頃に良い子育てをしてもらったことがない人たちにさえ、同様に起こっていたのです。

彼らは幼いパーツに愛情をもって耳を傾け、泣いているエグザイルを辛抱強く抱きしめます。そして、内なる批評家や注意をそらす役割のパーツもしっかりと受け止め、愛情をもって教育するのです。セルフは、内なる良き指導者になる方法を知っているのです。

では、なぜこれが重要なのでしょうか。通常、私たちは無意識に、親密なパートナー（あるいはセラピスト、子ども、親など）に、自分の中の未熟で助けを必要としているエグザイルの面倒を見る役割を課しています。

でも、もしあなたが自分自身のパーツの面倒を見る一番の人になれば、他の人たちをその役割から解放することができるのです。

そうなれば、パートナーや他の人は、あなたのパーツの二次的な世話係となり、より楽しく、より実現性の高い役割を果たすことができます。

私たちのほとんどは、それが逆転しています。エグザイルはセルフとしての私たちを信頼していないため、その結果、エグザイルやエグザイルを落ち着かせようとする防衛パーツは、彼らが必要とするものを得るために、私たちの外側に目を向けています。

エグザイルが理想とし、追い求めるプロファイルに似た他人の防衛パーツや、救済者、または恋人に出会うと、彼らは高揚し、夢中になり、安堵感を覚えます。これは陽性転移と呼ばれるものであり、パーツが植え付ける歪んだイメージによって、私たちは彼らに極端な期待を抱いてしまいます。

しかし彼らがエグザイルを助けることはなく、むしろ落胆させるこ

とになります。すると今度は、怒れる防衛パーツによる陰性転移が起こるのです。

　実際、セルフ主導の子育てに関するワークショップを主宰している人がたくさんいます。親がセルフ主導であれば、外側の子どもに対しても、内側の子どものパーツに対してするのと同じように、忍耐強く、穏やかに、明確に、愛を持って、しっかりと、安心感をもって接することができるのです。

　前章で触れた「セルフ」の粒子／波という見方について、ここで簡単に振り返ってみたいと思います。

　セルフの行動に関して言えば、その見方の主な成果は、波の状態の体験のいくつかの資質、例えば、広がり、平静、幸福感、そして相互のつながりなどを、私たちの日常生活に適用することです。そのような意識の広がりによって、私たちは他人を思いやることができるようになります。

　なぜなら、あるレベルでは、彼らも自分と同じ存在であることを思い出すからです。

　私たちが他人を、自分と完全に分離した「一つの心」を持つ存在として見ているとき、彼らの中の多面性を見るのは難しいことです。そして、他人にナルシスト、サイコパス、あるいは人種差別主義者などのレッテルを貼り、「自分とは別もの」として見ることによって、その人の他のパーツとつながる機会を逸してしまいます。

　エグザイルと防衛パーツで成り立っている内なるシステムに注意を払うことなく、特定の固定された見方で誰かを見てしまうと、心をオープンにして、効果的な方法で彼らに対して働きかけることがずっとずっと難しくなってしまうのです。

私にとってのこのような相手の例は、この原稿を書いている時点では、アメリカの大統領であるドナルド・トランプです。

　私のいくつかの防衛パーツは、彼の多面性を見ずに一面的な見方でとらえ、先に述べたレッテルのどれかとして認識してしまうことがあります。ですから、もし私が彼に会う機会があったとしたら、私（の防衛パーツ）の目的はおそらく彼を辱めて変えさせることになるでしょう。そして彼はそのような試みに反応し、反撃してくることになり、防衛パーツの試みは完全に裏目に出るでしょう。

　そのようなことになる代わりに、私はまったく違うことをすることができます。もし私がIFSの「心の多重性」の視点を採用したならば、彼の防衛パーツたちの背後にあるものを見ることができ、防衛パーツたちはただ彼を安全に保ち、彼の気分を良くさせようとしているのだ、と知ることができるでしょう。

　そのパーツたちもおそらく、彼を無価値に感じさせるエグザイルに対処しようとしているのでしょう。そして、間違いなくそのエグザイルは皆、彼の子ども時代の恐ろしい場所に立ち往生したまま囚われているのです。

　このような今までと異なるアプローチは、先に述べた良い子育てと同じです。私はトランプの防衛パーツが与えているダメージに憤りを感じ、それを止める努力をしながらも、同時に彼に思いやりの気持ちを持つことができるのです。

　数年前から、私は社会活動家がセルフ主導で世の中を率いるためのトレーニングを行っています。

　私の経験では、多くの人が活動家になるのは、過去にひどく傷つき、多くのエグザイルを抱え、その結果、自分と同じような苦しみを他の誰にも味わわせないようにするための防衛パーツを持っているためです。

その結果、彼らの活動はときに防衛パーツ主導となり、問題をさらに二極化させ、潜在的な同盟者を遠ざけてしまうことがあります。

確かにそれは理解できるのですが、私たちにはもっと良い方法があると思います。チャールズ・アイゼンシュタインは次のように観察しています。

> 「環境保護団体でも左翼政治団体でも、他のどこでも、部下への
> いじめ、権力の掌握、エゴイズムによる対立を何度も何度も目の
> 当たりにする。もしこれらのことが組織の中で繰り広げられてい
> るとしたら、もし私たちが勝利したときに、私たちが創り出す世
> 界でこれらのことが繰り広げられないと、どうして期待できるだ
> ろうか」[1]。

これは私にも当てはまります。IFS インスティテュートではセルフ主導を目指していますが、確かに盲点はあり、私がリーダーである以上、その多くは私自身の重荷を担っているパーツが反映されています。

このようなダイナミクスを意識するようになったことで、自分自身と着実に向き合っていこうと思うようになりました。同様にトレーニングや事務を担当するスタッフにもそれを浸透させていきました。

セッション3 │ イーサンとサラ

次に紹介するのは、社会活動家とのワークを示している例です。このセッションには、これまで話してきた精神性やセルフに関連するIFSの多くの側面が明確に示されています。

イーサン・ヒューズとサラ・ヒューズ（本名）は、「Living Off the Grid」という活動のリーダーです。電気を使わず、夜はロウソ

クを使って生活するなど、小さな小屋でシンプルな生活を送っています。調理と暖房は薪ストーブで行い、食料は地下貯蔵庫で冷やし、移動は車ではなく自転車や公共交通機関を利用します。

　彼らは、所得税、つまりイーサンの言葉を借りれば「戦争税」を払わなくて済むように、あえて貧困ラインを下回る生活をしています。彼らがどのように生活しているかを学び、刺激を受けようと訪ねてくる年間1,500人以上の訪問者を、彼らは歓迎しています。

　このようにして、イーサンとサラは、必死に追われる生活から離れて、人生の別の側面を生きることが可能であることのお手本を示しています。ヒューズ家に滞在した人々は、地球を尊重し、地球とのつながりを保つ持続可能なライフスタイルを体験し、自分たちがあっという間にそれを楽しむことができるようになることに、しばしば驚かされます。

　イーサンとサラは、IFSについて学んでいましたが、まだ試していませんでした。これが私と彼らとの最初の出会いでした。

――――――――――

イーサン（E）　僕が「不正を正したい破壊者」と呼んでいるパーツがいて、そのパーツは、白人至上主義や階級主義を支持していると思われるものを、サラを含めて何でも攻撃してしまうんです。それが繰り返し起こる問題の一つだと思います。

　　　　例えば、私たちは4人家族で46平米ほどの家に住んでいるのですが、サラは増築したがっています。それに対して、僕は「もっと質素に暮らさなきゃ、ホームレスの人だっているんだよ！」と言うのですが、そうなると、とても不穏な状況、もっとそれより険悪な事態になってしまうんです。

ディック（D）　それはどのくらいの頻度で起こるのでしょうか？

E　2年前に、僕たちは別れそうになって、それ以来僕は距離をおいています。

サラ（S）　そう、私たち二人とも引いてしまったんです。そうなったとき、私たちはそのことについては話しませんでした。

でも、IFSのフレームワークは、何が起こっているのかを理解するのに非常に役立っています。以前はそのようなツールがなかったので。

D　イーサンのそのパーツの気配を感じるとき、サラ、あなたの中では何が起こるのでしょうか？

S　怒りが湧き上がってくることがあります。でもそれが自分にとって安全ではなかったので、私はそれを黙らせています。黙らせるパーツがいるんです。だから私には沈黙の怒りがあります。

あとは、私には解離のパーツもいて、それは私を切り離してくれたり、私たちの対立を忘れさせてくれたりするので、私は彼に再び心を開くことができるのです。

私はとても繊細な心を持っていて、心を開いていたいと思っています。なので、彼の破壊者のパーツが出てくると、私はこんなふうに（息を切らす）なってしまいます。喉が締め付けられるんです。

D　あなた方はすでに、この試合の内なるプレーヤーが誰であるかを知っているようですね。

イーサン、あなたの中にはこの「不正を正したい破壊者」がいますよね。サラがそれに反応したとき、あなたの中では何が起こりますか？

E　自分のこの部分には、居場所がないような気がして、とても悲しい気持ちになる。そして自分はサラと一緒にいるべきじゃないって考えはじめるんだ。この激しい戦士には、彼女は心が優しすぎると。大好きな人を傷つけているような気がして。だから僕はそれをシャットアウトしなければならない。

D あなたは、そのパーツがサラにダメージを与えるのを知っている
ので、自分はサラと一緒にいるべきではないと感じている。その
ダメージを与え続けたくないと思っているんだね。

E でも、同時にそれをシャットアウトしたくない。

D そのパーツの居場所を確保したいんだね。

E だから、行ったり来たり調整しながら、ときにはけんかをしたり
してきました。僕は「ごめんなさい」と言いたいです。

D ではやってみましょう。そしてどんな修復ができるか見てみま
しょう。サラ、あなたもそれをやってみたいですか？
（彼女はうなずく）

S どうぞ話して、イーサン。

E （すすり泣く）

D いいですね、しらばくその悲しみとともにいましょう。

E （泣きながら）まず最初に浮かんでくるのは、君がどれだけ世界を
愛しているかを僕は知っているということ。君はオオカバマダラ
（蝶）が死んでいくのを見て泣いていたし、アマガエルが絶滅し
たときも泣いていた。本当にごめん。
このパーツには二つの側面があって、君のために世界を守ろうと
している、そして、君を傷つけている。これはとても神聖なこと
だと思うし、僕は何年も努力してきた……。

D いいですね、では少し間をとって。サラ、それを聞いてどうです
か？

S とくに、「私がすべてを愛していることを知っているからこそ、
私を守りたい」という言葉には感動しました。

D だからこそ、そのパーツの意図が伝わってくる。

S ええ、そのパーツのことは知っています。ときにはダメージを受
けることもありますが、でもそれが私が彼を愛している理由の一
つでもあります。

D　イーサン、私は、あなたの破壊者のパーツとワークしてみたい気がするのだけど、あなたはその気がありますか？

E　はい。

D　サラ、その間は、あなたはセルフでいることが大切です。では、準備はいいですか？

E　はい。

D　では、自分の身体の中や周りを探りながら、そのパーツ、不正を正したい破壊者を見つけてください。どこで彼を感じますか？

E　ここです（胸を指す）。

D　今、彼に気づくと、あなたは彼に対してどのように感じていますか？

E　感謝と恐れの両方があります。

D　恐れているパーツに、彼を知るためのスペースを与えてもらいましょう。そのパーツには、別の部屋に行ってもらいましょう。ここにいる必要はないのです。

　　そして、あなたと私が破壊者のパーツを助けることができると信頼してもらいましょう。

E　はい。恐れているパーツは、脇に寄って見ててもらってもいいのかな？

D　はい、もちろんです。今は、この破壊者のパーツに対してどう感じていますか？

E　浮かんでくるのは、このパーツが人を遠ざけたり怖がらせたりしない形で、必要とされている世界で力を発揮できるといいなと思います。

D　いいですね。ではその意図を彼に伝えてください。

　　そして、あなたが彼を大切に思っていること、彼に感謝していることを伝えてください。彼がどう反応するかを見てみましょう。

E　僕が何度も彼をシャットアウトしてきたので、彼は完全には信じ

ていません。

D　彼があなたの言うことを信用できないことを理解していることを伝えてください。それはあなたが彼を黙らせたからだと。
　　彼があなたを信頼するのが難しいというのは、理にかなっていると思いませんか？

E　はい。

D　では、先ほどサラにしたのと同じように、彼との関係を修復する試みをしてみましょう。彼が再びあなたを信頼しはじめるために何が必要なのかを聞いてみてください。

E　彼は私に、「不正に対して目をつぶらせない」という決意を示しています。すべての生命に対する真の正義のために僕が尽力することを信頼する必要があるようです。

D　では、それらについて、彼に何と返答しますか？

E　彼の言う通りだと思いますが、僕は、彼が愛に基づいて選択したことで、しばしば孤立してしまいました。僕の他のパーツも他者との関わりに持ち込みたいと思ってます。彼の言うとおり、しばらくの間、目をつぶりたいと思っている他のパーツがいます。そのパーツは所属できなくなる恐れを持っています。

D　つまり、不正を正したい破壊者と、それを良く思っていないパーツの二極化が起こっているのですね。では、まず彼に対して、あなたとは別にそのようなパーツがいることを知ってもらいましょう。その上で、彼があなたを信頼できなかったのも無理はないというあなたの理解を伝えてみましょう。

E　（すすり泣き）彼は、僕がどんなに海が好きかを知っていて、娘たちに海に魚がいなくなったことを説明してほしくないと言っているのです。

D　彼がどれほど気にかけているか、どれほど物事を変えたい、改善したいと思っているか、私たちが理解していることを、彼に伝え

てください。彼がどれだけ熱心に取り組んでいるか。私たちはそれを心から賞賛しています。彼はどんな様子で、どんな反応をしていますか。

E　彼は、自分が出てこられることにワクワクしています。そして、僕と一緒に活動をするのが楽しみだと言っています。

D　いいですね。それはまさに私たちがしようとしていることで、彼が常に主導権を握る必要はなく、代わりにあなたと一緒に活動をして、あなたが彼の思いを代弁できるようにしたいのです。彼がそれでいいと思うかどうかを確認してみましょう。

E　えっと、彼はそれをしたらどうなるのか考えながら、いろんなシーンを見せて、こんなふうに言ってます。
「こんなことをしてる場合じゃない。僕たちがこうしている間にも、この施設の調理場では、スタッフ（主に有色人種で社会から疎外されている人たち）がこき使われているんだから、助けにいってあげなきゃ」ってね。

D　彼はここでも、リラックスすることが難しいようだね。
イーサン、彼は他のパーツを守っているかどうか、それを開示する気があるかどうか聞いてみてください。

E　そこには、ただ泣いて、一日中ボールのように丸まって動かないパーツがいるんです。

D　なるほど。では破壊者のパーツに聞いてみてください。
もし私たちが泣いているパーツのところに行って、そのパーツがもうそんな気持ちを感じずに気分がよくなるように癒すことができたら、破壊者のパーツは、もう少しリラックスできるようになるでしょうか？
彼の役割を変えてほしいというのではないのです。お願いしたいのは、ただ、あなたが彼の思いを大事にすることを信頼し、少しリラックスしてもらえないかということなのです。

E 彼が言うには、この前僕がそのパーツに近づいたとき、一か月間、毎晩4時間も泣いたって。地球のすべてが死につつあるときに、泣いている場合じゃないって言うんだ。

D もし私たちがそのパーツに近づくのを彼が許したとしても、そのような結果にはならないと伝えてください。そのかわり、私たちはその泣いているパーツのところへ行き、圧倒されることなく、そのパーツが立ち往生しているところから救い出してあげることができるのです。そしてそのパーツが抱えているたくさんの悲しみを解放してあげるんです。

　それが、この破壊者のパーツにどう聞こえるか、聞いてみてください。

E 彼は、やってみてもいいって言っています。

D ありがとう。では、そこに行く前に、私たちがそのパーツのところに行くのを恐れているパーツが他にいないかどうか見てみてください。

E 他のパーツは興奮しているようです。

D よかった。それはいいね。では準備はいいですか？

E はい。

D 丸まって泣いているパーツに注目してください。あなたの身体の中、あるいは身体の周りにいるそのパーツを見つけてみて。そして、彼がそこにいることに気づくと、あなたは彼に対してどんな気持ちが湧いてきますか？

E こんな世界に来てしまった彼を不憫に思います。

D 世界は大変な状況で、彼はそれについて選択の余地がないように感じてるんだね、と伝えてみてください。そして、あなたの思いやりに、彼がどう反応するか見てみましょう。

E 彼は、丸まっているところから一瞬顔を上げました。

D よかった。で、今彼との距離は、何メートルくらいですか。

E　1.5メートルくらいです。

D　いいですね。では、今はただ、この思いやりを彼に向けて広げて
　　いきましょう。あなたがそこにいて、彼が「もう自分は一人じゃ
　　ない」と信じはじめるまでやってみましょう。

E　お父さんがいないとダメなんだって。

D　お父さんがいないと？　なるほど。では、彼がどれほどお父さん
　　を必要としているか知っているよ、それを理解しているよと、彼
　　に伝えてください。
　　そして、もしそれが誠実だと感じられ、正しいと感じられ、彼が
　　それを望むなら、あなたが彼のお父さんになれるよということも
　　伝えてください。

E　彼は泣き止みました。

D　よかった。まだ1.5メートルほど離れていますか？

E　僕は少し側に寄り、ひざまずいて一緒にいます。

D　いいですね。それは本当によかった。では、この調子で、彼があ
　　なたを父親のように面倒を見てくれる人だと信頼するまで、続け
　　ていきましょう。

E　今、僕は彼を抱きしめています。

D　よかった。彼の反応はどう？

E　また少し泣いています。

D　抱っこしながら、泣いてもいいんだよって教えてあげて。今、彼
　　の気持ちを少し感じてあげても大丈夫かな？

E　（すすり泣き）はい。

D　とてもいいですね。彼がとてつもなく大きな悲しみを抱えている
　　ことをあなたが理解していると、彼に伝えてあげてください。

E　彼は、しっかり僕に抱きついています。

D　そんなに強く抱きついてるの？

E　はい。

D いいですね。

では、その子の経験したことや、その子があなたに知ってほしいことを受け止める心の準備はできていますか？

E はい。

D では、その子の悲しみや、その経験がどんなに大変なことだったか、あなたがちゃんと感じられるように、それを見せてもらえないか、彼に頼んでみてください。

E 彼は、とても誤解されていると感じています。

D とても誤解されていると感じているのは、あなたにですか、それとも他の人にですか？

E 他の人にです。

D では、彼にそれを見せてくれないか、何があって彼はそんなに誤解されていると感じるのか、聞いてみて。

E （すすり泣き）「なんで人は飲酒運転して、人を殺すんだよ！　本当にひどい」と彼は言っています。

D ええ、確かにそれはひどい。そう思うのはもっともだと、彼に教えてあげてください。

E 「母親と兄はわかってくれない」と彼は言っている。

D 母親と兄にわかってもらえないと言っているのは、彼のこと？それとも別の何か？

E 彼は、人々がそういうことをするのが、いかにひどいことかと言っているんだ。

S 彼のお父さんは、飲酒運転の車にひかれて亡くなったんです。

D そうかと思っていました。イーサン、その子は何歳だったの？

E 13歳です。

D この対話はとてもうまくいっていると彼に伝えてください。このまま続けていきましょう。

彼があなたに知ってもらいたいことは何でも、見せてほしいと

言ってください。彼があなたに本当に理解してもらえたと感じる
まで続けましょう。

E　今まで誰も僕に、こんなふうに彼と一緒にいる方法を教えてくれ
なかった……。それが悲しいです。

D　ええ、では今までこんなふうに彼と一緒にいられなかったことを、
本当に申し訳なく思っていると彼に伝えてください。長い間ずっ
と、彼がそこに置き去りになっていたことに対して、申し訳なく
思っていると伝えてみて。

E　彼は、そこで少しくつろいでいます。

D　それはよかった。

E　彼は13歳だけど、小さい。

D　今は、彼にとってそれがどれだけ大変だったか、あなたにわかっ
てもらえたと思っているか、彼に聞いてみて。そして他にもっと
知ってほしいことがあれば、それも教えてもらえるように。

E　公立高校に行くのがどんなに大変だったかを話してくれています
（すすり泣き）。あの悲劇の後、学校ではみんな普段通り自分たち
のファッションについて話していて、先生たちも、彼に声をかけ
なかった。

D　先生たちも、彼に声をかけなかった。

E　まるで何事もなかったかのように。彼にとってそれは、ひどい刑
務所にいるみたいだった。

D　そうだよね。

E　彼はあのひどいショッピングモールに行くのが嫌いだった。

D　それも理解していると、彼に教えてあげてください。

E　もう一つ、彼には、どうやら自分に責任の一端があると感じてい
る部分があるみたい。

D　あの事故に対して？

E　そうです。

D　理由を聞いてみて。

E　あの日、父が車にはねられる前、父は彼にバスケットボールの試合に行こうと誘ったんだ。でも彼は、友人たちとゲームセンターに行くことを選んだ。

D　では、もし彼が父親と一緒に行っていたら、事故は起きなかったと？　彼はそう思っているということでしょうか？

E　その表面的なことが死を招いたと。ただそう聞こえます。

D　そうですか。彼がそう思い込んでしまったのも理解できますか？

E　（うなずいて同意）

D　あなたがそれを理解したことを、彼に伝えてください。
それ以来、彼は表面的なことに反対しているんですね。なるほど。それはとても理にかなっている。
それでイーサン、それが彼のせいかどうか、彼に何と言いますか？

E　それは彼のせいではないと伝えました。

D　そうだね。彼が信じるまで、それを伝え続ける必要があるね。あなたの言葉を聞いて、彼はどんな反応をしていますか？

E　彼は、文化の表面的な部分にとらわれてしまったことを謝っています。

D　彼が謝っているというのが、私にはよくわからないんだけど。

E　それが出てきたんです、彼はそれに巻き込まれてしまったことを謝っているんです。
父が私を招待したのは初めてだったんです。父は中学校のバスケットボールのコーチをしていて、僕を試合に誘ったのはそのときが初めてだった。

D　彼は、代わりに表面的なことを選んだということなんだね。

E　そう、父は僕に試合に行ってほしかったんだ。でも、友人たちに「それより、ゲームセンターに行こうよ」と言われ……。そして、僕はその文化に取り込まれていたんだ。

D では、彼にあなたがそれを理解していると伝えてください。彼が
なぜ罪悪感を抱くのか、その理由をあなたが理解していると伝え
てください。（少し時間をおいて）今、彼はどんな様子ですか？

E また、落ち着いたみたいです。

D よかった。彼があなたにわかってほしかったことをすべて見せら
れたかどうか、確認してみて。

E 彼はうなずいています。

D よかった。では、イーサン、その時代の場面に行って、そのとき
彼が誰かにしてほしかったやり方で、彼と一緒にいてあげましょ
う。そこに行ったら教えてください。

E ベッドの前で地団駄踏んでいる自分が見えます、彼は泣いていて、
そこには別の誰かもいて、その子を見ているようです。

D そこに自分がいるのが見えるんですか？　それは、あなたの代わ
りにその子の面倒を見ようとしているパーツですね。そのパーツ
に、あなたに面倒を見させてくれるように頼んでみてください。
そして、そのパーツの姿を見るのではなく、あなた自身がその子
と一緒にそこにいるようにしましょう。その状態になったら教え
てください。

E はい。できました。

D その子と一緒にいてどんな感じですか？

E 彼は泣いていて、僕は彼の足に手を置いています。

D 完璧だね。そんなふうに彼のそばにいてあげてください。

E （少し時間をおいて、深呼吸）

D 彼にあなたがそこにいることが伝わっていますか？

E ええ。

D 彼は喜んでいますか？

E はい。

D よかった。では、彼を安全で良い場所に連れていく前に、彼が何

かしてほしいことはないか、尋ねてみてください。

E　ただ抱っこしてほしいみたい。

D　ぜひ、抱っこしてあげてください。

E　そして、私に「大丈夫だよ」と言ってほしいそうです。

D　では、その両方をやってあげてください。

E　（しばらくして、鼻をすすりながら）私が彼を抱きしめているのと、私が彼を抱きしめるのを見ているのを行ったり来たりしています。

D　さっきのパーツですね。彼には、とにかく断固とした態度で接しましょう。彼がその子を助けようとしていることを私たちが理解していると伝えましょう。そして、「でも、それは必要ない、自分で対処できる」と伝えましょう。

E　わかりました。

D　（しばらくして）今、その子はあなたといてどうしてる？

E　一人になりたくないと言っています。

D　いいですね。彼をどこか良い場所に連れていく前に、何かしてほしいことがあるかどうか、彼に聞いてみてください。あなたに、彼のために家族に話をしてほしいと思っていないでしょうか。

E　彼は、母がどこにいるのか尋ねています。彼は一人ぼっちで、もう時間も遅いので。

D　そうなんだ。彼は、あなたにお母さんを連れてきてほしいと思ってるのかな、それともあなたに説明してほしいのかな？

E　うん、母さんは仕事があるから、あまり家にいられないんだって、今説明しているところです。

D　そうですか。

E　どうして近所の人が来てくれなかったのかって聞いてる。

D　それで、何と言いましたか？

E　彼らも大変な状況がいろいろあったんだって。

D　本当は誰かが彼のためにそこにいるべきだったって、彼はそれを

受け取るに値するのだと、教えてあげてください。

E　（しばらくの間、静かに留まる）

D　そして今はあなたがいる。

E　彼は、初めて微笑んでいます。

D　すばらしい。じゃあ、彼の準備ができたかどうか確認して、彼が好きそうなところに行きましょう。

E　そうですね。

D　では、彼はどこに行きたいのでしょう？　現在でもいいし、空想の場所でもいい。

E　彼は、海で泳ぎたいと言っている。

D　いいですね。彼を海に連れて行きましょう。海で泳ぐ前に、これからはあなたが彼の面倒を見るから、もう二度とあそこには戻らなくていいんだよって、と言ってあげてください。そして、過去から抱えていた感情や信念を解放する準備ができているかどうか、彼に聞いてみて。

E　彼はただ、カメと海藻、そしてイルカがいっぱいいてほしいと言っています。彼は、古き良き時代のような海を望んでいます。

D　では、そのように設定してあげましょう。

E　彼は、たくさんの生命を見ることができて、喜んでいます。

D　それはすばらしい。それでは、重荷を解放する準備ができたかどうか、もう一度彼に聞いてみて。

E　はい。

D　彼は、身体のどこにそれを抱えていますか。身体の中か、身体の周りか、どこにありますか？

E　後頭部です。

D　彼はそれを何に捧げたいですか？　光、水、火、風、土、その他何でも。

E　水です。

D　いいですね。では、後頭部からそれを全部取り出して、海がそれを持っていってくれるように解き放ってって、伝えてみて。

E　彼はそのうちのいくつかは手放したけど、いくつかは忘れたくないみたい。

D　じゃあ、彼はその思い出を握りしめていたいのかな。

E　彼は、それをカヌーに入れることはできるって言っている。

D　なるほど、彼はそれをカヌーに入れたいんですね。では、彼にそれを後頭部から取り出して、カヌーに入れてもらいましょう。

E　彼は心臓と胃の中にもっと多くのものがあることに気づいたみたいです。

D　では、それも取り出してもらいましょう。もう、これを抱える必要はないんだって。

E　（しばらくして）彼は浮かんでいます。

D　それはいいですね。すばらしい。

E　彼はカヌーを送り出しています。

D　それはすばらしい。彼は今、どんな気持ちでしょうか？

E　微笑んでいて、泣いているわけじゃないけど、まだ少し悲しみを感じているみたい。

D　彼はその悲しみを解放したいのかな？　それとも、あなたにそれを表現したいのだろうか？

E　彼は、それを解放したいと思っている。

D　海に、それともカヌーに？

E　海へ。そして彼はお父さんに会いたいって。

D　イーサン、それについて、一つできることがあるかもしれない。お父さんの魂にきてもらうことを試してみることもできるよ。くるかもしれないし、こないかもしれないけど。
　　　でも、まずは、その子に、お父さんの魂を招きたいのかどうか聞いてみて。

E　彼はやってみたいって。

D　いいですね。では、それを試してみるよう伝えて。そして、お父さんの魂が現れるかどうか、見てみましょう。

E　来てくれました。

D　それはいいね。よかった。では、お父さんが、この少年に伝えたいことがあるかどうか、ちょっと見てみましょう。
　この子は何か聞きたいことがあるかな。

E　父は微笑んでいて、その子は父に会えてうれしそうです。父は手漕ぎボートに乗っていて、ただ微笑んでいます。

D　よかった。では、その子はその悲しみをお父さんに渡したいのかな？　それとも、その悲しみをどうしたいのだろう？

E　彼は、もし父にその悲しみを渡したら、つながりが切れてしまうのかと、父に聞いています。

D　それで、お父さんはなんて言ってるの？

E　「私はいつもここにいるよ」って言っています。

D　そうか。それを聞いて、その子はどんな様子？

E　父と一緒に手漕ぎボートに乗っています（すすり泣き）。彼は父さんに抱っこされるのが大好きなんだ。

D　すばらしい。本当によかった。

E　今、彼は手招きをして、僕を呼んでいます。

D　いいね。

E　彼は僕に「こっちに来て」と言っています。

D　じゃあ、行ってあげましょう。

E　（泣きながら、深く呼吸して）今、その子を抱きしめています。父はそれを見て、微笑んでいます。

D　いいね、イーサン。
　最初に、不正を正したい破壊者として出てきたパーツを呼んで、この少年に会わせてみよう。そしてそのパーツがどう反応するか

見てみましょう。

E　そこにはもっとたくさんのパーツがいて、みんなその子を見て喜んでいます。

D　すばらしい。

E　そのうちの一人が踊っています。
（深呼吸して）破壊者は踊っていませんが、ちょっと微笑んでうなずいていますね。腕組みをしています（笑いながら）。

D　いいですね。

E　彼は少し苛立っているみたい。

D　私たちがしていることが、彼にとって甘えであることはわかるよ。

E　彼は今は、僕と一緒に少し微笑んで、笑っています。

D　元々彼のものでないのに背負っているものがもしあれば、それを解放したいかどうか確認してみて。

E　はい。重荷を抱えています。

D　彼は、身体のどこにそれを抱えていますか、身体の中でしょうか？

E　首と背中です。

D　あなたはそれが何なのかわかりますか？

E　命を守れるか守れないかは彼次第だ、ということ。

D　ええ、そうですよね。彼は、それを何に向けて解放したいのでしょうか？

E　巨大な山のイメージが浮かんだんだ。半分山で、半分女の人みたいな。

D　この山の女性に、首と背中にあるものを渡すよう、彼に言ってください。

E　ひざまずいて、神剣を置くかのように、それを下ろしています。

D　いいですね。

E　彼は上を見上げ、それが彼女にとっていいことなのかどうか確認しています。

D　彼女はなんて言っている？

E　非言語的だけど、いいと言っている。

D　いいですね。

E　彼は剣を握りたがっていて、本当は明るい未来のために何かをしたいのだと、僕に知ってほしいみたい。

D　もちろん、あなたたちでそれができると、そして、この瞬間は剣を持つ必要はないのだと、彼に伝えてください。剣がないと、彼はどんな気持ちなのでしょう？

E　だいぶ軽くなった。でも、彼は目的を求めているんだ。

D　それは、自分は何をしたらいいかみたいなこと？

E　そう、彼は何かを持っていたいんだ。

D　剣がなくても、イーサン、目的も含めて、彼が望むものは何でも、身体の中に招き入れることができると伝えてみて。そして、何かが入ってくるかどうか見てみましょう。

E　彼は山の女神がくれた光の玉を持っています。

D　いいですね、それは素晴らしいことです。彼はその光の玉を持っていてどんな様子ですか？

E　光っています。

D　いいね、それはすごい。

E　彼は微笑んでいて、ずっと持っていたいみたいです。

D　ええ、では手放す必要はないと、それをずっと持っていていいんだよと彼に伝えて下さい。ここで、このセッションは完了しても大丈夫でしょうか？

E　そう思います（笑って）。あとは、もっと君（サラ）とつながりたいんだ。

D　遠慮なくどうぞ。

S　私にそっちにいってほしい？

E　僕の膝の上に座ってくれたらうれしいな（すすり泣き）。

S （彼の膝の上に座って、彼の頭をなでる）

　このセッションには、これまで述べてきたような考え方やプロセス、そして、まだ説明していない現象も含まれています。

　まず、二つの注意点を挙げましょう。まず第一に、すべてのセッションが、このようにうまくいくわけではありません。イーサンとサラはIFSをしばらく行っていたので、主要なパーツをすでに知っていました。そして、二人とも対立の中で自分の責任を持つことができる状態だったので、いいスタートを切ることができました。

　また、イーサンのパーツたちはすでに、セルフとしてのイーサンを十分に信頼しており、私たちがお願いしたらすぐに脇に寄ってくれたのですが、通常、最初からそうはいかないことがよくあります。

　第二に、私はイーサンに彼のエグザイル（丸くなって泣いている少年）のところへ行くように勧めましたが、以前にも強調したように、他者のサポートなしに自分だけでそれをやらないように私たちは勧めています。このセッションは、何がIFSで可能なのかを知ってもらうために紹介したもので、あなたがこれをするべきだと言っているわけではありません。

　　「重荷を下ろした瞬間から、正義の問題に直面したとき、自分の存在がより広々としたものであることに気づきました。苦しみを終わらせること、そして正義の火はまだ激しく燃えていましたが、その火は他者に対して燃やすのではなく、他者と共有されるようになったのです。

　　私が不正に気づいて、他の人が気づいていないとき、以前は、『で

行動する「セルフ」

は見せてやろう！』と、力づくで支配的にやろうとしていました。
今は、その代わりに『優しく興味をもって相手に気づきを促し、
そして、本当に不正が起こっているかどうか一緒に見極めよう』
という、ともに力を合わせるように変化したのです。

　私が心を開いたことで、このような状況をより効果的に切り抜
けることができるようになりました。重荷を下ろす前は、私の正
義の火は小さな部屋にあり、人々はその部屋に引きずり込まれ、
そこは、熱くて、燃えるようで、息苦しく、とても不快な場所だっ
たと思います。

　そして重荷を下ろした今、その火は外に出て、周りに広がり、
広大に感じられます。人々は火のそばに座るように誘われます。
それは生命を育むキャンプファイヤーとなり、人々は快適に過ご
すために必要な火との距離を自由に選ぶことができるのです。

　私は、これこそ私のセルフが望んでいることだと、はっきりと
理解することができます。家に帰ると、重荷を下ろしたことで、
私の身体の周りのエネルギーフィールドが変化していました。先
住民の女性たちと一緒にコミュニティを作ったり、メイン州の性
的マイノリティのコミュニティをより深くサポートするように誘
われたりと、新しい人々や機会が私の人生に引き寄せられました。

　正義の仕事に関わる私のエネルギーは、より地に足の着いた、
クリーンなものになり、それは抑圧された立場やコミュニティの
人々にも感じられたと思います」[2]。

　このセッションではたくさんのことが起きているので、いくつかの
点を説明したいと思います。

　冒頭は、IFSのカップルセラピーでよく行われる方法を示していま
す。

　まず、二人の関係の中に割り込んでくるパーツについて、カップル

のそれぞれに尋ねます。そして、どちらか片方のパーツが変容することが大きな変化をもたらすことが明らかな場合には、そのパーツからはじめてもらいます。

　もし継続的なカップルセラピーであれば、次のセッションでサラのパーツに取り組むことになるでしょう。

　イーサンの「不正を正したい破壊者」への働きかけは、前のページで取り上げた多くの事柄、つまり多くの社会活動家がこの種の防衛パーツに支配されていることを物語っています。防衛パーツが守っているものを癒すためには、その防衛パーツの許可を得ることが非常に重要です（つまり、彼らの仕事を尊重し、彼らに変わることを期待したり求めたりしないことです）。そのような場所に私たちを行かせても大丈夫だとパーツを安心させるのです。

　エグザイルを癒すには、一定のステップがあります。
　このケースでは、イーサンのセルフが13歳の少年と信頼関係を結び、過去に彼に起こったこと、彼が背負った重荷（たとえば、彼の責任に対する信念や表面的なものへの憎しみ）を目撃し、少年を過去から連れ戻し、重荷を下ろすのを助けます。そして、防衛パーツにそれを見てもらい、もうこれまでの仕事をしなくてもいいことを知らせるのです。

　そして、イーサンのお父さんの魂がきたという、よりスピリチュアルなことも起こりました。
　イーサンの体験のように、亡くなった親族のイメージが自然に現れ、その存在が幸福な効果をもたらすという経験を、私はクライアントとのセッションの中でたくさん見てきました。
　この例のように、クライアントが十分なセルフ・エネルギーを持っ

ていて、もしそれが役に立つかもしれないと感じたら、そのような存在を招いてみることに興味があるかどうか、クライアントに尋ねることを学びました。

彼らはたいていの場合、イーサンの父親の場合のように、生きていたときとは違って、重荷がかなり下ろされており、セルフの状態であるように見えます。

この現象は何なのでしょうか？　クライアントの空想なのでしょうか、それとも別のパーツが亡くなった父親の役を演じているのでしょうか？　または、実際に父親の魂なのでしょうか？

私はその答えを知っているふりをするつもりはありません。私は経験主義者ですから、臆することなくこのような現象を研究することに努めています。

私の父は優れた科学者でしたが、父が私に残したもっとも重要なメッセージの一つは、たとえ自分の見解から大きく外れたとしても、データに従えということでした。このIFSの探求で、亡くなった親族が現れるということを何度も何度も体験してきたのが、それを示しています。

私は実用主義者でもあるので、このような再会が役に立つと思えば、それに従います。私の経験では、この現象はクライアントを大いに助けているようです。

セッションの後半、イーサンが防衛パーツの重荷を下ろそうとしたとき、彼は自然に、半分山で半分女性のような存在のイメージを見ました。彼が山の女神と呼ぶ存在です。

彼女は、防衛パーツが目的を尋ねると、光の球を渡します。これは何なのでしょう？

これも多くのクライアントで自然に起きる現象です。重要な局面で、

ガイドと呼ばれる存在たちがやってきて助けてくれるのです。

　私はここでもまた、これが何なのか知っているふりをするつもりはありません。それがこのワークの冒険的なところでもあります。

　あなたとクライアントは、彼らの内なる世界で何に出会うかわからないのです。大切なのは、好奇心を持ち続け、何が来ても、それが助けになるのかならないのかを見極めることです。

　このような一見神秘的な体験は、元々そのようなものを信じている人だけに起こるのではないことを付け加えておきましょう。まったくの無神論者や、宗教上の理由でそのようなことができないクライアントとワークしたことがありますが、最初は怒りや恐れをもって反応する人が多かったです。

　私は時々、シャーマンと呼ばれる人々について考えることがあります。イーサンの山の女神のような存在や、祖先の霊と定期的に交信している人たちです。

　太鼓、詠唱、ダンス、祈り、幻覚植物の摂取、過呼吸法、睡眠遮断、夢想、断食、儀式など、さまざまな修練によってアクセスできる別の宇宙や領域が存在するという考えがあります。もしかしたら、ただ単に自分のパーツに集中することで、その領域に入ることが可能なのでしょうか？

セルフ主導になる

　不正を正したい破壊者が、以前のような怒りや批判に満ちた方法でイーサンを乗っ取る必要を感じなくなることが（セラピーにおける）理想と言えるでしょう。

　イーサンのセルフがパーツのために発言し行動することをそのパー

ツが信頼すれば、イーサンを乗っ取る代わりに、よりアドバイザー的
な役割を担うようになります。その破壊者パーツの正義への情熱、人
と地球への愛情はそのままに、その信念を効果的に表現し、目標を追
求するために、セルフとしてのイーサンの持つ勇気、明晰さ、自信、
思いやりなどを頼りにしていくのです。

　セルフの資質を表現する8つのCではじまる言葉に加え、私はPで
はじまる5つの言葉を特定しました。忍耐（patience）、粘り強さ
（persistence）、存在感（presence）、広い視野（perspective）、そし
て遊び心（playfulness）です。

　セルフ主導の社会活動家は、これらの資質とともに活動することが
できます。セルフは長期的な視野を持つことができるので、目先の成
果に囚われ、分断しがちな状況でも忍耐強く持続して努力することが
できます。

　また、IFSの視点に立つと、お互いを敵と見なしてしまうような「一
つの心」的な思考を避け、代わりに、相手の防衛パーツの向こうにあ
る、極端さを駆り立てるエグザイルを見抜き、相手を思いやることが
できるようになるのです。

　セルフとして存在すると、相手が否定されたと感じないため、対立
をエスカレートさせることなく、強い力を発揮することができるので
す。

　とくにいさかいの中では、セルフ主導であること自体が目標になり
ます。

　例えば、私が妻とけんかしたとき、私は自分のパーツに、一歩下がっ
て私が妻とつながり続けられるように頼みますが、それはただ単に妻
を落ち着かせ、気分をよくさせるためではありません（そのような効
果があることもよくありますが）。むしろ、私が自分の内的システムの

リーダーシップをとるということを、私のパーツにさらに納得してもらういい機会なのです。

いさかいのような状況で、相手がどのように振る舞っていようとセルフの在り方を維持しようとすることはチャレンジでもあり、目標となります。

セルフ主導でいるためには、あなたはもう子どもではなく、セルフとしてパワフルな資質を持っており、必要なときには力強く自己主張できることを、あなたのパーツが理解するようになるとよいでしょう。

しばしば防衛パーツは、思いやりなどのセルフの資質のいくつかを見下しています。

例えば、防衛パーツはあなたが単に感傷的な思いやりの塊で、明確な境界を持てず、そのままでは他人に自分の領土を奪われてしまうと思っています。あるいは、あなたがあまりに無邪気で、人を簡単に信用し、怖がりで、自分の面倒を見ることができないと思っています。彼らは、他のパーツとブレンドしているときのあなたしか知らないのです。

あなたが実はパーツから分離することができ、主体性を持ち、自分のシステムを守ることができる存在であることを知ったとき、防衛パーツはしばしば衝撃を受けるでしょう。

これは、例えば脅威的な人々や出来事に直面したときなど、状況によってはかなり困難です。

しかし、恐怖や怒りの中にあっても、私たち一人ひとりの中にある「セルフ」は常に存在しています。それは、嵐の中、荒れ狂う波の奥深くにいる穏やかな「私」です。セルフは常に存在するのです。私たちのパーツがどんなに混乱して極端になったとしても、そのパーツとある程度ブレンド解除することができれば、少なくとも「セルフ」の

資質にアクセスすることができ、恐怖や怒りと混ざり合うのではなく、ともにあることができるようになるのです。

数年前、妻のジーンと一緒にハワイの兄夫婦の家を訪れたときのエピソードを思い出します。

その日は波が非常に高く、ジーンの警告にもかかわらず、私は水が太ももを超えなければ安全だと思い、浅瀬を歩くことにしました。しかし、私は知らず知らずのうちにドロップオフ(急深になっている場所)に足を踏み入れてしまい、突然、離岸流に引き込まれ、あっという間に沖に流されてしまったのです。

何も知らず、岸に向かって泳いで戻ろうとしましたが、まったく進めません。仰向けになって休もうとしたら、波が口の中に入ってきて、溺れそうになりました。

疲労が蓄積してくると、もうダメかもしれないと思いはじめました。頭の中で「死んじゃうよ!」とパーツが何度も叫んでいました。私は彼らから距離をとることができ「私たちは死ぬかもしれない、でも私はあなたたちと一緒にいるよ」と伝えると、彼らが落ち着くのを感じました。

もうダメだと思ったとき、義姉が浜辺にやってきて、もがいている私を見て、大波に向かって水平に泳ぐように必死に指示したのです。それは直感に反することでしたが、まさに私が岸に戻るために必要なことだったのです。私は、もう体力が残っていなかったので、最後の力を振り絞って泳ぎ、やっとのことでその波に運ばれて岸に戻りました。

後で知ったのですが、数日前にも同じ場所で溺れた人がいたそうで、本当に運が良かったと思いました。

この話をしたのは、**本当に危険な状態にいてさえも、自分のパーツを支えることは可能だということです。**

　もちろん、それは難しいことです。私は何年も前からパーツに、距離をとって私に任せたほうが物事がうまくいくことを教えてきたので、パーツは私を十分に信頼してくれていました。程度はどうあれ、セルフがリーダーシップをとることは悲惨な状況下でも役に立ちます。私が経験したような命を救う幸運にはつながらないかもしれませんが、恐怖や解離、衝動的なパーツからではなく、穏やかで勇気と明晰さと自信に満ちた場所から困難に立ち向かうことは、常に良い選択でしょう。

　私たちが遭遇する危機的状況下（例えば今回のパンデミックのような）で、私達がよりセルフであればあるほど、その重要性が個人、国家、そして惑星など、すべてのレベルにおいて学ばれる可能性が高くなります。

第 **8** 章

ビジョンと目的

通常は、セルフとより深くつながり、セルフ主導になると、自分の人生のビジョンがより明確になります。それによって、防衛パーツが先導していたときとは、物事の優先順位がかなり違ってくるかもしれません。

エグザイルの数が多いと、防衛パーツは自己中心的、快楽的、解離的にならざるを得ません。一見、人に多くを与え、無私に見える人でも、他人から徳が高いと見られること（あるいは神から罰せられないこと）を重視していることが多いのです。

防衛パーツの人生の目標は、あなたをあらゆる苦痛、恥、孤独、恐怖から遠ざけることにあり、その目標を達成するために、成功、物質、食べ物、娯楽、買い物、セックス、容姿への執着、他者の世話、瞑想、お金など、さまざまなものを道具として使います。

防衛パーツは、あなたの自我意識がしぼんで、エグザイルの感情の深みに沈まないよう、勇敢さとたゆまぬ努力をもって空気を送り込み

続けます。

　これらの防衛パーツの衝動が、あなたの注意の大半を奪うと、あなたの中のより繊細で愛情深いパーツがかき消され、いないことにされたままになります。エグザイルの重荷を解放することで、防衛パーツが変容し、あなたの中の執着や衝動にとらわれていないパーツからの声がより聞こえるようになります。

　例えば、他者と本当に親密になることを愛するパーツ、芸術を創造したり、身体を動かしたいパーツ、家族や友人と遊びたいパーツ、自然の中にいることをただ愛するパーツなどの声です。

　あなたがよりセルフ主導であるとき、あなたはより完全な、統合された、全体性を伴う人になるのです。

　これこそがIFSにおける癒しの意味なのです。すなわち、再びつながることと全体性、そしてシステムのあらゆるレベルでそれを促進しようとするセルフの姿なのです。

　ウェンデル・ベリーは以下のように書いています。

　　「癒しは、さまざまな部分のつながりを開き、回復させることでシステムを複雑にしていくが、その道でその究極の純粋さが回復されるのである。全体と調和してつながっている限り、各部分は健全である……。壊れたつながりを回復することによってのみ、私たちは癒されるのである。つながりは健全さである」[1]。

　放置されていたパーツとのつながりに加えて、セルフにもっとつながることで、パーツの欲求に引っ張られていたところから、ハートの欲求に導かれるようになります。すなわち、自分の人生の旅路にもっと意味をもたらす、別のビジョンの兆しを感じはじめるのです。

世の中には、自分の人生にとって意味のあるビジョンを明確にし、それを追求するように指導するアプローチは無数にありますが、そうした試みはセルフではなく、管理者のパーツからくることがあまりに多いのです。

私の経験では、防衛パーツがリラックスするのを待っているのが一番で、そうするとビジョンが現れるのです。ビジョンを作り出すかわりに受け取るのです。

多くの精神的な伝統は、私たちはそれぞれ本当の道や使命を持っており、それが何であるかを見つけ、それを満たすことが、私たちのこの人生でここにいる理由の一部であると教えています。

ジーン・ヒューストンは、アリストテレスから借りた言葉を使って、「エンテレケイア（＊訳注：完成された現実性という哲学用語）」を以下のように説明しています。

「あなたの人生のパターンと可能性を含む、あなたの中に種として埋め込まれた本質」[2]。

クリスチャンは、『聖書』の中のエペソ人への手紙2章10節を引用して、神が私たち一人ひとりを特定する目的のために創造されたことを述べています。

パーツが重荷を下ろすと、多くの場合、すぐに本来の目的を感じとり、それに見合った新しい役割を担うようになります。**人々がセルフとしてあるとき、たいていの場合、すぐに自分の目的を感じとることができるでしょう。**

外側の世界では、その実現は何年もかかるかもしれませんが、内側の世界ではすぐに変容できることが多いのです。

人間性心理学者のアブラハム・マズローは、自己実現に関する考察でよく知られています。マズローは、安全、所属、愛情といった基本的な欲求が満たされた後、自分がもっとも適していることをしたいという高次の欲求を自覚するようになると主張しました。

　　「彼が究極的に自分自身と平和であるならば、音楽家は音楽を奏でなければならない、画家は絵を描かなければならない、詩人は詩を書かなければならない……。

　　このような傾向は、『もっともっと自分らしい自分になりたい、自分がなりうるすべてになりたい』という欲求と言い換えることができるかもしれない」[3]。

　マズローの初期の著作には、「なれるものすべてになろう」という努力が多すぎるように感じますが、生存主義のパーツが緩んだときに、目的やビジョンが自然に生まれるということには賛同します。

　マズローは後年、自己実現する人々を研究した結果、彼らは人生のあらゆる領域で自分の可能性を最大限に発揮できていないかもしれないが、他人のためになることや自分にとって大切なことに取り組んでおり、それが仕事とは思えないほどであることを発見しました。

　セルフ主導のビジョンによって、彼らは自分の目的を見つけ、その結果、人生に意味を見出すことができたのです。

　心理学者のスコット・バリー・カウフマンは次のように述べています。

　　「創造的な自己実現者は、頭の知性と心の叡智という通常の二項対立を超越することができる。合理的と非合理的、感情的と論理的、意図的と直感的、想像的と抽象的といった一見矛盾するよう

な存在様式を柔軟に切り替えながら、どのプロセスの価値にも偏見を持たずに、全身全霊で仕事に打ち込むことができる」[4]。

これは、セルフ主導のシステムで起こる柔軟な統合を見事に表現しています。**セルフがこの内なるオーケストラを指揮している間、さまざまなパーツは分離性を保ちながら、互いにコミュニケーションをとり、協力し合うのです。**

著名な神経精神科医であるダン・シーゲルは、治癒におけるこのような統合の重要性を強調し、IFSをそのための良い方法として次のように書いています。

「健全さは統合から生まれる。それはとてもシンプルで、とても重要なことである。統合されたシステムは、調和の流れの中にある。合唱団で、それぞれの歌声が他の歌手の声と区別されつつもつながっているように、統合することで調和が生まれるのだ。ここで重要なのは、この連携がブレンドという概念のように、差異を取り除くものではないということである。それぞれの持ち味を生かしながらつながりをつくるということだ。統合とは、スムージーというよりフルーツサラダのようなものである」[5]。

繰り返しになりますが、これは、IFSの基本的な目標の一つです。各パーツは、そのユニークな資質を尊重しながら、他のすべてのパーツと調和して機能します。

一方、防衛パーツ主導のシステムでは、あるパーツの連合が支配的になって他のパーツの能力を活用できなくなるか、あるいは安定したリーダーシップがないため、パーツ同士が常に口を挟み合い、妨害し

あう内なるカオスや対立に陥るだけです。

人生の変化と反動

　セルフ主導のビジョンが見えてきたとき、パーツが現状維持しようとして抵抗するのはよくあることです。あなたのビジョンが壮大であればあるほど、その反動は大きくなります。

「そんな馬鹿げたことを！」とか「何様のつもりだ！」と言うかもしれません。あるいは、「何が言いたいんだ、何もかもがめちゃくちゃで、何も変わらないじゃないか！」、または、お決まりの「そんなことでは食べていけないよ」と言うかもしれません。

　IFSのビジョンを見て、自分の人生をIFSに捧げようと思ったとき、私はそのような抵抗とそれ以上のものを経験しました。

　ビジョンを受け取った後、初期の段階を実現するために、私は自分のパーツとワークする必要があり、パーツたちはその段階の一つひとつで反発してきました。

　この本は、IFSをより多くの人に知ってもらおうとする旅路の、より大胆な一歩を示すものであり、ここでもまたそれらの声が待ち構えていました。

　以前と違うのは、今ではこれらのパーツは私のリーダーシップを信頼しているので、かつてのように大声や厳しい態度はとらず、私が彼らを安心させると落ち着いてくれます。たとえこの本を嫌いな人がいても、批判してくる人がいても、私が対処するから大丈夫だとパーツたちはわかっているのです。これこそ、自分のビジョンを追求できるようなあり方です。

　反対派のパーツを追放したり、上書きしたりする必要はないので、すべてのパーツを一緒に連れていくことができるのです。

念のためにお伝えしておくと、ここで起きる変化というのは、思い
も寄らないものであることがあります。

私のクライアントは、ずっと自分の中にあったかすかな憧れを追い
求め、高収入の仕事を辞めました。また、最近ある大企業の弁護士が
会社を辞めて、体育教師になるために学校に戻りました。

これは私が導いたことではありませんが、癒されるにつれて、彼は
ようやく自分自身に耳を傾け、行動する勇気を持つようになったのです。

このような行動は、昔よりずっと勇気がいることです。最近では、
もっとも意味のある仕事をやってもほとんど生活できないのに、もっ
とも意味のない仕事がもっとも高い報酬を得るようになりました。

とはいえ、セルフ主導の人は物質的なものをあまり必要としないの
で、それはとても助かります。

私の弁護士のクライアントのように、打撃を受けることを厭わない
人たちもいますが、彼らがそのようなリスクを背負わなくてはならな
いのは残念なことです。

セルフ主導になったクライアントが全員、仕事を辞めたり、キャリ
ア転向するわけではありませんが、通常は何らかの形で人生をより良
い方向に変えていきます。その多くは、クリエイティブな活動や利他
的な活動に参加してそれ自体がやりがいとなり、新たな意味づけがな
されています。

セルフ主導のビジョンは、地球や人類とのつながりを強く意識した
ものであることが多く、その両方を助けたいという願望を体現するよ
うになります。

また、セルフ主導である場合、これらの活動からよりたくさんの満
足感を得られます。それは次の活動を焦って計画したり、より生産的
なことや、快楽的なことに執着したりする代わりに、実際に今この瞬
間を、身体の中で体験しながら生きているからです。

セルフ主導の場合、傷ついたり過去にとらわれたりするパーツがなくなり、未来を心配したり、計画したりして防衛しようとしなくなるため、実際に今を生きることができるのです。

　興味深いことに、「あなたのビジョンは小さすぎる！」と言うパーツもいるかもしれません。しかし、チャールズ・アイゼンシュタインは以下のように報告しています。

　　「多くの人々は、自分たちの才能を活かすために何か大きなことをしなければならないと考えて、自分の表現を抑圧してしまうことがあります。自分の些細な行動では十分ではない、何百万人もの人々に届くような本を書かなければならないと考えるのです。そうして、他者との間で、だれのアイデアが注目されるか、という競争になってしまうのです。しかし、私たちが生きていくために必要なことは、逆説的なようですが、そんなとるにたらないような行動、小さな美しい努力が大きな変化を生み出すことにつながっていくのです。それこそが、地球が持続可能な状態であるために必要なことなのです」[6]。

　セルフ主導で行動するようになると、内的な葛藤も減り、そんなにがんばらなくとも、他人を助けたいという思いが自然に感じられ、利他的に行動している自分に気づきます。**これはセルフが、自分も他の人も、人類という大きな母体の一部であることを認識しているからです。**
　これは内側でも同じことです。例えば怒っているパーツが、その怒りを封じ込めようと躍起になっていた管理者パーツを嫌っていたのが、その管理者とのつながりをより感じるようになり、そしてその管理者も「あなた」というより大きな存在とつながっているのだと認識する

ようになるのです。

　これは、システムの一員が傷ついたり重荷を負ったりすると、それが自分たち全員が属する大きなシステムに影響を及ぼすということをパーツが認識することにつながります。

　例えば、あなたの足が痛むと、あなたの手は自動的にそれを和らげようと動くでしょう。

　パーツたちが自分たちも含めて「あなた」という存在があることを理解するようになると、自分たちの誰かが重荷を負えば、それがシステム全体に影響を及ぼすということをますます意識するようになります。すると当然、その意識からお互いを助け合い、思いやるようになります。システム思考になるのです！　そして、内と外をリードするセルフをますます信頼するようになるのです。

　その結果、彼らは、あなたがただ外側の世界に集中しているわけではないという知識を持って、あなたの外部での貢献活動をサポートします。

　このように、人々がよりセルフ主導になっていくと、人類を癒し、地球を癒すために行動を起こすことがますます促されるようになるのです。

　今、あらゆるレベルにおいて、より多くのセルフが必要とされています。もし、すべてのリーダーがセルフ・リーダーシップについて知り、それを実践していったらどうなるか、想像してみてください！

　このような大きなビジョンが数年前に浮かび、それ以来、そのビジョンが私を熱く駆り立てています。

　自分たちが生きている間にここまで実現できるとは思ってもみませんでしたが、想像以上に多くのことを成し遂げることができたので、もうこれは夢物語ではなくなりました。

エクササイズ ❾
消防訓練

※エクササイズ集P339を参照。

　これまでお話ししてきたセルフ・リーダーシップの一端を体験していただくために、次のエクササイズに挑戦していただきたいと思います。

　まずは、あなたの人生の中で現在、あるいは過去の時点で、あなたが反応してしまう人物を思い浮かべることからはじめましょう。その人は、あなたを怒らせたり、悲しませたりする人かもしれませんし、または、ある時点であなたが心を閉ざした相手かもしれません。

　イメージの中で、その人物を部屋の中に入れ、しばらくの間そこにいてもらうようにしましょう。あなたは外の安全な場所から、その部屋の窓を覗きます。そこではその人物が、あなたを怒らせるような言動や振る舞いをしている様子が見えます。

　それを見て、あなたの防衛パーツが飛び出してくると、あなたの身体と心にはどんな反応が起こるでしょうか。そして、筋肉や心臓がどのように変化し、どんな衝動に駆られるかを感じてみましょう。呼吸もチェックしてみてください。

　まずは、防衛パーツがあなたの身体と心に与える影響に気づきます。そして、この防衛パーツの目を通すと、その人がどんなふうに見えているかを感じてみてください。

　今度は防衛パーツに、あなたがこの部屋に入るつもりはないことを伝え、安心して少し下がってもらえるようお願いしてみましょう。今は危険にさらされることはないと伝え、そのパーツがエネルギーを少し引き下げてくれるかどうかを見てみてください。

　もしそのパーツのエネルギーが落ち着いたら、あなたは身体と心に明らかな変化が起こることに気づくでしょう。

　あなたの身体の筋肉は今どんな感じでしょうか？　心臓や呼吸はどうでしょう？　そして、自分の心の中がどうなっているのかにも注意を向けてください。

　そして、部屋の中にいる人をもう一度見て、先程とは何か違って見えるかどうか確認してみてください。その人は今、どのように見えますか？

　次に、部屋の中の人物に焦点を当てたときに飛び出てきた防衛パーツにもう一度焦点を当てます。そのパーツがあなたから少し離れたことで、あなたは今、そのパーツに興味を持てるかどうか確認してみてください。そして、もし可能なら、このパーツに、なぜこの人に対して強固な姿勢をとる必要があると思うのか聞いてみてください。

　もしそのパーツがあなたのためにそれをしなかったら、何が起こることが心配なのか聞いてみましょう。

　その質問の答えとして、その防衛パーツが守っている傷ついているパーツたちについて教えてくれる可能性があります。もしそうであるなら、そのパーツの安全を守るために一生懸命働いてくれていることに、あなたから感謝の気持ちを伝えてみてください。そして、あなたの感謝の気持ちに対して、どのように反応するか見てみましょう。

　もしあなたが傷ついているパーツたちを癒すことができ、この部屋

の中の人がそれほど脅威でなくなったら、防衛パーツは守ることにこれほど躍起になる必要はなくなるのではないでしょうか。もしそうなったときには、そのパーツは代わりにどんなことをしたいのか、尋ねてみてください。

このエクササイズでは、あなたが反応していた相手と一緒にその部屋に入ることはしません。しかし、もしそうしたらどんな感じになるかを感じてみてほしいのです。

もしあなたがよりセルフ主導の感覚でその部屋に入ったら、相手はどんなふうに見えるでしょうか。その人とどのように関わるかということに関して、どのような展開になるでしょうか。

もし、セルフ主導で関わることをイメージするのが難しいようであれば、それはまだあなたの防衛パーツが、あなたがそうすることが安全であるとは信じられていないのでしょう。

もし、この体験が何かしらの変化を生み出しているように感じている場合は、それを防衛パーツに伝えましょう。そして今回のように反応を引き起こす相手に対し、セルフとしてのあなたがうまく対応することをそのパーツに信頼してもらうには、どうしたらよいかを尋ねてみてください。

まだあなたを信頼できないようであれば、何を恐れているのか、それについてもっと情報を聞き出しましょう。

もししっくりくるようなら、この防衛パーツがしてきてくれたことついて、感謝を伝えましょう。このエクササイズに協力してくれたり、いろいろと教えてくれたことに対して、感謝の意を表しましょう。

では、準備ができたら、あなたの焦点を外の世界に戻し、深呼吸を

しましょう。

───────────

　このエクササイズの中で、防衛パーツが脇に寄ってくれた人は、お
そらくそのときに大きな変化に気づいたことでしょう。防衛パーツと
の対話の中で、彼らが守っているパーツや、そのパーツがどれほど傷
ついているかについて、あなたはおそらく何かを学んだことでしょう。

　このエクササイズでは、傷ついているパーツを癒すことはしなかっ
たので、そのパーツが癒されるまでは、防衛パーツたちはあなたを信
用しないかもしれません。
　しかしそうだったとしても、なぜ防衛パーツがあなたが他の人と関
わることを信用しないのかを知ることは、興味深いことです。

　また、防衛パーツが脇によってくれたとき、自分の身体の感覚が変
わり、部屋の中にいる人物が違って見えたことに気づいた人もいたで
しょう。もしかしたら、相手は実はそれほど威嚇的に見えなかったか
もしれません。たとえ相手がどんなひどいことをしたにせよ、その原
動力となった、その人の苦痛の片鱗を垣間見ることができたかもしれ
ません。

エクササイズ❿

悲しむ人の瞑想

※エクササイズ集P343を参照。

さきほどのエクササイズと同様、これもぜひ試してみてください。

今回は、あなたが反応してしまう人物の代わりに、一緒にいたことのある別の人物を思い浮かべてみてほしいのです。その人はとても動揺し、悲しく、傷ついています。泣いているかもしれません。

その人を思い浮かべたら、先ほどと同じように、イメージの中でその人を部屋の中に入れてみてください。そして窓越しに、その人がどれだけ傷ついたり悲しんだりしているのかを観察してみましょう。

その人を見ながら、自分の身体や心に何が湧いてくるか、ただそれに気づいてください。その人に対して抱いている考え、たとえそれがあまり誇れるものでなかったとしても、それがあることに気づき、その人に反応するさまざまなパーツに気づいてください。そして、これらのパーツがあなたの身体にどんな影響を与えるかを感じてください。

それらのパーツはあなたの心臓や呼吸にどんな影響を与えていますか。筋肉、脈拍はどうでしょう。部屋の中の人を見ることを難しくしているパーツに気づくかもしれません。無力感に襲われたり、引き下がりたくなったり、逃げ出したくなったり、心を閉ざしたくなったり、あるいは何か他の形で防衛していることに気づくかもしれません。

その中から一つのパーツを選び、もっと仲良くなってみましょう。

今はその人のために何もしなくていい、今はその人はこのまま部屋に留まっていいんだよということをそのパーツに伝えてください。すると、パーツに少しリラックスしてもらうことができ、距離をとってもらえるでしょうか。もしそうなったら、その明らかな変化に気づくでしょう。そして、もしパーツが許可してくれるなら、その新しい視点からもう一度その人を見てみると、その人とどう関わりたいかについて何か洞察が得られるかもしれません。

では、再び防衛パーツに焦点を戻し、「もしそんなふうに私を守らなかったら、何が起こると思うの？」と尋ねてみてください。なぜこのパーツは、あなたがその人と一緒にいることを心配しているのか聞いてみましょう。

このパーツとのやりとりが完了したと感じたら、この防衛パーツの働きに感謝し、再び外の世界に焦点を戻しましょう。

この二つのエクササイズは、セルフ・リーダーシップを育むための方法の例です。私は、これをセルフにアクセスするための「制約を解放するアプローチ」と呼んでいます。

良い資質を育むためのリソースを構築しようとする代わりに、セルフへのアクセスを妨げるパーツに気づき、そのパーツと仲良くなり、セルフとしてのあなたを信頼してもらうことで、困難を感じる人物に対しても、それに対処できるようにするのです。

もしこれがIFSのフル・セッションだったら、防衛パーツが守っているパーツにあなたがアクセスすることを許可してもらい、それを癒してもらうことになるでしょう。そうすると、防衛パーツがあなたのリーダーシップを信頼する可能性が高くなるのです。

あなたの防衛パーツは、セルフは優しすぎて、思いやりや慈しみを与えることしかできないと思っているので、防衛や保護という難しい仕事を任せてくれません。

私の経験では、セルフは、明晰さ（clarity）、自信（confidence）、勇気（courage）などを含めて、人に優しくすることに関連するのCワードではじまる資質を兼ね備えています。セルフの澄んだ目を通して見たとき、誰かが自分のパーツを傷つけるようなことをしても、その人をモンスター化して見る必要はありません。

その明晰さは、相手の行動が相手の傷から生じていることを理解する力をもたらし、また、相手が自分のパーツに与えているダメージを混乱なく理解することができます。

つまりセルフであるとき、あなたは効果的で、必要であれば非常に強力な方法で、彼らとの境界線を設定する勇気と自信を持つことができるのです。

人と関わりながらパーツを守るための境界線を設定することについて、あなたが本当に頼りになるとパーツに信頼してもらうことが大切です。そして実際にパーツがそれを信頼すれば、その効果はより強力で効果的なものになります。理想的には、武道で培われるのと同じように、無執着でありながら、パワフルな立ち位置から防衛するのです。

動揺するような状況に遭遇したとき、自分の身体と心に何が起こるかに注目するのは興味深いことです。トレイルヘッドに気づくようになり、それによって、防衛する必要を感じているパーツについて知ることができるようになります。

IFSのセラピストや熟練したプラクティショナーがいれば、実際にサポートを受けて、すべての癒しのステップを踏むことができます。そうすることで、パーツは徐々にあなたを信頼するようになり、将来的にそれほど感情的に反応することはなくなるでしょう。

内在と超越

　本書のこの部分の締めくくりとして、「セルフ・リーダーシップ」がもたらす可能性についてもう少し深く掘り下げてみたいと思います。

　まずは、エグザイルを連れ戻し、防衛パーツが解放されると、より多くのことを感じることができるようになります。これは、身体の中によりいられるようになり、知覚が増すというだけでなく、子どもの頃に感じていたけれど、大人になるにつれて置き去りにされた多くの感情を再び経験することができるからです。

　つまり、かつてエグザイルだったパーツの喜び、共感、または畏敬の念だけでなく、痛みや恐れもすべて感じられるようになるのです。そして、それは良いニュースなのです。

「セルフ主導」であることは、そうしたパーツをより慰める方法を知っているということであり、その感情が以前ほど、あなたを圧倒することがなくなります。切り離していたところから、より深く関わり、この内なる世界で起こることを心の底から気にかけるようになるのです。

　同時に、あなたはセルフの波動の状態についても十分な経験を積んでいくので、宇宙には自分の中で起こっていること以上のものがあり、物事の大枠ではすべてがうまくいっているということを知っています。その意味で、あなたは外側の世界で起こることにあまり執着しなくなるのです。

　セルフ主導とは、人間らしさを十分に発揮する「内在」と、それ以上のものがあることを知る「超越」または「解放」、この二つの真理を等しく尊重することです。

　自分の弱さを否定しようとするとき、私たちは自分の心との接触を失います。自分の神性に気づかないとき、私たちは叡智や全体像を失

うことになります。

　セルフ・リーダーシップとは、意図的かつ自覚的にこの両方の次元に立つことを意味します。自分のパーツの激しい情動を感じながらも、超越的な波動状態の目覚めた意識につながり続けるのです。

　自分の中でその両方を保つことができれば、他の人の中にもその両方を見出すことができるのです。

　瞑想の伝統によっては、外界の懸念を軽んじたり、できるだけ外界から引き離すことを奨励するものがあります。トラウマサバイバーたちにとって、このアプローチは非常に魅力的なものです。彼らにとって、今までのこの世界での体験があまりに過酷で辛いものであったため、そこから一時避難することで安心できるからです。

　超越的な自己を体験できるようにする一方で、トラウマなどの個人的な歴史はさほど重要視せず、それはむしろ俗世間に執着するエゴの一部であるとして、超越すべきものであると示唆する伝統もあります。

　IFSのレンズを通して見ると、そのようなアプローチは、より多くのエグザイルを生み出すか、すでにあるエグザイルをより遠くに押しやってしまうだけなのです。私はそんな必要はないと思っています。エグザイルを回避することなく、セルフ主導で、長い隠遁生活を過ごしたり、修道士として生活することもできるのです。

　社会活動家は、しばしばスピリチュアルな信奉者を批判します。アイゼンシュタインはその批判をこう表現しています。

　　「もし家が燃えていたら、ただそこに座って瞑想して、涼しい滝をイメージして、現実創造の力で火を消せるのでしょうか？　今、私たちの周辺では、比喩でいうところの家が燃え尽きようとしています。砂漠は広がり、サンゴ礁は死滅し、最後の先住民は一掃

されつつあります。そんな中、あなたはその真ん中で『オーム』
という宇宙の音と共に瞑想しているのです」[7]。

お分かりのとおり、この批判に対する私の反論は、とても率直です。
私たちがセルフ主導の内的世界を創らない限り、外的世界で何をし
ようとも、結局は防衛パーツ主導で行うことになるため、状況は現在
私たちが対抗しようとしているものとさして変わらない、あるいは、
場合によってはよりひどいものになるでしょう。

このような理由から、私たちはバランスを追求しています。内面的
な活動も外面的な活動も、自分の動機を十分に吟味することが大切で
す。世の中の苦しみに圧倒され、そこから逃げ出したいと思っていま
せんか？　もしそうなら、バランスをとろうとする前に、あなたのエ
グザイルとワークした方がいいかもしれません。
あなたが活動家であるのは、自分がどれだけ良い人間であるかを皆
に知ってもらいたいからでしょうか？　あるいは、過去からの重荷に
突き動かされているからでしょうか？

セルフ主導の人々が、控えめでいるのではなく、より世界と関わっ
ていくことが、これまで以上に必要とされています。しかし、セルフ
主導であるためには、自分の内面に向き合う時間が必要です。
私を含め、多くのリーダーたちは、内と外のリズムをうまく使い分
けています。内在と超越のバランスをとることができれば、内と外の
世界に同時に癒しをもたらすことができるのです。

デヴィッド・デリンジャーがこう書いています。

「人を変えるのが先か、社会を変えるのが先か？　私は、これは

間違った二分法だと思う。両方を同時に変えていかなければならない。もし、自分自身だけを変えようとして、社会を変えることに関心がないのなら、何かがうまくいかなくなる。1960年代後半に起こりがちだったように、社会だけを変え、自分自身を変えようとしないなら、それもまた、何かがうまくいかない。とはいえ、どちらかに集中しなければならない時期があると思うから、同時にというのは言い過ぎかもしれない。また、社会や文化の中には、どちらか一方にのみ重点を置くことが適切な時期がある。私が言いたいのは、内なる世界と外なる世界、内なる平和と外なる正義に基づく平和のどちらかを決して見失ってはいけないということだ」[8]。

サーバント・リーダーシップと波及

　心の内側に目を向けてそれに働きかけるインナーワークに対して、よくある反対意見としては、今以上に自己中心的になるのでは、というものがあります。しかし、私の経験ではまったく逆です。

　自分のパーツを解放すればするほど、空虚感を満たすための物質的なものや賞賛を必要としなくなるのです。自分の身体とのつながりや他の人とのつながりを感じ、そして、セルフやより大きなセルフとのつながりをより強く感じることができます。

　私は物質的なものにはあまり執着しない方でしたが、IFSを開発し、広める初期の段階では、私の内なるエグザイルが愛されることを求め、その渇望が私の伝える能力を妨げていました。

　この10年ほどでそのようなパーツが癒され、よりセルフからIFSを提供できるようになり、大きな解放感を得ることができました。最近は「謙虚ですね」と言われることもありますが、本物の謙虚さは、

なかなか得難いものです。

　私はエグザイルを癒すために多くのインナーワークを行いましたが、セルフの波動の状態で過ごすうちに、IFSは自分についてのことではないことを理解するようになったのです。

　私は、自分のビジョンの一環として、また多くの人々の助けによって、長年にわたってIFSを受け取ってきました。その意味で、私にとって、IFSは贈り物であり、祝福でもあったのです。

　セルフ・リーダーシップの別名は「無私のリーダーシップ」であり、ビジネスの世界におけるサーバント・リーダーシップモデルとよく似ています。サーバント・リーダーシップを提唱したAT&Tの経営者ロバート・グリーンリーフは以下のように述べています。

　　「（サーバント・リーダシップでは）人は、まず奉仕したい、という自然な気持ちからはじまるのだ。そして意識的に選択することで、リーダーを目指すようになる。その人は、異常なまでの権力欲や所有欲を満たすため、最初にリーダーになった人とは大きく異なるだろう……。その違いは、まず他の人たちの優先順位の高いニーズが満たされているかどうかを確認する配慮に現れる……。支援を受けた人たちは、人として成長するのだろうか。支援されている間に、彼らはより健康で賢く、より自由で、より自律的になり、彼ら自身がサーバントになる可能性が高くなるのだろうか。そして、社会でもっとも恵まれない人々にはどのような影響があるのだろう。彼らは恩恵を受けるのだろうか、少なくとも、これ以上奪われることはなくなるのだろうか」[9]。

　奉仕に関して私がもっとも注意していることは、自己犠牲的だったり、世話焼きな管理者のパーツに気づくことです。それらのパーツが

過度にがんばりすぎると、多くのリーダーがそうであるように、自分の中の他のパーツたちを排除してしまい、燃え尽きてしまうのです。

　真のサーバント・リーダーシップは、リーダーが自分のセルフと自分のすべてのパーツにアクセスできるときにのみ機能します。そして、そのようなリーダーが率いる組織には、リーダーの内なる調和とつながりの質が反映されるのです。

　ここで、波及、または共鳴という重要なトピックが登場します。

　防衛パーツは、組織の中の一人、とくにリーダーである人物が防衛パーツとブレンドしていると、他者の防衛パーツも活性化し、組織の文化が防衛的なエネルギーで満ちていくという形で波及していきます。

　一方、セルフ主導の人は、周囲の人のセルフを引き出します。音叉が振動すると、離れたところにある別の音叉が振動するように、**組織の中にセルフが存在すると、防衛パーツがリラックスして、組織全体にセルフが引き出されるのです。**

　先に物理学における共鳴の現象について言及しましたが、ここでそれを繰り返す必要があります。粒子である私たちの「セルフ」は、振動するフィールドの一側面ですので、他の人のセルフやそれぞれのパーツのセルフとも共鳴しています。

　物理学者たちは、宇宙のあらゆるもの、たとえ静止した物体でさえも、常に異なる周波数で振動していることを認識しつつあります。また、二つのものが互いに近づくと、同じ周波数で振動しはじめること、つまりシンクロすることもわかってきました。

　セラピストとして私はこのことを心に留めておくようにしています。

　私はクライアントに会う前に1分ほど時間をとり、自分のパーツに一歩下がってもらい、セルフとしての私が現れるのを待つことにして

います。セッションの成功は、私がどれだけセルフとしてその場にいられたかに比例するからです。

　マッキンゼー、エゴンゼンダー、メビウスといった国際的な企業のシニア・コンサルタントに対して、彼らがクライアントと仕事をする前に同様のことするトレーニングを提供していることにワクワクしています。より大きな目標は、企業や政治のリーダーがセルフにアクセスし、それが企業や国のセルフを呼び起こし、セルフのエネルギーが文化に浸透するようにすることです。

フロー

　ここまでは、粒子の状態のセルフが、あなたの内と外の世界の積極的なリーダーとなるとき、セルフ・リーダーシップがどのように現れるかを主に検証してきました。

　その場合あなたは、自分のパーツを愛情深く養っているときであれ、不正に対して抗議しているときであれ、自分が何かを行っていることを自覚しています。

　セルフが波動の状態にあるときはどうでしょう？　自分自身やセルフさえも意識せずに存在する瞬間はあるのでしょうか？

　仏教では、このような状態を「無我（アナッタ）」と呼びます。これは、ある活動に没頭するあまり、身体が努力なしに動き、分離した感覚を失っている状態のことを言います。

　心理学者のミハイ・チクセントミハイは、1970年代にこの状態を表す「フロー」という言葉を作り、さまざまな文脈でこの状態を研究しました。彼は、人々がフローに入ったとき、それが非常に楽しく、充実したものであることを発見し、それは外的な報酬ではなく、それ自体のために関連する活動を行なっていることを発見しました [10]。

ジャズミュージシャンやその他のアーティストが創作活動に没頭しているときの無我夢中な状態が、その一般的な例として挙げられます。

　スポーツをしていると、ときどきこのような体験をすることがあります。私の身体が流れるように効果的に動いているのと同時に、自分がいるという感覚がなくなる瞬間があるのです。
　私は大学時代、ディフェンスバックというポジションでアメリカンフットボールをやっていましたが、時間がスローダウンしたように感じ、何も考えなくとも、自分が何をすべきか正確にわかったことがあります。相手のブロッカーがスローモーションのように見えるので、簡単に回避することができたのです。

　IFSを教えるときにも、同じような状態になることがあります。まるで、考えることなしに言葉が出てくるような、何かをチャネリングしているような感じです。完全に落ち着いていて、自信に満ちて、明晰な感じですが、そのような感覚を抱いていることに気づかずに、ただ存在しているだけなのです。
　このような時間は非常にやりがいがあり、それが私がこれほどまでにたくさんの人を教えている理由でもあります。
　ワークショップの後、人々がワークショップ（あるいは私自身）を気に入ってくれたなら嬉しいと感じますが、それが一番のモチベーションではありません。私は、そこで得られるフロー感覚と、自分の今世の目的を果たしているという感覚が好きなのです。
　フロー状態とは、セルフとしてのあなたとパーツのセルフがその活動の目的や喜びに完全に一致し、融和している状態のことだと私は思っています。ある意味、一時的に溶けあい、この世界で活動しているにもかかわらず、非二元的な波動の状態にあるのです。

　そのようなフロー体験は、私たちの日常の状態を表しているわけではありません。というのも、ほとんどの場合、私たちは、自分が安全で、機能的で、幸せである状態を維持するために内側で働いている防衛パーツたちとブレンドしているからです。

　パーツの重荷を降ろし、パーツが互いに信頼し合うにつれ、あなたはますます統合され、一体となり、自分の目的が明確になり、人生のより多くの時間をフロー状態で過ごすことができるでしょう。

　このようなフロー体験にとどまらず、多くの人は人生の中で、純粋な波動状態のセルフを垣間見るような忘れられない瞬間を経験しています。

『カラーパープル』というアリス・ウォーカーの小説の中で、登場人物のシュグは、そのときのことをこう語っています。

> 「ある日、静かに座っていて、まるで母を失った子どものような気分になっていたとき、そう私は母を失った子どもだったのだけど、ふと……自分はすべての一部であり、まったく分離していないという感覚がやってきたのです。木を切ったら腕から血が出ると思いました。そして、私は笑い、泣き、家の中を走り回りました。ただ、それが何なのか知っていたのです。なので、実際それが起きたとき、あなたはそれを見逃すことはないでしょう」[11]。

　多くの人にとって、このような体験はたいがい人生を変えるものとなります。心理学者のスティーブ・テイラーは、文化や時代を超えて、人々がこのような体験を同じような形で表現していることを記録しています。

　このような体験は、古代人や有名な神秘主義者だけのものではないことが、調査によって証明されています。私たち人類の3分の1以上が、

少なくとも一回はこのような体験をしたことがあり、さらにそのうちの何割かは頻繁に体験しているようです。

　ここでは、人々が語る共通点のいくつかを紹介します。

● 万物は一つであるという感覚。
　「例えば、木と川、あるいはあなたと私は、海の２つの波が別々に見えるように異なるだけであることを認識するようになります。実際には、彼らも私たちも、同じ大海原の一部なのです」。

● 私たちは世界のすべてのものとつながっているという意識だけではなく、さらに「拒絶されても傷つくことがなく、常に注目を浴びたいと願うこともなく、エゴを圧迫する不安から解放された、ずっと安定した、根の深い、広がりのあるセルフ」と関係を持つのです。

● 周囲の人々への思いやりや愛だけでなく、「全人類、そして全世界の人々」への思いやりや愛。

● すべてがうまくいっているという落ち着きを含む、新しい明晰さと叡智の感覚。
　「世界は、科学が教えてくれるような冷たい無関心な場所ではなく、すべてがうまくいっている寛大な場所なのだと不思議な形で感じはじめます。どんなに問題が私たちの人生を埋め尽くし、世界がどんなに暴力や不正に満ちていても……すべてはうまくいっていて、世界は完璧なのです」。

● 私たちの身体を駆け巡る振動エネルギーで、深い歓びを伴います。「これは何かの理由があるがゆえの喜びではない……。

ただそこに在る、自然な状態なのです」。

● 死に対する恐怖心が薄れ、死は単なる移行に過ぎないという
　認知 [12]。

　私たちは、人々に普遍的にあるこのような体験をどう理解したらよ
いのでしょうか。体験者の多くは神と交信していると感じ、神秘的あ
るいは霊的な体験として理解します。
　一方、医師のアレックス・リッカーマンのように、科学的な見地か
らこれらの体験を単なる脳の活動として解釈する人もいます。

　　「覚醒体験の記述が一様である理由は、結局のところ、単純明快
　である。悟りの前提条件は、広範な妄想でも神秘的な法則でも超
　自然的な存在でもなく、むしろ脳の神経生物学そのものに根ざし
　ている……。瞑想、ある種の発作状態、シロシビンのようなサイ
　ケデリックス医薬品の使用まで、覚醒体験を誘発することが判明
　しているものはすべて、脳内に測定可能な同一の変化を引き起こ
　すことが判明しているのである」[13]。

　この神経学的観察について、あまり唯物論的でない（そして殺伐と
した）解釈をすると、これらの体験のそれぞれが純粋なセルフに開か
れている場合、同じ脳領域がシャットダウンするのは理にかなってい
るということです。
　**私にとって、セルフとは脳の状態のことではありません。むしろ、
脳の思考パーツを静めることができるフィールドのような、私たちの
中や周りのスピリチュアルな本質なのです。**
　いつか被験者がIFSを通してセルフにアクセスし、脳の同じ部分が
不活性化されるかどうかを調べる研究を行いたいと考えています。

私の見方では、これらの体験は、常にそこにある純粋なセルフを垣間見るという意味で、ケン・ウィルバーがいうところの「一瞥体験」です［14］。

　ただ、普段はパーツやその重荷によって見えにくくなっているのです。セルフを私たちの中の神と考えるなら、私たちは確かに神と交信しているのです。

　テイラーの研究から得られた上記の資質は、先に述べた8つのCと驚くほど似ています。

「つながり」と「明瞭さ」（私たちは同じ大海原の一部です）。

「穏やかさ」と「自信」（すべて大丈夫です）「みんなへの思いやり」「勇気」（もう死を恐れません）。

　また、「好奇心」（体験全体に対する畏敬の念）「創造性」（しばしば報告される啓示）という二つのセルフの資質にも触れていることがわかります。

　純粋なセルフにアクセスし、すべてとつながっていると感じるこうした「一瞥体験」は、異なるマインドセットを生み出すのでしょうか。

　研究者のケイト・ディーベルスとマーク・リアリーは、ワンネスを信じる度合いを表す簡潔な尺度「Belief in Oneness Scale」を開発し、そのような信念を持つ度合いを一般的な価値観と相関させました。彼らの尺度は、以下の6つの項目で構成されています。

1．　表面的な見た目を超えて、すべては根本的に一つである。

2．　一見分離したように見える多くのものが存在するが、それらはすべて同じ全体の一部である。

3．　リアリティのもっとも基本的なレベルでは、すべてが一つである。

4. 個々のものが分離しているのは幻想であり、リアリティにおいてはすべてが一つである。

5. 精神、意識、量子過程など、なんであれ、すべては同じ基本的な実体で構成されている。

6. 同じ基本的な本質が、存在するものすべてに浸透している。

彼らのリサーチの結果、この尺度の得点が高い人は、低い人に比べて、遠く離れた人々につながりを感じたり、自然の側面に共感したりする傾向がはるかに強いことがわかりました。

また、共通の人間性、共通の問題や不完全性とのつながりを感じるため、他人の福祉に思いやりを持つ傾向が強かったのです [15]。

つまり、純粋なセルフの状態を経験することは、人を変えるのです。分離のベールが剥がれ落ち、私たちが互いにつながっているという現実を体験することで、内面も外面もセルフ主導となるのです。

ラルフ・デ・ラ・ロサは、少なくとも彼の仏教のバージョンがこの立場に合致していることを示唆しています。

「このような瞬間に触れる開放感、新鮮さ、喜び、歓喜、静寂といった感覚は、私たちが作り出さなければならないように思えるかもしれません。しかし、仏教の観点からは、そのような状態はすでに私たちの中にあり、最初からそうであったということになります。私たちが他の場所を探している間にも、私たちの中に広がりが待っているのかもしれないと思うと、興味が湧いてきますね。それは、私たちが目指すものではなく、私たちが走り回るのを止めたときに残るものです。私たちのより深い性質は、誰かになろうとする果てしない作業をやめたときにシンプルに残るものなのです」[16]。

第3部

身体の中のセルフ、世界の中のセルフ

SELF IN THE BODY, SELF IN THE WORLD

第**9**章

人生の教訓と
トーメンター

IFSの視点では、私たちは特定の人生の教訓を学ぶためにここにいます。そして、その学びのプランはすでに私たちの中にあるのです。

私たち一人ひとりは、自分の家族や自分の育った文化から受け継いだ重荷を背負っており、さらに人生の中で個人的な重荷をたくさん背負っています。

そのため、私たちの学びのプランはその重荷を降ろすことからはじまり、そしてそれが「本当の自分を知る」というもっとも重要な課題のステージへと向かわせるのです。

最初に、私たちは「自分が何者でないか」ということを知ります。私たちのパーツが抱えている、おそらくは無意識のレベルで人生を支配してきた極端な信念や感情を特定し、それらが本来の自分のものではないことを見極めます。

そしてその過程で、私たちはセルフを知り、セルフ主導になっていくのです。いうまでもなく、その旅路は決して一直線ではなく、スムーズなものではありません。

　私は長い間、「自分は無価値で哀れな存在だ」と思ってきましたが、そうではないと理解するのに少し時間がかかりました。それはイライラした父親に育てられた私のエグザイルが抱えた思い込みに過ぎなかったのです。

　長い間、私はこの世の中で比較的うまくやってきましたが、根底には「自分は人をだましている」という感覚があり、その疑念を払拭するために成果を上げることに躍起になっていました。そして、人と一緒にいるときは、本当の自分を見られ、自分の演技が台無しになることを恐れ、警戒心を解くことを避けていました。

　これは、瞑想でセルフを味わった後でも同じでした。実際、IFSを開発している最中にも、とくに自分が望んでいたような肯定的なフィードバックが得られなかったときには、複数のエグザイルが、自分がいかに哀れな負け犬であるかを思い出させるために飛び出してきました。

　多くの努力家の成果主義者たちと同様、必要に迫られるまで、私もそのエグザイルに取り組むことはしませんでした。しかし、IFSコミュニティの友人たちが、私の防衛パーツが私が良いリーダーになることを邪魔していることを教えてくれたのです。

　私はようやく彼らのフィードバックを真剣に受け止めたのですが、それは大変なことでした。それは、私の中にいる小さな少年が父に怒鳴られ、「何の役にも立たない」と言われたときのまま固まっていることを知り、その子の重荷を降ろすことを意味していました。

　私のほとんどのパーツは、自分がある程度うまくやっていることを
すでに知っていましたが、この孤独な少年はそうではありませんでし
た。この少年を救い出し、彼の抱えていた重荷を降ろした後は、この
教訓を受け取り、彼は内なる喜びにあふれた存在になりました。

　それに応じて私の中の「成果主義者のパーツ」がよりリラックスし
た状態になると、私は自分が無価値であるどころか、愛に満ち溢れた
愛おしい存在であるということがわかり、生きていることをより完全
に楽しめるようになりました。

　この心底腑に落ちる経験は、この懐疑的な世界にIFSを持ち込む勇
気を与えてくれました。そして、現在もそれは続いています。

　この話を通して伝えたいことは、**私たちは皆神聖な存在であり、地
球もまたパーツも皆神聖な存在だということです。** そのことを知らず
に死んでいく人があまりにも多いのです。

　私が自分の活動を続けているのは、IFSがそれを変えられるという
希望があるからです。

　自分が何者かを知っているとき、つまりセルフであるとき、8つの
Cの資質をもって自然に他者と関わり、その結果効果的なコミュニ
ケーションをとることができるのです。

　良いコミュニケーションには、落ち着き、明晰さ、創造性、そして
思いやりが必要です。ここでの主な課題は、特定のスキルを習得する
ことではなく、自意識過剰で失敗を恐れる管理者のパーツにセルフを
信頼してもらい、セルフ主導となることなのです。これは人前でパ
フォーマンスをするようなときも同じです。

　セルフ主導であれば、壊れた関係を修復することは、以前ほど難し
くなくなります。なぜなら、自分を小さくするパーツや、恥を抱えて

いるパーツに対応できるようになるからです。

　たとえ自分が間違いを犯したとしても、自分が悪者でもなく、子どもの頃のように罰を受けることもないことをそのパーツに伝え、その瞬間にそれらのパーツを安心させることができます。

　さらに、相手を修正したり、変えたりする必要はなく、相手の痛みに寄り添うことができます。なぜかというと、自分のパーツとともにいるときのように、たとえ相手が傷ついていてもその場にともにいることができるからです。

　自分のパーツとどう関わるかが、そのパーツに似ている人との関わり方に直接反映されます。

　それと同じように、自分の怒りを恐れなければ、誰かに怒りをぶつけられたときにも、セルフ主導でいられるでしょう。相手があなたを批判しても、自分の内なる批判者のパーツを呼び起こすことはないでしょう。

　というのも、あなたは自分が何者であるかを知っており、あなたの中の批判者のパーツはすでに引退していたり、新しい役割を担ったりしているからです。

　相手の振る舞いにパーツが反応することで、自分の内なるシステムに混乱が生じることを恐れるパーツが、多くの人間関係を難しくしています。

　セルフ主導であるとき、その混乱はなくなります。

　前にも述べましたが、私はあなたが常にセルフ主導になれることを約束しているわけではありません。ただ、あなたがセルフ主導でないときは、自分がそうでないことに気づけるようになるでしょう。そして、パーツに乗っ取られ、誰かを傷つけてしまったときには、まずはそれをやっているパーツを止めて、少し間をとり、そのパーツに耳を

傾けます。

　その後、再び相手のところに戻り、パーツとして話すのではなく、パーツを代弁することができるようになります。自分が傷つけた相手との関係を修復するために、心が開かれたセルフの立ち位置からパーツの代弁をするのです。

　このような人生の教訓を得ながら、セルフ主導になっていく上で、私たちは幸運にも多くの優れた教師を持つことになります。

　それは教祖や神父、教授、両親のことを指しているのではありません。もちろん、彼らが自らの教訓を学んでいるのであれば、それがあなたが教訓を学ぶ助けになってくれることもあるでしょう。でもここで私が言っているのは、あなたを悩ませたり、苦しませたりするきっかけとなるような人々や困難な出来事があなたの「トーメンター」になるということです（＊訳注：悩ますという意味の「トーメント」と指導者という意味の「メンター」をかけ合わせたIFSの造語）。

　トーメンターとは、あなたを悩ませることで、あなたの中の癒すべき何かを教えてくれるメンターなのです。それによって刺激された感情は、たいていの場合、自分のパーツを知るためのとても貴重な手がかりになります。

　その感情や信念にブレンドするのではなく、距離をとり、よく見てみると、それらがあなたを大事なエグザイルに導いてくれるのです。私が自分の中にいる無価値感を持っている少年に出会ったように。

　トーメンターが私たちにとってとても貴重な存在となりえるのは、多くの場合、それによって刺激された防衛パーツが活性化するまで、私たちはエグザイルの存在に気がつかないことが多いからです。あなたの管理者のパーツがエグザイルを深く内側に埋め込んでしまったために、全然気がついていなかったのです。

あなたはなんとなくその存在を感じていたかもしれませんが、管理者のパーツは、あなたがそこに行かないように、気をそらす方法を知っていたのです。

当時は知らなかったけれども、私の人生の中で、例えば両親など、多くのトーメンターに恵まれたことは幸運でした。その中には実際のクライアントも複数いて、とくに私の在り方のちょっとした変化にも敏感である人たちでした。彼らは秀でた「パーツ察知能力」を持っていたのです。

私が少しでも気が散ったり、焦ったり、指示したりすると、彼らは私に暴言を吐いたものです。それは過剰反応であることが多いのですが、それを指摘しても無駄であることがすぐにわかり、むしろそのエピソードを大切にするようになりました。

クライアントが私の動機や考えについて的外れなことを言ったとしても、それはたいていの場合、私の中の探究する必要のある防衛パーツを的確に察知していたのです。

その場合、私はクライアントに謝るのですが、これは非常に治療効果があることを発見しました。なぜなら、クライアントのほとんどは、これまで自分の持っている直感を承認されたことがなかったからです。

そして私自身、セッションとセッションの合間に、セラピストの助けを借りて、見つけたパーツをたどって癒すこともしてきました。

私と長年連れ添ってきた妻のジーンが私のポジティブな変化に多大な貢献したことは、周囲の人々も認知しており、それは賞賛に値することです。彼女は私の「思いやりのないパーツ」「ナルシストなパーツ」「働きすぎのパーツ」に、痛みを伴いながらも、最終的には癒しを与えるような方法で挑んできました。私たちは互いにとって、とても優れたトーメンターであったのです！

そして、とくに大きなけんかの後、私たちは今でもそうやってお互いを癒す手助けをしていると言えることを誇りに思います。

これは、あなたを悩ませたり、苦しませたりするすべての人や出来事が貴重なトーメンターだという意味ではありません。また、何かの学びを得るために、虐待的な関係を続けることを推奨するものでもありません。そのような状況では、自分を大切にし、そこから離れることが一番の学びだと思います。

パーツが反応したら、それに注意を向け、ケアしておくに越したことはありません。

この章の冒頭で、私たちは皆、ある特定の教訓を学ぶためにここにいる、という考えを述べました。

でも実は、私は「起こることのすべては、あなたに何かを教えるために仕組まれている」といったようなスピリチュアルな考えに、いつもぞっとさせられてきました。また、欧米化され、誤解されているカルマの概念もあまり好きではありません。教訓や現世（または前世）での行動とは無関係に、悪いことは起こるものです。

いずれにせよ、パーツが反応したときには、そのパーツに注意を向け、ケアしておくに越したことはありません。私が海で溺れたときのように、目の前の困難な人物や出来事にあなたが対処することをパーツが信頼することが、それによって得られる学びとなりえます。

もし、このようなものの見方を本気で受け入れたら、人生は「自分は本当は何者なのか」という大きな教訓を学ぶための興味深い機会の連続となるでしょう。

とはいえ、次の課題に進むために、いったん立ち止まり、自分の内側に焦点を合わせるのは、いつでもそう簡単なことではありません。

防衛パーツは「目の前のトーメンターこそが問題の根源である」という
うことに確信を持っているのが普通で、もちろんその通りであること
もあります。

　しかしそのような場合でも、防衛パーツの学びは、セルフとしての
あなたが彼らをケアすること、相手との関わりにおいてベストを尽く
すであろうことを信頼することなのです。

エクササイズ⑪
パーツマッピング（上級編）

※エクササイズ集P345を参照。

　本書の前半で、パーツの地図を描くというエクササイズを紹介したので、もうすでにマップを描いてみたことがあるでしょう。

　このエクササイズはその上級編で、トーメンターとなる人物や出来事を特定し、それによって引き起こされた感情などを見つけ、それに取り組んでいきます。

　個人的な例を紹介します。

「ある日、私は朝早くからプレゼンの準備に励んでいたのですが、ふと、5人の兄弟全員と大事な話し合いのためのオンライン会議に出るのを忘れていたことに気がつきました。その会議には弁護士も参加していたのですが、私だけが参加しませんでした。

　私は6人兄弟の中で一番年上ですが、もともとどちらかというと、私は典型的な長男というよりも、むしろ一番責任感のない人間だったのかもしれません。成長するにつれて、父はそのことについてかなり厳しくなっていきました。

　そのため、私が失敗すると父の真似をする批判者のパーツがいるのですが、その日はそのパーツが出てきたことにすぐに気がつきました。

　この数年でかなり変化しましたが、私が何か大きな失敗をすると、今でもある程度そのパーツの影響を受けるのです。そして、それはいつもエグザイルを呼び起こし、私の身体を覆い尽くす恥の感覚によっ

て、私はそれに気がつくのです。

　このことが起こった後、私はとてもがっかりしました。これまで自分自身に対して行ってきたワークの成果として、この程度の内面の反応は克服できているはずだと思っていたからです。
　しかし、私はこのような状況を自分の成長の機会としてとらえることに励んでいるので、すぐに交換セッションをしている相手に電話をし、この出来事自体をさらなる癒しのプロセスの焦点として活用したのです」。

　この例を紹介したのは、あなたがもっと探求してみたいと思うような状況を思い浮かべ、それに関わるパーツについてよりよく知ってみたいと前向きに取り組んでいただきたいからです。
　はじめる前に、まずは他の防衛パーツが守っているであろうエグザイルについて、少し知っておいてほしいことがあります。
　このエクササイズで実際にエグザイルに近づくことはありませんが、人によっては、エグザイルの存在について知るだけでも、それが引き金になることがあります。
　もし苦痛に感じるようであれば、どの時点であれいったん中断し、エクササイズから離れて自分のセルフを確認し、セルフとしてのあなたが、ここにいることをパーツに思い出させてください。
　それがうまくいった場合は、またエクササイズに戻りましょう。そうでないなら、このエクササイズはスキップしてください。

　何らかの出来事などによって、「強い感情的な反応」が引き起こされたときのことを1つ選んでください。そのときの状況を思い浮かべながら、強く反応したパーツたちに気づき、それらの中から、防衛パーツを1つ選び、それに焦点を向けましょう。そのパーツだけに注意を

向け、それを身体の中や身体の周りに見つけます。そして、そのパーツに対して自分がどう感じているかに気づきます。

　もしそのパーツに対して極端な感情を抱いたら、例えばそのパーツを怖いと感じたら、そう感じているのは単に別のパーツなので、ちょっとだけの間、その別のパーツに意識を向けてください。

　前に出てきた「内的葛藤を扱う瞑想」でやったように、二人の防衛パーツ、つまり最初に出てきた防衛パーツと、それに反感を持つ別の防衛パーツが、あなたの中でどのように対立しているのかに注目してください。また、どちらかに味方したり、第三の立場をとるために飛び込んでくる他の防衛パーツがいないかにも着目してみてください。

　この時点では、特定のパーツと関わらずに、まずは自分の人生において、この反応に関連するパーツたちの関係性を把握しているところです。これまでのところでは、これに関係して出てくる防衛パーツを見ています。そしてある時点で、この防衛パーツの関わり合いを見ながら、パーツに対してもっと心を開いて、これらの防衛パーツについて、何か考察できるかどうか見てみてください。

　もしそこに到達できなくても、大丈夫です。このエクササイズはただ「気づく」ことに時間を使ってください。

　この状況に対して現れるすべてのパーツに好奇心が湧いたら、それぞれのパーツに、彼らが守っている脆弱なパーツ（エグザイル）について尋ねてみてください。そしてもしそのエグザイルを守る役割を果たさなかったら、何が起こることを恐れているのか聞いてみましょう。

　もし、パーツが問いに答えてくれたら、その極端な反応を駆り立てるエグザイルについてあなたは学ぶことになるでしょう。そして、そ

のエグザイルに直接会いに行くのではなく、彼らのことをどれだけ感じとれるか見てみましょう。

　彼らがどんなパーツたちか想像できるでしょうか。彼らの傷つきやすさにもう少し気づくことができるでしょうか。

　防衛パーツが何をケアしようとしているのかを知ることで、彼らが何に対処しているのか、どれだけ高いリスクを負っているのかをより感じとることができると、もっと彼らに対して心を開くことができるかもしれません。

　多くの場合、防衛パーツは傷つきやすい子どもを持つ両親のようなものです。子どもが傷つけられたら大変なので、その子をどう守るのがベストなのかについて争い、対立しています。

　ただし、実際の親と違う点は、これらの防衛パーツは親になるにはまだ幼すぎる年齢だということです。たいてい、彼ら自身も幼いのにもかかわらず、ベストを尽くそうと頭を悩ませているのです。

　彼らにその思いを十分受け取ったことを伝え、これからも対話を続けていくと伝えてください。そして、そこにはエグザイルがいることをあなたは知っていると伝えてください。今日は彼らに会いに行くことはできませんが、いずれあなたは彼らも助けようとするでしょう。**内なる世界で起こることは、外側の世界で起こることに多大な影響を与える**ことを覚えていてください。

　それでは、焦点を外に戻し、外側の世界に注意を向けてください。あなたは内なる世界から離れますが、忘れるわけではありません。

―――――――

　皆さんの中には、エグザイルについて知るにつれ、このエクササイ

ズが少し難しくなってきた人もいるのではないでしょうか。彼らがそこにいることを知ると、動揺してしまうこともありますし、彼らのところに行かないでくださいと言われても、ときには彼らの苦痛や恐怖、恥、そして彼らが抱く信念のようなものを感じてしまうことがあります。それは、彼らをずっと封じ込めようとしてきた防衛パーツにとって厄介なことです。

　少し圧倒されたように感じるのは珍しいことではありませんし、それが困難であることもわかっています。エグザイルに少しでも触れると、怖がって防衛的になるパーツや、逆ギレしてあなたを批判するパーツから、大きな反発を受けることがしばしばあります。

　けれども、「それは彼らが怖がっているからだ」という視点を持ち続けることができれば、彼らを安心させることができ、自分が何者であるかを思い出させることができるのです。そうすることで、あなたは地に足をつけて過ごせるようになるかもしれません。

　あなたは、勇気、自信、明晰さ、つながりを感じ、地に足がついている人なのです。

　もしあなたが「自分はそうじゃない」と感じることがあれば、そのメッセージは、あなたが誰であるかをまだ知らないパーツから来ているのだと知っておいてください。

　たいていの場合、彼らはあなたのことを、あなたの実年齢よりずっと若いと信じていることを思い出してください。

　彼らに完全にブレンドしてその世界にどっぷり浸るかわりに、そのパーツから距離をとり、彼らを安心させることが役に立つでしょう。

　そして、これらの探求は大変ではありますが、あなたはもう小さな子どもではないのでそれができること、あなたは彼らを助けるためにここにいることを信頼してもらえるよう、彼を手助けするのです。

エクササイズ⓬
「強い感情的な反応」に対処する

※エクササイズ集P348を参照。

　一つ前のエクササイズ「パーツマッピング上級編」で、強い感情的な反応がパーツに起こった方のためのエクササイズをご紹介します。

　数分間、自分の内側の世界に意識を向け、自分の身体と心に何が起きているのかに注意を向けてください。強い感情的な反応を引き起こしたパーツがあった場合は、それらにブレンドするのではなく、ただ、それに気づいてください。

　しばらくしたら、そのパーツにほんの少し離れてもらい、あなたがそのパーツとブレンドせずに、ともにいられるようにしましょう。

　そして、もしその少し離れた状態から、強い感情的な反応が起きたことに興味を持てるようなら、「何がそんなに大変だったの？」と尋ねてみてください。

　彼らはあなたに何を知ってほしいのでしょうか？　そして、あなたが彼らにブレンドしているのではなく、彼らとともにいるとき、あなたがいつもそこにいれば安心できるかどうかを確認します。

　あなたは幼い子どもではないこと、そして、彼らを助けることができるのだということを思い出してもらいましょう。

　あるパーツにとっては、これが難しかったり、怖かったりするものであるということを理解しながら、あなたは彼らと一緒にいてあげま

第 **9** 章

人生の教訓とトーメンター

しょう。

　こんなふうに思いやりのあるやり方でパーツに接しながら、あなたが今までずっと、パーツと自分自身のケアをしてきたことをパーツたちに伝えましょう。あなたは、みんながより良くなっていくような知恵を持っていて、それに基づいて行動しようとしていることも伝えましょう。

　では、頃合いを見て、焦点を外に戻していきましょう。深呼吸など、そのために役立つことがあればしてみてください。

―――――――――

　これらのエクササイズを通して、防衛パーツについて理解を深め、彼らが何を守っているのかについて、何か学ぶことができたなら幸いです。

　カップルのセッションをしていて彼らがけんかになったとき、私はカップルのそれぞれに、立ち止まって内側に意識を集中してもらい、これらのエクササイズのいくつかのバリエーションを行ってもらうことにしています。

　自分が妻と対立したときにも同じことをします。私たち二人はいったん話をやめて、少し自分の時間を持ち内側に集中して、けんかしていたパーツを見つけ、その声に耳を傾けて彼らが守っているものに注意を払います。そして、より心を開いてスペースができたことが確認できたら、そのパーツのために再び外側の世界に戻って話すのです。

　それができたとき、大きな違いが生まれます。いつも完全に成功するわけではありませんが、一般的には、防衛パーツに主導権を握らせて話をするよりはずっとうまくいきます。

世の中のあまりにも多くのやりとりが、防衛パーツ同士の戦争のよ

うな形で行われています。それは、企業でも、家族でも、政治でも見られます。

アメリカのような国は、二極化であふれています。というのも、両サイドのパーツが主導権を握り、相互に説得し合うからです。

一方のパーツが極端になると、相手の中の防衛パーツも同じように、あるいはそれ以上に極端になり、全体のダイナミズムは時間とともにエスカレートしていきます。そしてそれは、どちらの側も全体のリーダーシップを信頼せず、多くのエグザイルを抱えている場合にとくに当てはまります。

これは、人間のシステムのあらゆるレベルで言えることです。

私は調停者、紛争解決専門家、社会活動家などのトレーニングを指導していますが、彼らは皆このプロセスが役に立っていると感じています。

「あなたが言ったことに私のパーツが反応し、その背後には傷ついたパーツがいるのです」という言葉は、「あなたが言ったことが本当に気に入らない」というのとは、はるかに異なるメッセージを伝えていて、異なる結果になることが十分に予想できます。

セルフ主導で自分のパーツを表現することは、単に内面的な世界に時間を費やすことではありません。外界でどのように生き、他の人々や、彼らのパーツたちとどのように関わっていくかということでもあるのです。

第10章

内なる
物理の法則

映画『ビューティフル・マインド』で描かれているのは、有名な数学者のジョン・ナッシュです。映画では、ナッシュに影響を与える人物が何人か登場しますが、じつは彼らはナッシュの幻覚です。視聴者は、それに気づかない形でこの映画ははじまります。

これをIFS的な視点で考えると、これは防衛パーツが完全にブレンドしているときに、人々が経験することを表しているわかりやすい例です。

主人公のナッシュは、自分の幻覚のパーツ、パーチャー（エド・ハリスが演じる）から、ある時点で離れるのですが、映画を見ている私たちは、彼とともにそのパーツが彼の心を支配していたパーツに過ぎないことに気づかされます。

パーチャーを無視し、彼を遠ざけることで、ナッシュは自分を取り

戻し、その後の人生もうまくいくようになるのです。私にとっては、これはマインドフルネスの実践がいかに有用であるかを示すものです。

IFSでは、もう一歩踏み込んで見ていきます。

パーチャーのもとへ行き、パーチャーが守っているものを知ろうとします。映画の最後のシーンで、ナッシュはパーチャーを見つめています。パーチャーは、野原の向こうで小さな子どもたちと一緒に立っていて、ナッシュを見つめ返しています。

防衛パーツもエグザイルも置き去りにして、自分の人生を歩んでいくナッシュをパーツたちは寂しそうに見つめています。

あなたのパーツは全員あなたを待っているのです。彼らは関心を向けられ、愛情を注ぐのに値する存在です。

私たちは、圧倒されてしまう恐れがあるような生々しく激しいパーツの感情に自分が飲み込まれてしまわないように、パーツたちに近づく前に、彼らに自分を完全に圧倒しないように頼むことを学びました。

パーツがそれに同意してくれれば、そのパーツはあなたを圧倒しなくなることがわかったのです。これは、内なる物理の法則の一つです。

この法則は、あなたがエグザイルに乗っ取られることなく、エグザイルと親しくなることを可能にします。

彼らの気持ちを感じたり、ある程度ブレンドすることはありますが、この合意があれば、彼らが過去にやったような形であなたを乗っ取ることはないでしょう。

そして、この合意は、私がIFSを続けてきた中で、一度も破られたことがありません。

パーツたちは、実はどれぐらいあなたを圧倒するかをコントロール

できるのです。

　これまでの経験上、エグザイルの扉を開けると、多くの場合その感情があふれ出し、自分ではコントロールできないように感じてきたので、これは人々にとって信じがたいことに聞こえるでしょう。

　同じことが防衛パーツにも言えます。いくつかのエクササイズでわかったように、防衛パーツは完全にあなたにブレンドすることができ、そのときあなたは彼らの目を通して見たり、考えたりするのです。

　繊細でトラウマを抱え、深刻な診断を受けているクライアントたちが自分のパーツ、とくにエグザイルに圧倒されることを恐れているような状況で治療を行う場合、この特定の内なる物理の法則が非常に価値があることが証明されました。

　この法則は、他のトラウマを扱うアプローチに特徴的なグラウンディングの技術を使わずに、内的システムを扱うことを可能にします。

　繰り返しになりますが、私たちがすべきことは、パーツに圧倒しないようお願いすることだけです。パーツがそうしないことに合意すれば、あなたが圧倒されることはありません。パーツが圧倒するのは、多くの場合正当な理由があって、それは「自分が完全に支配しなければ、また閉じ込められる」とパーツが思い込んでいる場合です。もし閉じ込められた経験がある人ならきっと同じように反応するでしょう。それと一緒です。

　恐怖に怯えるエグザイルの合意をあらかじめ得ていないと、クライアントがパニック発作を起こすなど、クライアントが圧倒されてしまうことが私のオフィスでもありました。

　そうなったときでも、私はクライアントに深呼吸させたり、私の目を見てもらったり、床の上で足を感じてもらうようにすることはしま

せん。私はただ、「今、とても怖がっているパーツがここにいるよう
なので、そのパーツと直接話をさせてほしい」と言うだけです。

　そのパーツに話しかけながら、「歓迎しているよ」「出てきてくれて
うれしいよ」と伝えます。そして、クライアント自身がそのパーツと
一緒にいられるように、少し距離をとってもらえないかお願いするこ
とで、私たちがそのパーツを助けやすくなることを伝えます。

　たいていの場合、パニックになっているパーツは、私の言うことを
信じて応じてくれるので、そうすると途端にクライアントはセルフに
再びつながり、地に足がつき、パニックになっているパーツに対する
思いやりを経験するのです。そして、そのパーツに乗っ取られること
なく、一緒にいることができるのです。

　もしナッシュが私のところにセッションを受けに来て、自分を狙っ
ている人たちのことを話しはじめたとしたら、私はそのような恐ろし
いことを彼に伝えてくるパーツと私が直接話をさせてもらえるかどう
か彼に尋ねるでしょう。

　彼は最初は「それはパーツではない」「彼はいるんだ」と抵抗する
かもしれませんが、私は粘り強く続けます。そして、もしパーチャー
と直接話すことを許可してくれたら、「あなたが彼（ナッシュ）を乗っ
取らないと、何が起こることが心配なの？」とパーチャーに尋ね、「あ
なたがナッシュを乗っ取らず、ナッシュがそこに一緒にいることを許
してくれたら、あなたがが守っているパーツを私たちは癒すことがで
きる」と保証します。

　パーチャーが私を信頼して離れてくれるまでには、何度かセッショ
ンが必要かもしれません。しかし、いったん離れてくれたら、ナッシュ
はパーチャーに乗っ取られることなく、彼を見ることができるように
なり、ナッシュはパーチャーが守ってくれた努力に敬意を表し、パー
チャーが対処しようとしているエグザイルを癒す道を歩みはじめるで

しょう。

　この特定の内なる物理の法則は、非常に貴重なものとなっています。
　エグザイルや防衛パーツがエクササイズ中にあなたを乗っ取ろうと
した場合でも、再び離れてもらうように説得することが可能であるこ
とを保証するために、私はここでこの法則を深く取り上げているので
す。

　これに関連して、もう一つ別の内なる物理の法則があります。
　本書に収録されているいくつかのセッションの中で、この法則が説
明されているのをご覧いただけるでしょう。
　**あなたがセルフとして存在し、パーツを恐れなければ、あなたの中
に（あなたを脅かすような）力を持つものは何もありません。**この法
則も、数十年間私がこのワークを行ってきた中で、一度も間違いだと
証明されたことはありません。
　私は、さまざまなクライアント、例えば非常に威圧的で、自分や誰
かを傷つけたり殺したいとさえ思っているパーツを持っているクライ
アントを扱ってきました。そして、私たちが一緒にワークをすると、
クライアントがモンスターや悪魔のように感じ、人生の大半で恐れて
きたパーツが、突然何もできなくなるのです。それだけでなく、パー
ツが支配したり威嚇したりするいつもの試みが、弱々しく感じるよう
になります。
　なぜなら、クライアントはそのパーツが何であるかを理解し、その
パーツが単にその役割にとらわれていたことを知るからです。

　その上で知っておいてほしいのは、ある人が恐怖に怯えているよう
な場合、その人の中ではこのようなパーツたちがたいがい強烈な重荷
を背負っていて、自分自身や他人を傷つけるような力を持っているこ

ともあるということです。

　だからこそ、セルフでいること、そして恐怖に支配されないでいることが重要なのです。

　また、パーツが一見モンスターのように見えたとしても、パーツは見た目通りとは限らないと知っていることは大切です。

　あなたがセルフとして中心にいて、パーツと向き合っていれば、彼らが極端な役割を強いられることになった隠された歴史を明らかにしてくれるでしょう。そして、彼らが内側で守っているものを教えてくれれば、そのパーツを変容させるのを支援できます。

　私にとっては、この第二の内なる法則には深淵な意味があります。

　もしセルフが実際、内なる神の片鱗であるならば、ブレンドされていない状態のセルフは、内なる世界に存在するいかなるもの、明らかな悪を含む何ものにも脅かされることなく、その代わりにそれらを癒し、変容させるために力強く、しかも愛情深く効果的に働くでしょう。

チェックポイント

　ここまでのところで、あなたは本書のほぼすべてのエクササイズに出会ったはずです。そこで、いくつかのアドバイスや見方を述べたいと思います。

　まず最初にお伝えしたいのは、もしあなたがここまで提案された旅路を歩んできたのなら、あなたの内なるシステムは少し混乱していることに気づくかもしれません。

　あなたは勇気を出して自分自身を知り、自分のパーツと関わるという、これまでとは違う一般的ではない方法を試しているので、最初はかなり戸惑うことになるかもしれません。あなたが自分一人で進めて

いて、周りの人からの理解やサポートが得られない場合は、とくにそう感じるかもしれません。

　あなたの勇気に敬意を表します。そして、この旅路を続けるにあたって、自分自身とパーツたちを大切にすることが、いかに重要であるかを思い出してほしいのです。

　それには、懐疑的なパーツや苦痛を感じるパーツの反応に対しても忍耐強くあることも含まれます。内なる会議やディスカッションをたくさん行い、あなたが誰であって、誰でないのか、そしてあなたがどれだけ彼らを気にかけ、助けることができるのかをパーツたちに思い出してもらいましょう。

　これは、セルフケアとして外の世界でパーツのためにあなたが何ができるかを尋ね、それをすることも意味します。

　例えば、特定の人とは距離を置き、また別の人とはつながりを持つことなども含まれます。また、パーツが好むこと、たとえば自然の中で過ごす、ヨガや瞑想を実践する、エプソムソルトのお風呂に入る、パーツが好む映画やテレビ番組を見るなど、必ずしもあなたの趣味とは同じではないかもしれませんが、そういったことをパーツのためにやってあげます。たいていの場合、あなたが耳を傾ければ、パーツたちは何が必要かを教えてくれるでしょう。

　精神神経科医であり、IFSのトレーナーでもあるフランク・アンダーソンは、薬物療法を評価する際、患者に薬が効いているかどうかを内側のパーツに聞いてもらうようにしています。それらのパーツが、投与量の調整や、薬自体を変えるヒントを知らせてくれるのです。

　これらのセルフケアの提案をお伝えしたのは、次のエクササイズが、ある種の不快さをともなうかもしれないからです。

エクササイズ⓭
防衛パーツとワークする（上級編）

※エクササイズ集P350を参照。

　私たちは、すべてのパーツを歓迎することをモットーにしていますが、それを怖がったり、恥ずかしいと感じるパーツもいるかもしれません。

　以前のエクササイズでもやったように、まずは心地よくなるための時間を少しとってください。深呼吸をしたり、瞑想するような姿勢をとったりすることが助けになるのであれば、そうしてください。
　最初に、すでに一緒にワークしているパーツにアクセスすることからはじめてください。彼らがどうしているか確認し、あなたが彼らと一緒にいて、彼らのことを気にかけていることを伝えましょう。

　アメリカや他の人種差別の長い歴史を持つ国で育った場合、その負の遺産を背負わずにいることはできないだろうと私は思っています（国によっては重荷を背負っていない人もいるケースも私は見てきました）。
　人種が何であれ、どれだけ人種差別反対活動をしてきたとしても、まだその重荷を背負っているパーツがある可能性は高いのです。
　黒人の人権活動家であるデズモンド・ツツ氏が語っていた、彼自身の中に見つけた差別意識の話が私の中に印象深く残っています。
　彼はあるとき飛行機に乗り、二人の黒人のパイロットがいることに誇りを感じました。しかし、飛行中に技術的なトラブルが発生したと

第10章

内なる物理の法則

267

きに、彼は「白人のパイロットはいないのか」と心配になったそうです。

　このことを話すのは、人種差別が私たち全員の中にあるということを示唆するためです。

　そのようなパーツを恥に思い、追放することで対応しようとする試みは、それを見ないようにすることで、より多くの暗黙の人種差別を生み出すだけで、人種差別という大きなシステムを空回りさせ続けることになります。

　私はあなたを、自分の中の人種差別主義者のパーツを見るワークにお誘いしたいと思います。

　それは白人至上主義的な信念を持ち、頭の中でひどいことを言うことがあるパーツです。

　私は今まで多くの人と、このエクササイズをやってきました。最初は自分の人種差別に気がつかない人でも、忍耐強くいることでそれを見つけ出すことができると思います。

　その人種差別的なパーツに近づいてくださいとは言いません。まずはそのパーツに対してあなたがどう感じているかに気づいてほしいのです。

　そして、別のパーツ（とくに人種差別的なパーツを恥じたり恐れたりするようなパーツ）が声をあげてきたときには、あなたが人種差別的なパーツに近づくことで、実際にそのパーツが変化するのを助けることになるとその防衛パーツに伝え、パーツを追放する方法では実際にはうまくいかないことを教えてあげましょう。

　今は人種差別的なパーツの存在を認め、サポートしてくれる人とと

もに今後より深く関わっていくことを伝えれば十分かもしれません。IFSの観点から、その助けになる留意点をいくつか紹介します。

● 内なる人種差別主義者は、あなたのパーツに過ぎません。あなたの大部分はそうではありません。

● それは、扱いきれない人種差別の塊ではありません。他の防衛パーツと同様、このパーツにも重荷をおろしてもらうことができれば変容することができるのです。

● このパーツを持っていることを恥じることはありません。人種差別は、この文化に蔓延している、世代を超えて受け継がれた重荷なのです。

● 私自身、または私が一緒にワークしてきた多くの人たちのように、この受け継がれた重荷は、多くのパーツに浸透しているのです。ですので、そのうちの一つの重荷を解放したからといって完全に消えるわけではないことに落胆しないでください。

———————————

　最終的には、この人種差別的なパーツが防衛パーツであることがわかり、その重荷を降ろす前に、それが守っているエグザイルを癒す必要があることを見出すかもしれません。

　あるいは、このパーツは単に人種差別という、その文化の中で受け継がれた重荷を背負っているだけで、その重荷を降ろすことができることを教えてあげれば、喜んでそうしてくれるかもしれません。

　これまでしてきたように、ある程度一段落ついたと思ったら、パーツが今までしてきてくれたことのすべてに感謝を伝え、外の世界に戻ってきてください。

　このワークを終えた後は、自分を大切にするために必要なことは何でもしてください。

　私の両親はかつて公民権運動に従事しており、私もずっと革新主義運動に積極的、あるいは少なくとも支持的であると思ってきました。

　しかし、人種差別の問題に直接取り組むことにしたとき、自分の中に人種差別的なパーツがあることに気づき、愕然としました。

　理由はわかりませんが、これは私にとって重荷を解放するのにもっとも厄介なパーツの一つです。今でも時折このパーツにぶつかり、その衝動や信念に優しく反論しなければなりません。そのパーツはとても幼く、怖がっています。多くの人にとっても同じだと思います。

　私のここでの目標の一つは、人種差別をめぐる議論の二極化を縮小し、より私たちの内側で実際に起こっていることについて、オープンに開示することを促進することです。

　人種差別的なパーツの重荷を解放できるようになるまでは、ただそれに気がつき意識できるだけでもいいでしょう。

　もしそのパーツを見つけたら、思いやりを持ちながら、積極的にそのパーツに、そのような信念を持っていることは知っているが、その発言や考え方は正しくないのだと思い起こさせることができます。

　自分の中の人種差別的なパーツと向き合うとき、それと戦ってしまうことが問題となります。この本で何度も言っているように、パーツに対して戦いを挑むと、基本的にはそのパーツがより強化されるだけです。

それを追放し、それがないように見せかけるのは、たいていの場合、自分自身を良く見せるためなのです。そうすると、その重荷を解放することがずっと難しくなり、それがもたらすかもしれない弊害に遭遇するかもしれません。

　恥ずかしい性的妄想をするパーツ、ドナルド・トランプを偉大だと思うパーツ、友人が失敗すると密かに喜ぶパーツ、男性が女性より優れていると信じているパーツなど、あなたが恥じている、あるいは恐れている他のパーツについても、同様のプロセスを踏むことをお勧めします。

　私たちは皆、自分自身でさえも認めたくないパーツを持っています。一般的に、このようなパーツは、誤って導かれた幼いインナーチャイルドです。

　そして、それらのパーツを蔑視したり、恥じたり、放棄するのではなく、外の世界にいる誤って導かれた子どもたちに接するように、そうしたパーツたちもまた私たちの導きと愛を受けるに値するのです。

セッション4 ｜ アンディ

　もうお察しかもしれませんが、私はIFSが人々が抱えている内なる人種差別（それを否定したり、無関心であったりすることも含めて）にまつわる重荷を取り除くことができる可能性に興奮しています。その重荷とは、組織化された人種差別が引き起こした苦しみを理解したり、その代償に向き合い、修復するために行動することの障害となるものすべてです。

　私は多くのグループや個人と実験してきましたが、このセッションはその一部を説明するためにここに掲載しました。

最近のポッドキャストで、私は人種差別反対運動をしている白人のアンディからインタビューを受け、その中でアンディは、私が彼の人種差別的なパーツとワークをすることを許可してくれました。

―――――――

D アンディ、もしあなたにその気があるなら、あなたの中の人種差別的なパーツと一緒にワークできたら最高だね。

A 私はそれに対してオープンです。抵抗する気持ちや怖さも感じますが、それにオープンでないならば、私は言行一致していないでしょう。

D では、自分の中にある人種差別的な考えを持ち、時々人種差別的なことを口にするパーツに集中して、それを自分の身体の中や周りで見つけられるかどうか試してみてください。

A 口や唇の周りにあるパーツと、見つけにくいパーツの二つがあるようです。

D では、まず口の周りにあるパーツに意識を向けて、それに対する気持ちに気づいてみましょう。

A 彼は5歳か6歳ぐらいで、特定の記憶があるようです。私は彼に対して思いやりを感じています。

D そのことを伝えて、その少年がどう反応するか、その記憶の場面について、彼があなたにもっと知ってほしいかどうかを見てみましょう。

A その場面とは、私が大好きでとても信頼している人とレストランにいたときの出来事です。
私は郊外で育ち、外部とはあまり交わらない生活を送っていたので、そのときそこで初めて黒人を見ました。そして私は、一緒にいたその人に、なぜあの男性の肌が汚いのか尋ねました。子どもの好奇心だったのですが、一緒にいた人はそれを恥ずかしく思い、

私から離れてその黒人に謝り、そして私に「もうそんな質問はしないでくれ」と言いました。

今、この少年のパーツが私に話してくれているのは、自分の好奇心がその人を傷つけるかもしれない、その男性と同じ色の肌の人をまた傷つけるかもしれないことを怖がっているということです。

D その少年に、過去のその場面に今もいるのか聞いてみてください。

A いません。でも、あの二人は大丈夫なのかってまだ心配しています。

D ではその少年と一緒にそこに戻り、彼らがどうしているか、何を必要としているかを確認する手助けをしてあげてください。そして、そこであなたに何かしてほしいか、あるいはその少年のために何かしてほしいか、一緒に戻って聞いてみてください。

A （時間をとって）少年はただ、大好きで信頼している男性と黒人の男性、この二人がつながることを望んでいたので、私がその手助けをしました。彼はとても喜んでいます！　これで完了した感じがあります。

D じゃあその場面から、彼の好きな場所に連れて行ってあげて、その出来事によってできた信念や感覚を手放したいと思うかを見てみましょう。

A はい、とてもそうしたいみたいです。

D 彼はどこに、それらすべてを抱えていますか？

A 喉にあります。

（この後その少年は、彼が持っている信念や感覚を喉から光に解き放ちました。彼は幸せと軽やかさを感じ、勇気を身体に取り込みました。大人も傷ついていること、そして大人のつながりを助けることもできるという知識を手に入れました）

D もう一つ、とらえどころのないパーツがあると言っていましたね。今、それを見つけられるかどうか見てみましょう。

A　説明するのは難しいのですが、私の背骨に巻きついている蛇かロープのようなイメージが浮かんできました。

D　それに対して、あなたはどのように感じますか？

A　ちょっと怖いです。

D　このワークでは、自分がセルフとして恐れずにいれば、傷つくことはないという法則があるんです。だから、怖がっているパーツたちには、安全な待合室に行ってもらい、この蛇と仲良くなりましょう。

A　はい、私は今、この蛇に好奇心を感じています。この蛇は、私に見られるのが怖いということを知らせてくれています。

D　そのことを聞いてみてください。どんなことが起こるのが怖いのでしょうか？

A　その蛇は、私のたくさんの大切な人たちを傷つけてしまうこと、その結果、彼らが仕返しに自分を傷つけることを恐れています。そのためには目立たない方がいいんです。だから、身体を丸めて隠れています。
　　肌の色や顔の特徴など、見た目で人を判断することがありますが、それは人を傷つけてしまうものだとそのパーツは知っています。

D　そのパーツに、そのように考える要因を取り除く手助けをすると伝えてください。誰かを傷つけるようなことをそのパーツに言わせたりはしません。

A　このパーツは13歳のときからいます。自分の体重や変わった趣味、誰と付き合うか、付き合わないかなどのせいで、仲間はずれにされた中学生の頃からです。
　　彼が編み出した防衛策の一つは、常に他人より優れていると感じる方法を見つけることでした。彼は長い間、本当に劣悪な扱いを受け、内側に引きこもるしかなかったのです。

D　自分自身をより良く感じるために、他人を卑下するようになった

というのは、とても理にかなっていると彼に伝えてください。

（このパーツは、アンディがランチルームで自分と友達グループが人気者の女の子に軽蔑され、縮こまって屈辱と怒りを感じていたときの場面を見せてくれました。アンディはその場面に行き、彼女の行為が自分とは無関係であることを少年のアンディに理解させ、彼の代わりにその女の子と話をしました。人気者に対しては何も太刀打ちできないと信じていた少年の気持ちが吹っ切れました。その後、少年はその場を離れる気になり、アンディに現在へと連れてこられました）

D　彼が今、あの時代に背負った重荷のすべてを降ろす準備ができているかどうかを見てください。

A　ええ、彼は準備ができています。彼の肩と首が丸まっているんです。人をまっすぐ見ることができず、首をかしげなければなりません。

D　彼はそのすべてを何に向かって解き放ちたいでしょうか？

A　火です。

（少年は肩にあったものすべてを火の中に解き放ち、今では30センチほど背が伸びています。あの女の子のような振る舞いをしている人をみたら、その人と対話をして謝ってもらうことができるのだということを、少年は理解しました。「大人のアンディがその女の子にそうするのを見て、目が覚めた」と彼は言っています。そして、少年は自信を身体に取り戻しました。そして「あの女の子の苦しみや、私たちを馬鹿にすることで気分を晴らそうとしていたことがわかる能力」と表現するものを取り込みました）

D　アンディ、この二つのパーツにそれぞれ、しばらく毎日様子を見にくるからと伝えて、戻ってきてください。

この短時間の間に、アンディは反人種差別活動に関連する2つの

パーツに出会いました。

　一つ目のパーツは、他の人種に対して好奇心を持ってオープンになることへの恐怖心を抱え、アンディは活動においてそれを克服するために懸命に努力しなければなりませんでした。

　二つ目のパーツは、人種差別を利用して「少なくとも私はあの人たちよりはましだ」と自己肯定感を高めていました。

　このような領域を探求していると、**パーツが人種差別を持ち続ける理由や、人種差別に対抗することに関わらない理由がそれぞれのパーツにあることに気づきます。**

　とはいえ、これまで私が関わったパーツは（私自身のも含めて）皆幼く、困難な場面で立ち往生しており、重荷を降ろすと解放されました。

　繰り返しになりますが、ここでもIFSの中心的な考え方の一つが作用しています。内なる信念や感情に対して戦いを挑むことは、多くの場合、かえって逆効果になります。耳を傾け、癒すことがより良い方法なのです。

　そして、セルフ主導の安定した愛にあふれたやり方で、その内なる信念や感情が解き放たれるまで関わり続けるのです。

　自分のシャドーのような部分を探っていく過程で、パーツとは思えないようなものに出会うこともあります。

　私たちは時折、とても恐ろしい、パーツというより二次元的なイメージや声に出会います。それは憎しみや悪を内在化したようなもので、パーツに由来するものではなく、どこかに浮遊している重荷で「無所属の重荷」と呼んでいます。システム心理力動学の中では「イントロジェクト」と呼ばれるものです。

　しかし前にお伝えしたように、あなたがセルフとしていることで

パーツを恐れないでいるならば、そのパーツはあなたを支配する力を
持たないというのが、私が発見した内なる物理の法則の一つなのです。

第**11**章

セルフを体現すること
〜セルフとして身体の中にいること〜

あなたのパーツがセルフとしてのあなたを信頼しはじめると、あなたが自分の身体の中にいるためのスペースがより広く開かれます。そうなると、感覚や感情をより認識できるようになり、その結果、自分の身体が健康で、地に足がついた状態を保つことにますます興味を持つようになります。

それによって身体の反応に対する感度が高まり、どのような食べ物や行動が有益か、より有害であるかについての知識が増え、それはあなたの行動に変化をもたらします。

さらに、エグザイルがあなたに直接メッセージを伝えることができるようになると、もはやあなたの注意を引こうとしたり、それを無視したあなたを罰するために身体を使用する必要がなくなるのです。

私は、多くのクライアントが、身体からのメッセージを無視するのをやめて、身体が伝えていることに耳を傾けるだけで、慢性的な医療問題を解決したのを見てきました。

スピリチュアルな伝統の中には、肉体の重要性を軽視し、肉体が悟りの妨げになるとさえ考えるものがあります。つまり、究極の目標は物質世界を超越することなのに、肉体の欲求や衝動があなたを物質世界に執着させると教えているのです。さらに進んで、肉体とその肉欲的な衝動を悪魔扱いする人もいます。

一方で、身体を神聖な神殿と見なし、魂の神殿として大切に扱うべきと考える人もいます。身体について、IFSでもそれと同じような考え方をしています。

IFSの主な目的は、あなたが自分の内面と外面の両方の世界でセルフ主導でいられる能力を高めることです。セルフとして存在することがその両方の領域で増えるごとに、両方の世界の存在が再びつながり、調和し、バランスがとれてきます。

しかし、内と外の世界でフルに活動するためには、セルフがあなたの身体にアクセスし、そして体現される必要があるのです。

私が今話している「セルフを体現すること」は、この本の第2部にある「道の瞑想」で出てきました。

もしあなたのパーツがそれを許可してくれたのであれば、セルフを体現することがどんなことであるのかを垣間見ることができたことでしょう。

もしパーツがそれに協力的でなかった場合はたいてい、過去にあなたを身体の中に戻したくない体験をしたという正当な理由があるのでしょう。

人々が身体から切り離されてしまう理由はさまざまですが、もっとも多いのはトラウマ的な体験です。特定のトラウマに直面すると、パーツはセルフを守る必要があると勘違いし、セルフを身体の外に押し出

します。そのため、トラウマ・サバイバーの多くが、身体の外（通常は上）から自分が傷つけられるのを見ていたと話します。

　もしあなたが幼いときにトラウマを受けたとすると、防衛パーツはトラウマの場面で凍りついた状態になり、その後もあなたがそのトラウマを経験したときの年齢であると信じ続けます。そのため、彼らは往々にしてあなたのことをとても幼い子どもだと思って守ろうとし、あなたが再び身体に戻ることを恐れるようになるのです。

　そして、内なる世界ではトラウマから生じた重荷の数々は積み重なり、凝縮されたエネルギーとなって多くのスペースを占領するようになります。そのため、セルフが身体から追い出されてしまうだけでなく、これらの重荷のエネルギーによって、再び身体に戻ることが難しくなっているのです。その結果、私たちのほとんどは、完全に身体の中にいるのではない状態で生活しています。

　そのため、自分の内と外の世界に、最適なレベルのセルフ・リーダーシップを発揮できていないのです。

───────────

　先にも述べたように、私は大学までアメフトの選手でした。

　私はアメフトの選手としてはかなり小柄でしたが、ディフェンスをしていたので、自分よりはるかに大きく、同じぐらいのスピードで向かってくるランニングバックと全速力でぶつかることがよくありました。その結果、数え切れないほどの身体的な衝突を経験し、何度か脳震盪を起こしました。

　アメフトをする以前から、私はそれほど感覚に敏感ではありませんでしたが、アメフトをする前と同じような自分の感情や身体の感覚を取り戻すには、何年も内面的なワークが必要でした。

　私の父は、第二次世界大戦においてパットン軍の医療部隊の隊長で

した。ダッハウ収容所が解放されたときには生存者全員の水分補給を任され、その後、診断されてはいませんがPTSDになりました。

　父は激しい怒りに手を震わせながら、私の尻を叩いたものです。

　そのときの怒りを、私はそのままアメフトにぶつけました。

　試合中に、激怒した消防士のパーツが私を乗っ取り、自分の身体がどうなろうがお構いなしに敵の選手を倒しました。実際、自分の身体の感覚はほとんどなく、試合が終わってから青アザができているのに気がつく程度でした。力強い感覚、アドレナリンの上昇、怒りの発散、そしてチームメイトからの称賛、これらすべてが強力な組み合わせでした。

　振り返ってみると、消防士がなぜあれほど強力で中毒性があるのかがよくわかります。称賛は私の無価値感を解消し、力強さ、アドレナリン、そして怒りは、私の中の弱い少年を強く、生きていると感じさせてくれたのです。

　アメフトのキャリアが終わった後も、私は誰かにぶつかって倒したいという強い欲求を持ち続けていました。

　ちなみに、父に関しては、いいバランスをとりたいパーツもいます。

　私は父から多くの良い性質も受け継いでいました。父は真の科学者であり、内分泌学の研究分野において勇敢で、世の中を助けたいという強い意志を持っていました。これらはすべて、私の道に影響を与えた遺産でもあります。

　また、父はとても温厚な部分もあったので、父が激怒することがあると、少年時代の私はより混乱したものでした。

————————————

　防衛パーツたちが、あなたを身体から切り離すもう一つの理由は、

あなたが身体の中にいると、エグザイルがあなたにアクセスしやすくなるからです。

防衛パーツがあなたを少し解離させたり、無感覚にしたり、頭の中で考えさせたりしていれば、あなたはエグザイルの感情を味わう必要がないので、彼らが刺激される可能性が低くなるのです。

そのため、あなたが再び身体に戻ることの許可を防衛パーツから得るのは、しばしば困難です。彼らは、あなたがより多く感じるようになることを恐れています。その恐れは彼らにとっては当然のことです。なぜなら彼らは、あなたがまだ幼く、危険な状態であると信じているからです。

さらに、あなたの防衛パーツは、セルフとしてのあなたが身体の中にいないときほど、あなたの人生を支配する力を持っています。ですから、あなたが身体に戻ろうとする試みが、彼らの防御しようとする力を放棄することだと解釈すると、彼らは抵抗します。

実は、防衛パーツたちは、薬を飲むようにとあなたに頻繁に訴えてくることもします。薬にはしばしば身体の外へ出る作用があるので、特定の症状を抑えることができるからです。

薬物療法を受けると、あなたはあまり感じなくなり、それほど感情的に刺激されないので、消防士のパーツは落ち着きます。しかし、セルフとしてのあなたはあまり身体の中にいないので、多くの癒しを行うことは困難です。

向精神薬が役に立たないというわけではありませんし、自分のシステムをしばらくの間、落ち着かせる必要がある場合もあります。それを前提に、薬を飲んでいるときに内なるワークがあまりできなくても、がっかりしないようにしましょう。

もちろん、薬物の中には防衛パーツたちをリラックスさせ、あなた

がもっとセルフにアクセスできる助けになるものもあります。

　瞑想もこれと同じで、よりあなたが自分の身体に戻れるようにすることができるものもあれば、防衛パーツによって、より身体の中にいない状態を維持するために使われることもよくあります。

　このような理由から、薬や瞑想がセルフとしてのあなたがより身体の中にいられるようにしているのか、またはしていないのかをパーツに確認することは、ときとしてびっくりすることもありますが、とても大切なことです。あなたはそれを癒しを促進するために使っていますか？　それともエグザイルを回避するために使っているのでしょうか？

　その他、不健康なダイエット、運動不足、デバイスへの依存、忙しく働きすぎなどのアメリカ風のライフスタイルなども、身体から出てしまう原因として挙げられます。

　また、身体のサイズや外見にこだわりすぎること、つまり、身体的羞恥心と外見へのこだわりという「受け継がれた重荷」は、ダイエットに励んだり、常に自分を監視したりすることになり、身体から抜け出ることの原因になります。

　「もっと運動をしなさい、もっと健康的な食事をしなさい、もっとゆっくりしなさい、もっと瞑想しなさい」というように、たくさんの解決策を私たちは売りつけられています。これらの方法はすべて、私たちがより身体の中に戻ることを助けるものですが、**パーツが全面的に協力しない限り、彼らは最終的に健全な解決策を妨害することになるのです。**

　エグザイルを癒し、よりセルフ主導になることができれば、私たちは自分にとって良いことをするためにそれほど努力する必要はなくなり、ただ自然にそれを楽しむことができます。防衛パーツはバスの運

転をやめ（彼らは運転免許を取るには若すぎます）、私たちを運転席に座らせてくれます。

その後、彼らは道案内を手伝ったり、道路の危険や制限速度を知らせてくれたりしますが、かつてのエグザイルが後部座席で遊んでいる間、私たちを信頼して運転させてくれるでしょう。

あなたが運転席を離れている間は（ときにはバスから追い出されることもあります）、あなたのパーツは暴れまわっています。パーツたちは、彼らの目的のためにあなたの身体を利用し、彼らが抱く極端な感情はあなたの身体に影響を及ぼします。

例えば、管理者のパーツたちの恐怖心は、あなたの筋肉を慢性的に緊張させ、とくに背中、肩、額、あごを緊張させます。エグザイルや消防士のパーツを封じ込めるために奮闘しているのと同じように、管理者のパーツたちは、あなたの見た目、振る舞い、話し方、感じ方をコントロールするのに苦労しているのです。

私が関わってきた多くの虐待サバイバーは、自分の身体を嫌う管理者のパーツを持っています。

彼らは欲求を持っていたり、脆弱である自分の身体を責めたり、または自分の身体が性的に魅力的なターゲットになることを責めるのです。パーツたちは「その欲求がお前を傷つけたのだ、だから私がお前を麻痺させて、もうその欲求がなくなるようにしてやろう」と言うのです。

性的に魅力的でなくなるようにしたり、目立たなくしたりして、捕食者から見えないようにするパーツもいます。またあるパーツは、身体に飢餓状態を強いて食欲を抑え、欲求を最小限にするようコントロールします。

ある意味、管理者のパーツが消防士のパーツをコントロールしよう
とするのは理にかなっています。なぜなら、大半の消防士のパーツは、
アメフト好きの私のように、人にぶつかり続けることに憧れるアドレ
ナリン中毒者だからです。

　消防士は、どの程度あなたの気を逸らすか、または守ろうとするか
によって、ハイな気分になったり、力強く感じさせたり、恐怖さえ感
じさせたりするようなホルモンを分泌させる活動を選びます。

　また、私たちを怠惰にさせるという別のアプローチをとる消防士も
います。彼らは労力を使わず、アドレナリンと同じような効果を持つ
ドラッグを摂取したり、食品をだらだら摂取するように仕向けます。

「消防訓練」のエクササイズでは、あなたの感情を刺激する人を部屋
に入れ、窓の外から見てもらいました。防衛パーツに支配されたとき
の自分の身体の感覚につながり、その影響に気づいてもらうためです。

　今は感情が刺激されていない状態だとしても、パーツは感情が揺さ
ぶられた過去の状況に立ち往生したままなので、それが身体に影響を
与えているということも覚えておくとよいでしょう。

　消防士のパーツの大半が徹底的な支配力を保持しています。その理
由の一つは、過去にあなたが彼らに依存し、あなたを乗っ取らせる習
慣を作り上げたからです。もう一つは、その発端となった出来事の期
間に、あなたが必要とした強力なホルモンと消防士のパーツが関連付
けられているからです。

　例えば性的な消防士は、常にテストステロンであなたの体内を満た
し、セックスのことしか考えなくさせることができます。エグザイル
が閉じ込められている場合、それを意識的には体験していなくとも、
エグザイルが持っている痛み、恥、恐怖、絶望はあなたの身体の中に
あり、それがコルチゾールなどのストレスホルモンと結びついている
ので、まだ消防士による鎮火を必要とするのです。

　その場合、おそらくあなたは自分を単に性欲の強い人間だと思っていて、そのパーツが自分を守るためにどれだけがんばっているかに気づいていないかもしれません。

　また、さまざまな理由によってパーツがあなたと直接コミュニケーションできないときに、あなたの身体の中にあるいろいろな重要な臓器や器官系を意図的にターゲットにすることがわかりました。
　あなたがパーツの言うことに耳を傾けないでいると、パーツはあなたの注意を引いたり、あるいは腹を立ててあなたに罰を与えようしますが、パーツには限られた選択肢しかありません。悪夢やフラッシュバック、パニック発作を起こしたり、さらにもっと悪い方法で身体をめちゃくちゃにしたりすることもあります。

　私たちは皆、遺伝的な欠点や素因を持っており、パーツはしばしばそれらを知っています。
　映画『インサイド・ヘッド』のように、私たちのパーツは目の前にコントロールパネルを持っていて、私たちの身体のボタンを自在に操ることができるのです。
　私には片頭痛と喘息の素因があります。とても埃っぽい部屋にいると、ちょっとした喘息の発作が起きるのですが、それはパーツとは関係がありません。
　しかし、何らかの理由でパーツがそれを望めば、喘息発作のボタンを押して、私を身体の外に連れ出すこともできるのです。
　幸いなことに、そのようなことはもうあまりありませんが、それは私がそのために多くの努力をしてきたからでもあります。それと同じように、医学的な症状の多くは、パーツが直接私たちに伝えることができないときに、パーツによって悪化させられたり、または引き起こされたりするものだと私は思うのです。パーツの声を聞かなければ聞

かないほど、より深刻な症状となりえます。

　私は、リウマチ学雑誌（The Journal of Rheumatology）に掲載された関節炎に関する研究に携わりました。
　36人の関節リウマチ患者に6ヶ月間をIFSを受けてもらい、関節リウマチに関する教育のみを受けた40人の別のグループと比較したのです。IFSグループには、関節の痛みに意識を向けて、痛みについて興味を持ってもらい、普段私たちがパーツに質問するようなことを質問してもらいました。
　参加者は主にアイルランド系のカトリックの女性で、これまでセラピーを受けたことはありませんでした。彼女たちの多くは、自分自身のことはかえりみず、他人の世話ばかりを焼くパーツを持っている人たちでした。
　彼女たちが関節の痛みに耳を傾けていると、その痛みを利用しているパーツが、彼女たちの質問に答えはじめたのです。
「あなたは人の面倒ばかり見て、決して自分を大切にしない」「こんなことを続けられないように、あなたを不自由にしてあげる」「あなたが私たちの言うことを聞くまで、私たちはこれを続ける」というように。
　IFSグループの参加者は、それらのパーツに耳を傾けるようになりました。そして、人の世話ばかりするパーツと交渉して、今まで人の世話ばかりしていた時間を自分のために使うようになると、症状が改善しはじめたのです。
　医師（患者がどちらのグループに属しているかを知らされていない）による検査では、関節炎の身体的症状において、IFSグループでは非常に大きな変化が見られました。グループの中には、完全寛解に至った人もいました [1]。

　言い変えると、**あなたがパーツに耳を傾けることを拒否すると、あなたのパーツは内なるテロリストに変わる可能性があるということです**。そして必要とあらばあなたの身体を破壊するのです。

　残念ながら、私たちの医療制度は抑圧的な政治制度と同じように、メッセージを受け取ることを支援するというよりは、メッセンジャーを殺すように設計されていることがあまりに多いのです。

セッション5 │ TJ

　次のセッションの記録は、私たちがパーツの声に耳を傾けないときに、パーツがどのように私たちの身体を使うのかを説明するための例として紹介したいと思います。

　TJは40代の医師で、17年前の交通事故の後、慢性的な背中の痛みに何か心理的なものがあるのかどうか、知りたがっていました。

――――――

TJ　私は17年ほど前から腰痛に苦しんでいて、とても消耗しています。

　　以前は我慢して運動していたのですが、2人目の子の妊娠中にボロボロになってしまいました。動くとすぐに痛みが走ります。

　　医者には関節炎か何かと言われました。トライアスロンなど、今まで楽しんできたことがすべてできなくなりました。身体が私を裏切っているような気持ちです。体重も30キロ増えてしまい、そのことがとても恥ずかしいです。

ディック（以下D）　それは大変ですね。何からはじめたいですか？

TJ　痛みとどう向き合えばいいのかわからない。痛みが私に何かを伝えようとしているのかどうか、わからないんです。

D　もしよかったら、それを見ていきましょうか。それに対して先入

観を持たずにオープンな気持ちでいきましょう。単に脊椎の問題かもしれませんから、ただチェックしてみましょう。痛みそのものに注意を向けてみてください。おそらくそれは腰にあると思いますが、その痛みに気づくと、それに対してどのように感じますか？

TJ 嫌いです。それに対してすごく腹立たしく思っています。

D パーツたちがそれに対して怒っている理由はわかります。でも、その痛みを今までとは別の方法で知ることができないか、その痛みに、何か私たちに知ってほしいことがないか聞いてみる機会をもらえないか、彼らに尋ねてみましょう。

そのために、怒っているパーツたちが、数分間だけ私たちにスペースを空けてくれるかどうか、聞いてみてもらえますか。

（TJがそうすると）今、痛みに対してどんな気持ちですか？

TJ 私はまだ怒っています。

D 怒っているパーツが、私たちにスペースを与えるために何が必要でしょうか？　例えばしばらくの間、声を出すとか？

TJ その怒りを見たくないという恐れが出てきました。

D もしあなたがその怒りに対処したら、何が起こることを心配しているのか、その恐れに尋ねてみてください。

TJ 他の恐ろしいトラウマを掘り起こすかもしれない。

D 恐ろしいものを掘り起こしてしまったら、何が起こりますか？

TJ 私が対処できないか、怒りに乗っ取られてしまうと、それは思っています。

D この恐れに、あなたのことを何蔵だと思っているのか、聞いてみてください。

TJ とても幼いと思っているようです。

D あなたがもう幼い子どもではないことを伝えて、それがどう反応するか見てみてください。

TJ　ショックを受けています。

D　あなたは、もう子どもではないということを納得させてあげてください。

TJ　落ち着きました。怒っているパーツのところに行かせてくれるようです。

D　今は、その怒っているパーツに対してどんな気持ちですか？

TJ　大丈夫です。

D　それが私たちに何を知ってほしいか見てみてください。

TJ　今度は批判者のパーツが出てきました。「お前は怠け者だ、何もしていない」と言っています。

D　では、批判者に対処する必要がありますね。それに対して、あなたはどんな気持ちですか？

TJ　彼はとても大きくて、すごく意地悪なんです。

D　彼に傷つけられているパーツみんなに、少し距離をとってもらうことはできるでしょうか？　批判者のパーツと私が直接話してもいいですか？

　（TJがうなずく）

　では、そこにいますか？

　（うなずく）

　あなたはTJにかなり厳しいんですね？　なぜ彼女に対してそういう態度なんですか？

TJ　（TJが批判者のパーツとして語りだす）彼女は怠け者で何もしやしない。ダラダラしていないでさっさとやる必要があるんだ。彼女は太っていて、醜くて、気持ち悪いんだ。

D　もし、あなたがいつもそれを言わなくなったら、TJはどうなると思いますか？

TJ　彼女は100キロに太って、無職で、何の価値もない人間になってしまうだろうね。

D　あなたは、彼女の体型を維持したり、仕事をさせようとしているんですね。

TJ　彼女が、もっと気分よくいられる健康的な体重に戻れる可能性があると思っているよ。

D　ということは、あなたは体重をメインに考えているのですか？

TJ　いや、健康でいることだ。無理のない範囲で、どんな活動もさせてあげたいんだ。

D　わかりました。だからあなたは、彼女の背中の問題にストレスを感じているんですね。

TJ　最悪だよ。私がいくら彼女にやる気を出させても、彼女は痛くて何もかも投げ出してしまうんだ。

D　なるほど、葛藤があるんですね。恥をかかせるというやり方でしょうか？

TJ　そういうんじゃないんだ。恥をかかせると、彼女の食べ方はより悪くなってしまうし、いろいろあるんだ。

D　何か違うことを試してみたいですか？

TJ　そうだね。

D　私たちが怒っているパーツに会いにいくことを許可してもらえますか？

TJ　わかったよ（TJに戻る）。

　　（しばらく黙って）許可されていないので、今は怒りを見つけることができません。批判者は、怒りは価値のない感情で、何の役にも立たないと言っています。

D　私たちがその怒りを助けるチャンスをもらえないでしょうか？それは単なる怒りの塊ではなくて、怒りという役割を背負わされてしまったパーツなんです。

　　怒りに、戻ってきても大丈夫だと伝えてください。あなたが怒りに好奇心を抱いていることを伝え、それがあなたに知ってほしい

ことを見てみましょう。

TJ　ブロックするパーツがやってきて、すべてを消し去ろうとしています。

D　怒りとともにいたら、何が起こることを恐れているのか、それに聞いてみてください。

TJ　ひどいことになる。怒りに支配されてしまう。

D　そんなことにはならないと言ってあげてください。

TJ　怒りは檻の中に入っているんだけど、出してあげたほうがいいですか？

D　はい。彼を解放して、彼が何をあなたに知ってほしいかを見てみてください。

TJ　ブロックするパーツが戻ってきました。

D　なぜ戻ってきたのか、聞いてみてください。

TJ　それは、怒りがどのようなものかを説明したいそうです。彼は大きくて恐ろしいモンスターなんだと言ってます。

D　怒りは、どのくらいの距離にいますか？

TJ　2、3歩ぐらい離れたところにいます。

D　あなたが怖がらずにいれば、どんなパーツも何の力もないことをそのブロックするパーツに伝えてください。怖がっているパーツには、安全な待合室へ行くよう伝えてください。
（彼女はそうする）
今は、怒りに対してどんな気持ちですか？

TJ　興味があります。

D　いいですね。彼（怒り）にそれを伝えてください。
（長い沈黙）
彼はどう反応していますか？　なんて言っていますか？

TJ　交通事故を思い出して、その恐怖を感じています。

D　それを感じても大丈夫ですか？

TJ　はい。

D　それが彼にとってどんなことだったのか、あなたが本当に知りたいと思っていることを伝えてください。

TJ　私は妊娠中で、2歳の子が後部座席に乗っていました。そして、私は赤信号で停車していて……。

批判的なパーツが出てきて「そんなことは話すべきではない、先に進むんだ」と言っています。

D　そのパーツには待合室で待っていてもらってください。そういうパーツには、少し強めに伝えましょう。

TJ　当時はまだそんなことが許されていたので、私は携帯で話しながら、信号で止まっていました。

すると突然、時速55マイル（88.5キロ）で走ってきた車が、私たちの後ろにぶつかってきたんです。衝撃が強かったため、私たちの車は跳ね上がり、ぶつかってきた女の子と正面から向き合う形で止まりました。

私は自動的に医師として動きました。自分の頭から出血しているとは知らずに、自分の子を後部座席から降ろし、指示を出しながら運びました。私はお腹の赤ちゃんが早すぎる状態で産まれてきてしまうのではないかとビクビクしていました。

私は陣痛を止めるための薬を与えられ、頭がおかしくなりそうでした。怖くて、孤独で、そのことをきちんと処理できていなかったと思います。

D　この怒っているパーツが、それについてもっとあなたに知ってほしいことがあるかどうか、見てください。

TJ　ぶつかってきた運転手に対しても私は怒りを感じなかった。私はまったく怒らなかったんです。ただただ、痛みと、子どもの心配で頭がいっぱいでした。私はいろいろな形で傷つきました。

怒っているパーツには何かがあって、そこに行き着く必要がある

ような気がします。

D　怒っているパーツに、今準備ができていることを知らせてください。

TJ　それは今、胃の中にあります。すごく怒っています（彼女は震えはじめる）。

D　大丈夫です。ただ、それとともにいてください。

TJ　怒るのはよくないと言っているパーツもいます。でも、私は彼女に対してすごく怒っている。長い間、私を苦しめ、そして今もなお……。

D　そう、それについては怒るのは当然で、その怒りには正当な権利があるのだと教えてあげてください。その怒りは本当に歓迎されていて、望むだけ大きくなってもいいと。

TJ　立っていいですか？

D　ええ。立ってください。

TJ　恥ずかしいけど。よし……（可能な限り大きな声で叫ぶ）。

D　いいですね。このパーツが今ここに出てこられるのは、本当に素晴らしいことです。今、それに対してどんな気持ちですか？

TJ　このパーツはずっとそこに立ち往生していた。本当に、本当に動けないでいました。

D　今それはどうしていますか？

TJ　とても軽くなりました。

D　いいですね。もし、まだそれが動けないでいるのなら、そこから連れ出す必要があるかどうか、尋ねてみてください。
（彼女はうなずく）
わかりました。では、そのときのその場面に戻ってください。その怒っているパーツ、そして何であれまだそこにいるパーツと、彼らが必要としている方法で一緒にいてあげてもらえますか。

TJ　彼らはただ声を聞いてもらう必要があったんです。私の声を使う

ことを望んでいます。

D それに対して、あなたは何と言いますか？

TJ それは正しいわ。

D あなたの声を使うことを望まない他のパーツに働きかける必要があるかもしれませんね。彼らはその時間と場所を離れる準備はできていますか？

TJ はい。

D 他にそこ足止めされているパーツがいるか、一緒にきたがっているか確認してみてください。

TJ 恐怖、痛み、怒り、そして人を喜ばせようとするパーツ。どれもそこを離れたがっています。

D その4つのパーツをどこか安全で快適な場所に連れていってあげてください。

（しばらく間をおいて）

どこに連れていきますか？

TJ 山の中のロッジです。

D 彼らは幸せそうですか？

TJ ええ。

D いいですね。もうあそこには戻らなくていいこと、これからはあなたが彼らの面倒を見るということを伝えてください。彼らがあのときの感情を解放する準備ができているかどうか、見てみましょう。

TJ 私が面倒を見るということを、彼らは信じていません。

D 信じない理由が何かあるのでしょうか？

TJ はい。

D それは今後の課題ですね。

気持ちを声にすることを恐れているパーツと対話し続けるつもりだということを彼らに伝えてください。

　彼らがこの出来事を通して抱えてしまった感情や信念をおろす準備ができているかどうか、見てみてください。

TJ　大丈夫です。

D　そのパーツたちは、それを何に捧げたいでしょうか？　光、水、火、風、それとも他に何かありますか？

TJ　雪です。

D　それを身体から取り出して、雪の中に放つように、彼らに伝えてください。ただ、外に出すだけでいいんです。

TJ　できました。

D　彼らはどんな感じですか？

TJ　パーティーしたいって。

D　彼らが将来必要とする資質を身体に取り入れるように、彼らに伝えてください。

TJ　勇気、つながり、自由、声。

D　今、彼らはどうしていますか？　批判者や、今まで出てきた防衛パーツたちを招待して、彼らの反応を見てみましょう。

TJ　喜びのようなものがあります。創造性も戻ってきたがっています。

D　いいですね。創造性も取り戻しましょう。このセッションを終える前に、背中の痛みに戻ってチェックしてください。今どんな感じでしょうか。

TJ　今、背中の痛みはありません。

D　彼らに、背中の痛みに関係していたのかどうか聞いてみてください。

TJ　そのようです。彼らは私に聞いてもらうことを必要としていました。長い間、ずっと。

D　もし、またあなたの注意を引きたいことがあったら、話を聞いてあげると伝えてください。
　今はこれで完了してもよい感じでしょうか？

TJ　ええ。でも、怒りは「もうこれ以上怒りをないものにするな」と
　　言っています。

D　それを聞いて、どう感じますか？

TJ　いい気分とは言えませんが、それはそうだよなぁと感じています。

D　では、ないものにされてきた怒りパーツに謝って、怒りをないも
　　のにしてきたパーツと対話を続けることを約束するのはどうで
　　しょう。彼らは今、どう感じていますか？

TJ　軽くなりました。驚きました。ありがとうございます。

───────────

　次にTJに会ったのは、一年後、私が主宰する別のリトリートに彼
女がきたときでした。彼女は、このセッション以降、腰痛は一度もな
いと言っていました。

　重要なのは、TJが自分で自分のパーツに取り組み続けることで、
自分のパーツとの約束を果たしたということです。もしそうしなかっ
たら、おそらく痛みは戻っていたでしょう。

エクササイズ⓮

身体の瞑想

※エクササイズ集P353を参照。

　これが最後のエクササイズで、身体についてのワークです。

　この章を読み進めていくうちに、自分の身体との関係や、もしかしたら自分が抱えている症状について考えることがあったのではないでしょうか。

　繰り返しますが、あなたの症状や身体の緊張が必ずしもパーツによるものだと仮定したい訳ではありません。また私は、あなたが自分自身に対してこんなことをしていると辱めたいのではありませんし、それは私の言いたいこととはまったく違います。症状を持つことを望んでいるのはあなたではなく、あくまでもあなたの小さなパーツなのだということです。

　そのパーツは、あなたの身体や家族に与えているダメージの全体像について、まったく理解していないことが多いのですが、あなたが一度でもそのパーツに耳を傾けてあげれば、そうした症状を生じさせるようなことはしなくなるでしょう。

　でははじめましょう。

　今からあなたを、ご自分の身体に意識を向けていくことにお誘いします。もしあなたが何らかの病状をお持ちなら、その症状の現れているところに、自分の好きなやり方で焦点を当ててみてください。

　なんの病状もお持ちでない場合は、身体の中でリラックスしている

とは感じられない場所、つまり緊張や圧迫感、鬱血、痛み、疲労など
を感じている場所を探してみてください。私たちは、身体感覚への入
り口を探しているのです。

　少し時間をとりますので、何か一つ探してみてください。

　何か一つ見つけたら、それに意識を向け、それに対してあなたがど
んな感情を抱いているかに気づいてください。もしかしたら、それに
苛立ちや、敗北感を持っているかもしれませんし、またはそれを追い
払いたいと思っているかもしれません。

　もし、追い払いたいと感じているとしたら、もっともなことです。
　しかし、私たちの目的のために必要なことは、その症状を追い払う
のではなく、それをよく知ることです。
　ここでは、あなたがその症状と関係するパーツをよく知るために、
他のパーツに少しスペースを与えてくれるようにお願いしましょう。
そして、もしあなたが好奇心に満ちた状態になることが可能なら、症
状に関係するパーツがあなたに何を知ってほしいのか尋ねてみてくだ
さい。

　そしてまた、答えを待ちます。
　答えを推測しようと考えるパーツたちがいるようでしたら、その
パーツたちにはリラックスしてもらいましょう。
　答えが返ってこなかったとしても大丈夫です。それは、あなたのパー
ツとはまったく関係のない、単なる物理的な問題なのかもしれません。
　でももし答えが返ってきたら、それをあなたの一部であるかのよう
に受け止めて、それとともにいます。そして、パーツにするような質
問をしてみてください。
　例えば、「私の身体にこれ（＊訳注：症状を起こすこと）をしなかっ

たとしたら、何が起こることを心配しているの？」と。

　もし、その答えが返ってきたとしたら、あなたは今、そのパーツがなんとかしてあなたを守ろうとしていることを知り、感謝の気持ちを伝えたくなるかもしれません。しかし、それは防衛パーツではなく、ただあなたに何かのメッセージを伝えようとしているだけかもしれません。

　もう一つここで役に立つかもしれないパーツへの質問は「あなたはなぜ私の身体を使わなければならないと感じているのですか？」です。言葉を変えると、なぜそのパーツはあなたと直接話しあうことができないと感じているのでしょうか？

　そして最後の質問は、「私の身体にこのような症状をもたらさなくてもよくなるために、私から何が必要ですか？」というようなものです。

　十分な時間がとれたと感じ、そして、何であれそのパーツが何かを教えてくれたなら、そのことに感謝を伝えましょう。そして、役立つようであれば深呼吸をして、外の世界に意識を移していきましょう。

　これは、自分の身体との新しい関係を実践する一つの方法です。身体感覚や症状が現れたら、常にそれに注意を払いましょう。それはあなたにどんなメッセージを送ろうとしているのでしょうか？

おわりに

CLOSING
THOUGHTS

あなたの内なる世界は実在します。パーツは想像上の産物でも、あなたの精神の象徴でもありません。彼らは内なる家族や社会に存在する内なる存在であり、それらの内なる領域で起こることは、あなたの感じ方や生き方に大きな違いをもたらします。

もしあなたが彼らを真剣に受け止めなければ、あなたがここでしようとしていることをするのは難しいでしょう。

ある程度は自分のパーツの重荷を下ろすことができるかもしれません。完全な確信を持って自分の内なる世界に入り、自分のパーツを本当に神聖な存在のように扱うことは、あなたを大いに助けてくれるでしょう。

自分のパーツを真剣に受け止めなければ、効果的な内なるリーダーや親にはなれません。

さまざまな形の心理療法は、エグザイルの根深い感情とつながる手助けをしてくれます。

しかしそのプロセスを、単に抑圧された感情を表現するというレンズを通して考えるなら、彼らをその後も支えていくことはできないでしょう。

そして、それは極めて重要なのです。

その一方で、あなたを本当に信頼する必要のあるエグザイルがいることを理解していれば、あなたは必要なだけ彼らを訪問することになるでしょう。

多くの場合、そうやって彼らと一緒にやっていくことが恒久的な負担の軽減に到達するために必要なことであり、それはあなたが教訓を学ぶために必要なことなのです。

すべての自分のパーツを愛することができれば、すべての人を愛することができます。

自分のパーツが愛されていると感じられれば、セルフから人生を歩むことができるようになり、地球とのつながりを感じ、地球を他人の搾取的なパーツから救いたいと思うようになります。地球上のセルフのフィールドが広がり、地球を癒すことに貢献します。

また、より大きなセルフという壮大なフィールドとのつながりを感じるでしょう。

世の中のほとんどの思考やコミュニケーションに浸透している「心は一つ」という人間観の中で、パーツを現実のものとして考えるのは難しいことです。

私たちはいつも、あたかもあなたがたった一人の人間であるかのように、「あなたはどうしたいの？」と互いに尋ねます。そして私たちは自分自身にも同じように問いかけています。すると、私たち（we）が「私（I）は今夜は出かけたい」というわけです。

ときには、「出かけたい気持ちもある一方で、家にいたい気持ちもある」などというかもしれませんが、それはあまり一般的ではありませんし、そのようにいう人がいても、ほとんどの人はその表現が副人

格を意味しているわけではありません。

　残念なことに、多くの人格を持つことは、いまだに非常に汚名を着せられ、病理としてみなされています。

　この本の冒頭で、私はセルフが伝染することについて書きました。あなたがセルフを体現し、他の人と一緒にいるとき、その人はあなたのセルフの存在を感じはじめるだけでなく、その人のセルフも前面に出てきて共鳴しはじめます。

　あなたの防衛パーツも相手の防衛パーツも、その場で心地よい量のセルフを感じとり、リラックスして、さらに体現されたセルフのエネルギーを放出します。

　夫婦や家族、企業やその他の組織と仕事をしていると、いつもこのような光景を目にします。

　葛藤の交渉をしている間、人々がセルフを体現した状態になるよううながすだけで、大きな違いが生まれます。

　私はよく、一人ひとりに私がパーツ探知機となることを許可してくれるようお願いし、彼らのパーツが活発になったら、ストップをかけます。そして、私も含めて全員が自分の内側に入り、自分のパーツに耳を傾けて戻ってきて、パーツのために心を開いたセルフの場所から話します。

　私はまた、国にもパーツとセルフがあり、国のリーダーたちにも同じようなプロセスを使うことができると信じています。現在、IFSはコンサルタントたちによって、まさにそのために使用されています。

　もちろん、防衛パーツも伝染します。ほとんどの重要な二極化は、防衛パーツやその重荷、極端な信念や感情によって引き起こされ、それによって他の人々の中の防衛パーツもエスカレートしていきます。

私たちは、国際レベルでこの現象が頻繁に起こっているのを目の当たりにしています。

　私の気に入っている言い回しの一つに、「**沼地で水牛が戦えば、カエルが苦しむ**」というものがあります。
　私の防衛パーツ（水牛）があなたに襲いかかると、あなたのエグザイル（カエル）を傷つけるでしょう。そして、あなたの防衛パーツが私に襲いかかると、私のエグザイルが痛めつけられ、それが繰り返されます。
　どちらの防衛パーツも、私たちが傷ついていることを明かすことを許しません。私たちのどちらも、そのカエルたちの声を代弁していません。その代わり、私たちは水牛にお互いを踏みつけさせ続けるだけです。

　エスカレートする状況の解決策は、両者のセルフが水牛を呼び止め、自分自身のカエルを慰め、愛し、そして勇気をもってその傷について明かすことです。それぞれが互いにエグザイルの経験を分かち合えば、雰囲気は明らかに変化し、思いやりのある修復とwin-winの解決が可能になります。

　そうしないように説得しようとするパーツもあります。
　それは弱いことであり、自分の本当のニーズを他人に見せるのは露骨すぎるというでしょう。
　本当の強さは、セルフから発信するときにしか得られないのです。そうすれば、他人は私たちの無防備さの中にある力を感じとってくれるでしょう。

　このような大事に育てるやり方で自分のパーツの面倒を見て、セルフを体現し、セルフ主導でコミュニケーションをとることで、自分の内側と他者との間に調和が生まれるだけでなく、地球により多くのセルフ・エネルギーをもたらすことができると私は信じています。

　そして**どのようなシステムにおいても、セルフ・エネルギーの量がある臨界点に達すると、癒しは自然に、かつ迅速に起こります。**

　その臨界点が私たちには必要なのです。

　私たちは今、種の歴史において極めて重要な時期に生きており、セルフ・エネルギーの必要性がかつてないほど高まっているようです。

　以前私は、セルフは何の意図も持っていないと信じていましたが、今はそうは思っていません。意図という言葉は適切ではないかもしれませんが、私の経験では、セルフはつながりや調和、バランスを育み、不正を正すという目的や願望を持っています。

　しかし、パーツとは違って、セルフはそうしたことが起こる方法に執着しません。セルフはもっと広角的で長期的な視点を持っています。

　私は、個々のセルフは人間の相互作用を調和させることができる、より大きなセルフの場の一部であると信じています。あなたがセルフから行動したり、他の人のセルフを解放する手助けをするときはいつも、その場の成長と世界に影響を与える能力に貢献しているのです。

　このことは、IFSセラピストがオフィスで行っていることに限りません。自分の内なる子どもや外部の子どもを愛することを含む、私たちの誠実さや思いやりといった注目されることのない小さな行為にも、より大きな意味を与えます。

　この「場」という視点は、セルフと重荷を抱えたパーツがどのように伝染するかを理解するのに役立ちます。彼らもまた場の一部だから

です。

　もし地球を生きている感覚を持った有機体として見るなら、私たち
が地球やお互いを非人道的に扱ってきたことによって作られた場に
よって、セルフがますます見えなくなっているような気がします。地
球上のさまざまな国で、右翼的で民族主義的な指導者が現れ、同じよ
うに人を操り、卑劣な手口を使っているのを見ると、それらの国々が
同じ暗黒の場に包まれつつあるような気がします。

　だからこそ、自分自身と互いの重荷を下ろすことがより重要になる
のです。そうすることで、私たちはその不明瞭な場の力を弱め、地球
のセルフの場を強めることができるのです。

　そのためには、私たちが協力し合うことが必要です。このようなシ
フトを起こすためには、支援のコミュニティを築く必要があります。
とくに、それが反文化的と見なされる場合、自分たちだけで維持する
のは難しいからです。

　世界中が反対していても、私たちが狂っていないことをわかってく
れる人たちと一緒にいる必要があるのです。

　私と一緒に実験し、互いを認め合う仲間たちの小さなグループがな
かったら、私はIFSを創り続けることはできなかったでしょう。

　あなたがもっと学びたいと思われたら、IFSインスティテュートは、
フェイスブックのグループやメーリングリスト、オンラインのサーク
ルプログラムなどを主催しています。

　まとめると、私が提案したいことは以下の通りです。

　　1.　私たちはできる限りセルフとして生き、同じようにセルフと
　　　　して生きる人を増やす方法を見つけます。

2. 私たちは自分自身と互いを癒します（重荷を下ろします）。

　これと同じように、人種差別、個人主義、消費主義、物質主義、性差別など、**大集団が文化の中で受け継いだ重荷を明らかにし、その重荷を下ろすのを助ける方法があると私は確信しています。**

　とはいえ、この大きな仕事において、個人の重荷を下ろすことの重要性を軽視するのは間違いだと思います。

　私たちのパーツが、私たちそれぞれの自己のセルフや地球、そしてより大きなセルフにしっかりと根付いていると感じられるようになるまでは、私たちは権力や崇拝、物質的なもの、地位を切望する防衛パーツを抱え続けるでしょう。

　これらは、私たちを互いに引き離し、地球を酷使することの結果に気づかせないようにするものです。

　このような変化は、私たちが今までの心や人間の本質のパラダイムを支持しているならば、どれも不可能です。

　例えばグリーン・エネルギーへの取り組みなど、特定の問題に取り組むだけでは十分ではありません。なぜなら、私たちが人間を利己的で、分離していて、断絶していると見なし続ける限り、私たちはますます極端な方法でパーツと関わり続けることになり、私たちが現在直面している多くの問題は、別の形で顕在化することになるからです。

　一方、新型コロナウイルスのパンデミックや生態系の危機のような課題は、私たちの否定的な考えや文化的優越感を打ち破り、新しいパラダイムを生み出す余地を与えてくれるかもしれません。

　セルフであるとき、私たちはパーツや他の人々、そして地球とのつながりを思い出します。私たちは互いを神聖な存在とみなし、愛と敬意をもって関わりあいます。また、より大きなセルフとのつながりを

思い出し、その意識レベルから賢明な導きを受け取ることができます。

　セルフ主導であることで、私たちは自然に自分のビジョンを見つけ、それに基づいて行動します。そうすることで、物質的なことが以前ほど重要でなく感じられます。

　私たちはリラックスし、ゆっくりとした時間を過ごします。そして、地球上のセルフの場を増やし、地球を取り巻いている重荷の場を減らすように働きます。

　この素晴らしい旅路を皆さんと分かち合えたことは大きな喜びでした。この本を書くことで、IFSのスピリチュアルな側面についてさらに探求し、明確にし、自分の信念を固めることができたことに感謝しています。

　その過程で、私は自分自身のいくつかのパーツを発見し、それと協力することができました。このようなことがどれほど非科学的なことなのか、父の声を使って私を叱責するパーツ、世界とそのあり方について大げさに宣言しすぎているのではないかと心配するパーツ、何十年もの証拠があるにもかかわらず、いまだに内なる世界の実在を疑っているパーツなどです。

　それぞれのパーツの重荷を解放しながら、この機会を与えてくださったこと、そしてこの本を手にとり、ここまで読んでくださるほど、このような考えに興味を持ってくださったことへの純粋な感謝を感じています。

　この本が何らかの形であなたのお役に立つことをお祈りしています。そして、セルフとともにあらんことを！

おわりに

エクササイズ集

EXERCISE

本編のエクササイズを、ご自分で行っていただきやすいようにステップのみ抜き出し、補足を加え、箇条書きにしてまとめました。

誘導瞑想の音声ファイルは以下よりダウンロード可能です(随時追加予定)。

https://ifs-japan.net/no-bad-parts/

〈エクササイズの注意点〉

・一人になれる静かで安全な場所で、ゆっくりと時間をとって行ってください。

・運転中や歩行中などには行わないでください。

・エグザイルの強烈な記憶が出てきたり、精神または身体症状が現れたりした場合には、エクササイズを中止してください。

エクササイズ集
❶
防衛パーツを理解する

※これは、あなたが理解を深めたいと思う防衛パーツの一つを「ターゲットのパーツ」として選び、それと対話するエクササイズです。

①少し時間をかけて、居心地のいい姿勢をとってください。
　　必要であれば深呼吸をします。

②今から、あなたの身体と心をスキャンしていきましょう。
　　あなたの中に現れてくる、思考や感情、身体感覚、または衝動など、それがなんであれ、それに気づきを向けていきましょう。

③これらの感情、思考、感覚、衝動などの中で、何か一つ、あなたに呼びかけて、あなたの注意を引こうとしているものがあるかどうかを確かめてください。
　　もしそのようなものがあったら、それが「ターゲットのパーツ」となります。

④少しの間、それに意識を集中し、それがあなたの身体の中の、あるいは身体の周りのどこにあるのか、気づいてみましょう。

⑤そして、そのパーツに対して自分がどう感じているかに気づいてください。

例えば、あなたはそれが好きですか？

それはあなたを悩ませていますか？

あなたはそれを恐れていますか？

あなたはそれを取り除きたいですか？

あなたはそれに依存していますか？

⑥あなたはそれに対して、開かれている気持ちだったり、好奇心はあるでしょうか？

（あれば、⑦に進みます）

⑥´もしそうでなければ、あなたの中に別のパーツが現れてきています。

その場合はまず、その2番目のパーツの話を少し聞きます。

そのパーツに、ターゲットのパーツに対して嫌悪感や恐れ、またはそれ以外の激しい感情を持っているのか、尋ねてみましょう。

そして、あなたがターゲットのパーツを知るために、ちょっと力を抜いて、少しスペースを与えてくれないか、そのパーツに聞いてみましょう。命令するのではなく、お願いをしてみます。

（そのパーツがスペースを与えてくれたなら、⑦に進みます）

⑥″もしあなたが、最初のターゲットのパーツに対して、今は好奇心が持てなかったとしても、問題はありません。その場合は、ターゲットのパーツと話す代わりに、2番目のパーツと話すことができます。そのパーツは、あなたがターゲットのパーツと関わることを恐れているのかもしれません。あなたは、その恐れについて、2番目のパー

ツと話す時間をとることができるのです。

（この2番目のパーツをターゲットパーツとして、④に戻ります）

⑦あなたがターゲットのパーツに対して、好奇心を持って見ることができているなら、そのパーツとの対話をはじめましょう。

⑧再び、ターゲットのパーツに集中し、それが身体のどの場所にあるかに気づいていきましょう。そこにある感情や衝動、思考、感覚に気づきます。

⑨続いて、そのパーツがあなたに知ってほしいことがあるかどうか尋ねます。
「私に何か知ってほしいことはありますか？」と聞いてみてください。

⑩そしてその返答を待ちます。
何かしらの返答が返ってくるまで、ただ身体のその場所に意識を向けて静かに待ちましょう。

⑪何かしらの返答が返ってきたとしたら、そのパーツが何をしているのかについての理解が得られたでしょうか。

⑫「もしあなたがしていることをやめたら、何が起こることを恐れているの？」と、そのパーツに聞いてみてください。

⑬そのパーツがあなたを守ろうとしてくれていることがわかるでしょうか？　可能であれば、感謝の気持ちを伝えてみてください。そして、そのパーツが、あなたの感謝に対してどのような反応をするか

見てみてください。

⑭ 次に、そのパーツが必要としているものを尋ねます。
「これから先、私からどんな助けが必要ですか？」
と、そのパーツに尋ねてみましょう。

そしてその返答を待ちます。

（⑥″で2番目のパーツをターゲットパーツとしていた場合は、ここで最初のターゲットパーツに戻りもう一度⑥からはじめることもできます）

⑮ 十分な時間をとったら、徐々に外の世界に焦点を戻します。そして、周囲の環境に気づきを向けましょう。

⑯ そして、何であれ、パーツが見せてくれたことに感謝し、あなたがもっとそのパーツのことを知りたいと思っていること、これからまた話す機会があることを伝えてください。

—このエクササイズの解説は 本文P49—

エクササイズ集
❷
パーツマッピング（パーツの地図を描く）

※このエクササイズでは新しいパーツを選ぶと書かれていますが、すでに知っているパーツを選んで行うこともできます。

①紙と鉛筆かペンを用意してください。内側に意識を集中し、ワークしたい新しいパーツを見つけてください。入口は、どんな感情でも、思考でも、信念でも、衝動でも、感覚でもかまいません。

②このパーツに焦点を当てながら、それが自分の体の中や体の周りのどこにあるか探してください。

③その感覚を十分とらえられるまで、それに集中し続け、準備ができたら、目の前の紙にそれを描き表してください。落書きのようなものでも大丈夫です。ただ、自分の中のそのパーツを、白紙のページに表現する方法を見つけてください。どう表現したらいいか浮かんでくるまで、そのパーツにフォーカスし、そして、描いてみましょう。

④最初のパーツを紙に描いたら、再び、身体の中の同じところに意識を向けます。そこに何らかの変化が起こり、次に別のパーツが現れるまで、ただそこに集中します。

⑤そして、2つ目のパーツが表れたら、それに焦点を当て、身体のどこにあるかを見つけ、それに集中し続け、準備ができたら、そのパーツを同じ紙の上に描きます。

⑥パーツを描いたら、もう一度身体の中のそのパーツに戻ります。そのパーツに焦点を当て、さらに別のものが出てくるまで、それと一緒にいましょう。新しいものが出てきたら、またそれに意識を向け、身体の中でそれを探し、それを表現できるようになるまで、それとともにいてください。

このプロセスを、自分の中の一つの完全なシステムのマップが描けたという感覚が得られるまで繰り返してみましょう。それができたと感じたら、外の世界に意識を戻します。

⑦次に、手に紙を持って腕を伸ばして自分から離し、あなたが描いた4つか5つのパーツを少し遠くから全体的に見渡してみてください。

パーツたちは互いにどのように関係しているのでしょうか？
あるパーツは他のパーツを守っているのでしょうか？
あるパーツは互いに争っているのでしょうか？
それとも、パーツ同士は、何らかの同盟を組んでいる関わり合いがあるのでしょうか？
答えがわかったら、それをマップに書き込んでください。

⑧そしてもう一度パーツを見て、それぞれのパーツに対して、あなたがどう感じているかを探ってみてほしいのです。

⑨次に、このシステム、これらのパーツが、あなたから何を必要とし
ているかを考えてみてください。

⑩最後に、もう一度内側に意識を向け、これらのパーツが姿を見せて
くれたことに感謝し、これがあなたが彼らと話す最後の機会ではな
いことを、もう一度彼らに伝えてください。そして、再び外側に意
識を戻してください。

—このエクササイズの解説は本文P55—

エクササイズ集
❸
ブレンドを解除してセルフに立ち帰る

① 楽な姿勢をとり、深呼吸してみましょう。気になっているパーツ
に焦点を当て、確認してみるところからはじめます。
自分の身体の中や身体の周りにどんな感覚を覚えるでしょうか？
そこに現れているパーツを見つけましょう。複数感じられる場合は、
それぞれのパーツがどんな様子か好奇心を持ちましょう。

②そこから、あなたがもっと知りたいと思うパーツを一つ選びます。
そのパーツに何か話したいことはないか、何か必要なことはないか、
まるで子どもの面倒を見るように、興味をもって尋ねてみましょう。
そして答えを聞きます。

③そのパーツへの理解が深まってきたら、今度は、パーツにあなたの
ことを知ってもらいましょう。パーツはまだ、あなたのことをまっ
たく知らないかもしれません。その上、他のパーツの振る舞いをあ
なただと思い込んでいるので、あなたのことをまだ幼い子どもだと
思い込んでいることが多いのです。

④たいていの場合、パーツは自分のことを気にかけ、心配してくれる
あなたに、このとき初めて出会います。ですから、あなたが誰なの
か、何歳なのかも伝えてください。そして「もう一人じゃないよ」
と伝えて、そのパーツの反応を見てみましょう。そのパーツに自分

のことを何歳だと思っているか聞いてみたり、パーツに振り向いて自分を見てもらうようお願いしてみてもいいかもしれません。

⑤最初のパーツとの簡単な対話を終えたら、少し時間をとり、関心を向けてほしがっている別のパーツがいないか見てみましょう。しばらく留まり、思考、感情、感覚、衝動など、どんなパーツが現れるか見てみるのです。そして、先ほどと同じように、まずはこのパーツについて理解を深めましょう。そして、次に、そのパーツにあなたのことも知ってもらいましょう。

少し時間をとるので、いくつかのパーツとこのやりとりを続けていってください。

⑥ここから先はオプションです。何が起きても、起こらなくても大丈夫です。まずは試してみましょう。

一人ずつ順番にそれぞれのパーツに、少しリラックスし、あなたとともにいるスペースを開けてもらえるようお願いしてみましょう。パーツがリラックスして脇によけてくれると、自分自身の感覚がより広がり、穏やかになって、心にも身体にも明らかな変化を感じるでしょう。たとえそれが起こらなくても問題はありません。がっかりしないでください。パーツは、あなたを信頼しても大丈夫だと思えるほど、まだ十分にあなたのことを知らないだけなのです。

⑥パーツが安心し、距離をとってくれると、そこには、広々とした感覚や、より「本来の自分」＝セルフという感覚が現れます。それはどんな感じなのかに意識を向けてみましょう。

今、あなたの身体や心はどんな状態でしょうか？

そこに感じられる広がり、幸福感、充足感、そして、自分は十分であるという感覚に気づいてください。また、今この瞬間は何もする必要はなく、すべて大丈夫なんだ、という感覚にも気づいてください。人によっては、手足の指がピリピリするような、体内を駆け巡るビリビリするエネルギーを自然に感じることがあります。IFSではこれを「セルフ・エネルギー」と呼んでいます。

⑦この「セルフ」の感覚、セルフとして身体の中に存在するのがどんな感覚か、より感じてみてください。この身体感覚に慣れると、一日の中で、自分がそこから離れたときに気づくことができます。その状態から離れてしまうのは、たいてい、パーツがブレンドして雑念をもたらしたり、エネルギーの流れを妨げたり、心を閉ざしたり、あちこちに圧をかけたりしているからです。そういった動きに気づいたら、それをしているパーツに、少なくとも瞑想の間はそれをする必要はないことを確約し、ブレンドを解除しても大丈夫だということを伝えましょう。その後、もしパーツが戻ってきたければ、そうしてもいいと伝えましょう。

⑧では、あと1分ほどで、あなたの焦点を外側にもどしましょう。これを終える前に、あなたがより身体の中に存在することに協力してくれたパーツたちに感謝しましょう。もしブレンド解除できなかった場合は、まだそうすることを恐れていることを知らせてくれたパーツに感謝しましょう。では、きりのいいところで、戻って来てください。

—このエクササイズの解説は本文P67—

エクササイズ集

内的葛藤を扱う瞑想

※これは、あなたが理解を深めたいと思う内的葛藤にまつわるパーツ
　のそれぞれを「ターゲットのパーツ」として選び、それと対話する
　エクササイズです。

①まずは、楽な姿勢をとり、深呼吸をしましょう。

　現在、または過去に、あなたが内側の葛藤、すなわち「相反する二
　つの声のせめぎあい」に陥った経験を思い浮かべてください。より
　葛藤の度合いが大きいものを選ぶといいでしょう。

②その内的葛藤「相反する二つの声のせめぎあい」に焦点を当ててみ
　ましょう。

　その両サイドにはどのようなパーツがいるでしょうか？

　それらのパーツがどのように対立し、どれほど激しく主張しあって
　いるかに気づいてください。そして、その対立に対して、または、そ
　れぞれのパーツに対して、あなたがどのように感じているかに気づ
　いてください。一つひとつそれぞれのパーツと理解を深めていきます。

③まずはどちらか一方のパーツに、待合室のようなところに入っても

らいましょう。

そうすることで境界線が生まれ、今から話を聞くパーツが少しリラックスできるでしょう。

待合室に入っていない方のパーツを「ターゲットのパーツ」として、それと対話していきます。

④まずは、そのパーツに対してあなたが何を感じているかに気づいてください。

もし何かネガティブな感情があるようなら、その感情を抱いている別のパーツに、この練習の間の数分間だけ、あなたがターゲットのパーツを知るための時間をもらえるように、ブレンド解除をお願いをしてみましょう。ターゲットのパーツの話を聞く理由は、ただそれを理解したいからで、そのパーツの言いなりになるのではないことを明瞭に伝えましょう。

⑤ある程度、ターゲットのパーツに好奇心を持てるところまできたら、この対立におけるそのパーツの主張について、どんなことを知ってほしいか聞いてみてください。

なぜ、これほど強い言い分があるのか？
もし、もう一方がこの対立に勝ったら、何が起こることを恐れているのか？
など、好奇心に従って、聞いてみましょう。

それを聞きながら、その内容に関して、同意する必要も、反論する必要もありません。

ただ、あなたがそのパーツと一緒にいて、尊重し、気にかけ、その声に耳を傾けていることを知らせてください。そして、そのパーツがどのように反応するかを見てみてください。

⑥十分に話を聞いたら、ターゲットのパーツを交代します。

今まで話していたパーツに他の待合室に入ってもらい、待っていたパーツに出てきてもらいましょう。

今度は、そのパーツをターゲットのパーツとして、先ほどと同じように対話（④～⑤）して、理解を深めましょう。心を開いて寄り添いながら、パーツの言い分を聞きましょう。

⑦十分に話を聞いたら、そのパーツが、もう一方のパーツと向き合って直接話してもいいかどうか尋ねてください。

双方のパーツが互いに尊重し合えるようにするために、あなたがそこにいて話し合いの仲裁するので、大丈夫だと伝えてください。

パーツにまだその気がない場合は、次のステップには進まないで、ここで終わりにしましょう。

⑧もし両方のパーツが了承したら、もう一方のパーツを招待して、一緒に座りましょう。

あなたはパーツ同士がこの問題について話し合うためのセラピストのような存在になります。

もう一度言いますが、あなたの役目はどちらかの肩を持つことではありません。

あなたの役割は、二人が今までとは違う方法で会話し、互いを理解し、尊重し合うように手助けすることなのです。二人ともあなたの大切な一部であるという共通点があることを、再度伝えてください。

⑨そして、この新しいやり方でお互いを理解したとき、二人がどのように反応するかを見てみましょう。この内的葛藤がどうなるかに注目してください。

⑩ある程度話したら、話し合いをいったん中断します。

そして、このような形でもっと定期的に話し合いができることを二人に伝えましょう。

大きな決断の責任を担う代わりに、彼らにあなたの助言者のような役割を果たしてもらえないか、今後、対立したときには、彼らの意見を聞いた上で、最終的な判断はあなたに任せてもらえないか、尋ねてみます。その考えに対して、彼らがどう反応するかを見てみましょう。

あなたが誰であるのか、あなたがもう幼い子どもではないことなどを、彼らに知らせるのも効果的です。

⑪1〜2分かけて、二人が今までしてくれたことに感謝しましょう。必ずまた戻ってくると念を押してください。そして、外の世界に焦点を戻していきましょう。

—このエクササイズの解説は本文P97—

エクササイズ集

❺

難しい防衛パーツに取り組んでみる

※このエクササイズはちょっとチャレンジに感じるかもしれません。
特にIFSの経験が浅い方には難しいかもしれません。その場合は、
まず準備のできていないパーツを知るためにトライしてみましょう。

① 瞑想するときのように、少し時間をとって、楽な姿勢になりましょ
う。あなたにとって本当に煩わしいと思うパーツ、邪魔になるパー
ツ、または、あなたがそれを恥ずかしいと思っているパーツ、怖い
と思っているパーツについて考えてみてください。

少し時間をとって、そのうちの1つのパーツについて思い浮かべま
しょう。見つけてほしいのは、エグザイルではなく防衛パーツです。

② そのパーツに意識を向け、自分の身体や身体の周りのどこにその
パーツがあるかに気づき、その場所に焦点を当てながら、そのパー
ツに対して自分がどう感じているかに気づいてください。

③ そのパーツを囲われた部屋に入れます。そうすることで、そのパー
ツに対して警戒している他のパーツが少し安全に感じられるように
なり、警戒を緩めてくれるでしょう。囲われた部屋をとても快適な
部屋にして、出てこないように中にいてもらい、窓の外から見える
ようにしてみましょう。

④このパーツに対して警戒している他のパーツには、このエクササイズの間、このパーツはこの部屋から出てくることはないことを知らせます。彼らに少しリラックスするように頼み、あなたが部屋の中のパーツに対して好奇心を持てるか見てみましょう。

もし彼らがリラックスして脇によけてくれないときは、それでも構いません。その場合は残りの時間を使って、彼らのことを知り、このパーツに対する恐れや問題意識を理解してあげるだけでいいのです。

⑤もしあなたが、部屋の中にいるパーツに対して、好奇心や何らかの開かれた気持ちを持つことができた場合は、そのことを伝えて、パーツを部屋の中に入れたまま、あなたに何を知ってほしいのかを聞いてみましょう。窓越しに、そのパーツとコミュニケーションがとれるかどうか見てみます。

そのパーツは自分自身について、あなたに何を知ってほしいと思っているのでしょうか？
そのパーツは、その役割をやめてしまったら、何が起こることを恐れているのでしょうか？

⑥もし、その質問に答えてくれたのなら、少なくともそれがあなたを守ろうとしてくれたことに感謝を伝えましょう。そしてあなたのことを何歳だと思っているのか確認してみてください。

もし、実際の年齢と異なっていたら、実際の年齢を伝え、その情報をアップデートしてみてください。そしてどんな反応をするか見て

みてください。

⑦では今度は、そのパーツに、次のような質問を投げかけてみてください。

「もしあなたが守っているものが癒され、変化して、それがまったく問題にならなくなり、それを守る責任から解放されて他のことができるようになったら、あなたはどんなことをしたいですか？」

⑧その質問に答えてくれたら、次は、そのパーツが、これから先、あなたにどんなことを求めているか聞いてみましょう。

⑨このエクササイズを終える前に他のパーツを確認してみましょう。あなたが防衛パーツと交わした会話を目の当たりにして、彼らがどんな反応をしているか見てみてください。

⑩きりのいいタイミングで、パーツが分かち合ってくれたことに感謝を伝え、これが最後ではなく、また対話する機会があることを伝え、話を終える方向へ導きます。役に立つなら、再び深呼吸をして、あなたの焦点を外側の世界に戻してください。

——このエクササイズの解説は本文P103——

毎日のIFS瞑想

※著者や他のIFS実践者が、このパラダイム・シフトを自分の中で育
　むために使っている瞑想を紹介します。あなたも毎日、何らかの形
　で実践してみることをお勧めします。

---

①まずは、少し時間をとって、居心地のいい姿勢をとってください。
　もし深呼吸をすることが役に立つようだったら、そうしてください。

---

②あなたがすでによく知っているパーツたちに焦点を当てます。
　目的は、彼らが今どうしているのか、何か必要なことはないか、あ
　なたにもっと知ってほしいことはないか、フォローアップすること
　です。これは、あなたのパーツとの継続した関係を築くためのもの
　です。そうすれば、パーツはあなたとより密接につながることがで
　き、孤立や孤独を感じることが少なくなります。

---

③あなたが彼らのそばにいること、そして彼らを気にかけていること
　を、もう一度知らせ、思い出してもらいましょう。
　パーツと対話しても、重荷が下ろされるまでは、彼らはそういうこ
　とを忘れてしまうので、あなたについてもう少し詳しく話して、よ
　く知ってもらいましょう。彼らがもう一人ではないということを、
　何度も繰り返し思い出してもらってください。そして、あなたがも
　う幼い子どもではなく、彼らが求めている愛情をそそいだり、お世

話したりすることができる存在であることも知ってもらいましょう。

④大切なのは、もしあなたに子どもがいるのなら、まるで本当の子ど
　もと同じように、あなたのパーツを真剣に受け止めることです。
　とはいえ、パーツたちは、本当の子どもが必要とするほどの世話や
　養育を必要としません。彼らはたいてい、あなたが作っているこの
　つながりを知り、それを思い出すだけでいいのです。

⑤そしてある時点で、自分の視点を広げ、あなたに見てもらいたがっ
　ている他のパーツを自分のところに招いてみましょう。日によって、
　違うパーツが現れるかもしれません。ただ、彼らのことを知り、彼
　らがあなたに何を求めているかを知り、あなたが誰であるか、彼ら
　がもう一人ではないということを彼らに伝えましょう。

⑥この次の部分は、それぞれの瞑想でのオプションです。

　もしそうしたければ、これらの各パーツを再び訪れ、数分間だけ、
　内側の開放されたスペースでリラックスするように誘いましょう。
　あなたが身体の中にいることは安全なのだということをパーツたち
　に信頼してもらいましょう。
　あなたが身体の中にいることを、彼らがもっと受け入れてくれるよ
　うになると、彼らがリラックスしていくことにあなたは気づくで
　しょう。そして、心と身体の中に、より多くのスペースを感じるこ
　とでしょう。
　ほんの数分間だけでいいこと、これはあなたをもっとそこにいさせ
　てくれたらどうなるかという実験であることを、彼らに伝えてくだ
　さい。
　彼らが嫌がるのなら、そうする必要はありませんし、その場合はそ

のまま彼らをよく知るために対話を続ければいいのです。

しかし、もし彼らが快くそうしてくれるなら、この広々とした空間とセルフとして身体にいる感覚が増すことに気づいてください。

スペースがたくさんある状態で、自分の身体の中にいることがどんな感じなのかに気づいてください。

⑦呼吸の変化や、「今ここ」にいる感覚に気づくかもしれません。筋肉がリラックスし、すべてが大丈夫だ、というような幸せな感覚を覚えるかもしれません。そして、先ほども言ったように、身体の中を流れるエネルギーのようなものを感じたり、手足が少し震えたり、ピリピリしたりすることもあります。私は聴覚が鋭いので、この状態になると、自分の声のトーンの変化にも気づきます。また、急を要するような課題がないときの安堵感を楽しむこともできます。

⑧もし、あなたのパーツがリラックスするのに苦労しているのなら、それは何らかの理由でもっとケアが必要だということです。その場合は、あなたがそれを理解していることを伝え、何かをしなければならないというプレッシャーはないことを伝えましょう。十分な時間をとったと感じたら、また外の世界に焦点を戻しはじめましょう。なんであれパーツが伝えてくれたことに感謝し、今後もっとこのエクササイズをするつもりであることを彼らに伝えます。深呼吸をすることが、今この場所に戻ってくることに役立つようなら、深呼吸をしてみましょう。

―このエクササイズの解説は本文P124―

エクササイズ集

道の瞑想

※ここでは、あなたがセルフとセルフのエネルギーをより感じること
　ができるようにするためのエクササイズを提供したいと思います。

①楽な姿勢をとって、深呼吸をしてみましょう。そして、心の中で、
　自分がある道の入口に立っていることをイメージしてみてください。
　それは、すでに通ったことのある道かもしれませんし、まったく初
　めての道かもしれません。
　その道の入口に、どんなあなたのパーツがいるか、少し時間をとっ
　て、見てみましょう。そして、あなたが一人でつかの間の旅に出て
　もいいか、その間、そこで待っていてもらえるか、彼らに尋ねてみ
　てください。

②あなたが旅に出ることに対して、パーツたちがどんな反応をしてい
　るかに気づいてください。

③怖がっているパーツはいませんか？
　もし、怖がっているパーツがいたら、そのパーツをお世話してくれ
　る別のパーツがいないか探してみましょう。お世話するパーツと一
　緒にいることで、怖がっているパーツが落ち着くか、見てみてくだ
　さい。そして、このプロセスは、彼らにとってもあなたにとっても、
　良いことであると伝え、あなたが長い期間いなくなるわけではない

ことを伝えましょう。それでも彼らが気が進まないなら、無理にす
る必要はないことも、伝えてみましょう。

その日そのときで、喜んでそうしてくれる日もあれば、気が乗らな
い日もあっても、それは自然なことです。彼らにその気がない場合
は、その代わりに、彼らともっと仲良くなるためにこの時間を使う
こともできます。あなたを一人で行かせたら、何が起こることが心
配なのかよく聞いてあげてください。

④もし、大丈夫そうであれば「すぐに戻ってくるから」と念を押して、
道を進んでいきましょう。その道を歩きながら、何が起こるかに気
づいていきましょう。今はただ、道を進んでください。私は時折、
間を置いて、あなたに気づきを促します。

⑤その道を歩きながら、何が起こるかに気づいていきましょう。特に、
あなたに「何かの考え」が浮かんでいるかどうかに気づきましょう。
もし何かを考えているとしたら、それはまだ何かしらのパーツがあ
なたと一緒にいるということです。その場合は、そのパーツにあな
たから離れてもらい、他のパーツたちと一緒に、道の入口で待って
いてもらえるかどうか尋ねてみてください。もし離れてもらえない
場合は、あなたと離れたら何が起こることを心配しているのかを
パーツに尋ねてみましょう。

⑥自分の身体をスキャンして、セルフらしくないと感じるものがない
かどうか、チェックしてみましょう。もし何か見つかったら、それ
もパーツである可能性が高いので、そのパーツに道の入口に戻るよ
うにお願いしてみましょう。

パーツに気づくたびに、お願いして離れてもらいながら進んでいく
と、次第に、あなたの思考は静かになり、純粋な意識の状態が広がっ

ていくのに気づくでしょう。

もしパーツがあなたのもとを離れようとしないのであれば、それはそれでいいのです。あなたはただ、彼らの恐れを知るために時間を費やせばいいのです。

⑦もし、あなたに「歩いている自分自身の姿」が見えているとしたら、それは、あなたのためにそれをしようとしているパーツがいるということです。

それを見ているのは誰なのでしょう？

それを見ているあなたは、そのパーツにも、道の入口に戻るように頼むことができます。そうすると、歩いている自分の姿を見る代わりに、あなたは直接、自分の目を通して周りの景色を見ることになります。

⑧パーツがあなたを信頼していて、道の入口で待ってくれているのであれば、あなたは今、私が「セルフの資質」として今までに話してきた、次のような感覚を体験しているでしょう。

明晰さ
広々とした感じ
今ここにいる感じ
思考がない感じ
幸福感
つながっている感覚
自分の身体の中にいる、という感覚
信頼感　など

または、身体の中を流れるある種の振動するエネルギーを感じるか

もしれません。私たちはそれを「セルフ・エネルギー」と呼んでいます。そのエネルギーを感じたら、それが全身を駆け巡るように意識してみましょう。

⑨もし身体のどこかに、エネルギーが流れない場所があれば、何らかの理由でそれをブロックしているパーツがいる可能性が高いです。その場合は、そのパーツも、道の入口に戻ってくれるかどうか確認してみてください。

もしまったくこれらの「セルフの資質」を感じないとしたら、何か理由があって、パーツがまだあなたと一緒にいるということです。あなたの心と身体をスキャンして、そのパーツが見つかるかどうか、そして道の入口に戻ってくれるかどうか、見てみてください。

⑩あるところで、いったん立ち止まって、この体験を受け止めてみましょう。あなたの身体の中にこのようなセルフの資質があることがどのような感じか、気づいてください。

セルフのエネルギーが、あなたの中で、どこに、どのように現れているのか、その様々な現れ方にも注目してください。これらの感覚を、目印として覚えておくことが大切です。それらは、あなたがどれだけセルフとして身体の中にいるのかを教えてくれます。

⑪もし今、あなたがセルフのエネルギーをたくさん感じていて、セルフとして身体の中にしっかりいるのなら、宇宙からのメッセージを受け取ることを試してみることもできます。もしそうしてみたければ、ただそれを受け取ることを意図してみましょう。メッセージがくるかもしれませんし、こなくても大丈夫です。場合によっては、

明確な導きを得られることもあります。

⑫あなたがいいと思うタイミングで、道の入口へ戻っていきましょう。

⑬パーツたちのところに戻ったら、彼らの反応を見てください。あなたにこの瞑想をやらせてくれたことについて、彼らに感謝を伝えましょう。パーツたちにとってこれがどんな経験だったか聞いてみましょう。いつかまたこの練習をやってもいいかどうか、確認してみてください。あなたは彼らを助けることができる存在であること、そしてあなたの目的は、彼らの信頼を得ることであるということを、もう一度彼らに伝えましょう。もし何らかの理由であなたを信頼していないパーツがいたら、そのことについて知り、そのパーツと良い関係を作りたいと思っていることも伝えましょう。

⑭そして、まだセルフのエネルギーのバイブレーションを感じているのなら、それをあなたのパーツに向けて届けてあげるといいでしょう。それはとても癒しの効果があります。あなたのパーツにセルフのエネルギーを送ることができたとしたら、それを受け取ったパーツの反応を見てみてください。

⑮すべてが完了したと感じたら、この練習をさせてくれたパーツたちにもう一度感謝を伝えて、あなたの意識を外の世界に戻していきましょう。目を開けて、いつもの世界に戻ってきたときにも、このセルフの状態でいられるかどうか確認してください。

―このエクササイズの解説は本文P159―

エクササイズ集

❽

ブレンド解除を通してセルフにアクセスする

※このエクササイズは、エクササイズ❼『道の瞑想』と同様、セルフ
　が自分の内側でどう機能しているかを探究するのに役立ちます。

---

①少し楽な姿勢になりましょう。それが役に立つようなら深呼吸をし
　てみてください。

---

②あなたが特に知りたいと思っているパーツをチェックしてください。
　彼らが今日はどんな様子か見てみましょう。あなたがともにいるこ
　と、そして、彼らのことを気にかけていて、必要であれば助けられ
　ることを彼らに伝えましょう。
　そして、まだあまりよく知らない他のパーツにも範囲を広げてみま
　しょう。彼らがそこにいることをあなたが知っていること、彼らの
　ことを気にかけていること、そして彼らのことをもっと知りたいと
　思っていることを伝えてください。

---

③それらのパーツがすべて、あなたに気づいてもらえたと感じている
　ようなら、彼らに、あなたから少し離れてリラックスしてもらうよ
　うに頼んでください。そして、あなたの心と身体の中にスペースを
　空けてもらいましょう。
　ほんの少しの間だけでいいと安心させてあげましょう。そしてこの
　エクササイズの目的は、パーツとあなた自身が、本当のあなたをもっ

と知ることであることを、彼らに伝えてください。

④もし彼らがスペースを空けてくれたなら、拡大して広々とした意識の体験に気づくかもしれません。これは、私たちが「セルフ主導」と呼んでいる状態です。

あなたが目を開けているときでも、パーツがこの状態を維持させてくれるかどうかをチェックしてみましょう。

⑤今まで目を閉じていた人は、目を開けてみて、広々とした空間を感じられるかどうか見てみます。目を開けると、防衛のためにパーツが警戒モードに戻ることに気づくかもしれません。

これは、目を開けながらも、その拡大した意識の中にいる練習で、日常生活の中で、「セルフ主導」で身体の中にいる感覚へとあなたを導くプロセスの一歩なのです。

練習といっても、何かを鍛えるのではなく、むしろただパーツとの信頼関係を深め、セルフとしてのあなたが身体に根付きながらリーダーシップをとることが安全であるということをパーツに学んでもらうのです。実際にやってみて、何も問題がないことがわかれば、彼らももっとこれをやってみたいと思うはずです。どんどん、このあり方を体験して、日常生活に広げていってください。

⑥エクササイズの最後には、自分のパーツがやってくれていることすべてに感謝することを忘れないようにしましょう。それから再び外に焦点を戻してください。そして、このセルフの感覚をどれだけ維持できるか、行ったり来たりしながら、一日を過ごしてみましょう。

——このエクササイズの解説は本文P167——

エクササイズ集
❾
消防訓練

※これは、セルフ・リーダーシップの一端を体験するためのエクササイズです。

①まずは、あなたの人生の中で現在、あるいは過去の時点で、あなたが反応してしまう人物を思い浮かべることからはじめましょう。

②イメージの中で、その人物を部屋の中に入れ、しばらくの間そこにいてもらうようにしましょう。あなたは外の安全な場所から、その部屋の窓を覗きます。そこではその人物が、あなたを怒らせるような言動や振る舞いをしている様子が見えます。

③それを見て、あなたの防衛パーツが飛び出してくると、あなたの身体と心にはどんな反応が起こるでしょうか。そして、筋肉や心臓がどのように変化し、どんな衝動に駆られるかを感じてみましょう。呼吸もチェックしてみてください。

まずは、防衛パーツがあなたの身体と心に与える影響に気づきます。そして、この防衛パーツの目を通すと、その人がどんなふうに見えているかを感じてみてください。

④今度は、防衛パーツに、あなたがこの部屋に入るつもりはないこと

を伝え、安心して少し下がってもらえるようお願いしてみましょう。今は、危険にさらされることはないと伝え、そのパーツがエネルギーを少し引き下げてくれるかどうかを見てみてください。

⑤もしそのパーツのエネルギーが落ち着いたら、あなたは、身体と心に明らかな変化が起こることに気づくでしょう。

あなたの身体の筋肉は今どんな感じでしょうか？
心臓や呼吸はどうでしょう？

⑥自分の心の中がどうなっているのかにも注意を向けてください。そして、部屋の中にいる人をもう一度見て、先程とは何か違って見えるかどうか確認してみてください。

その人は今、どのように見えますか？

⑦次に、部屋の中の人物に焦点を当てたときに飛び出てきた防衛パーツにもう一度焦点を当てます。そのパーツがあなたから少し離れたことで、あなたは今、そのパーツに興味を持てるかどうか確認してみてください。

そして、もし可能なら、このパーツに、なぜこの人に対して強固な姿勢をとる必要があると思うのか聞いてみてください。もしそのパーツがあなたのためにそれをしなかったら、何が起こることが心配なのか聞いてみましょう。

⑧その質問の答えとして、その防衛パーツが守っている傷ついているパーツたちについて教えてくれる可能性があります。もしそうであ

るなら、そのパーツの安全を守るために一生懸命働いてくれている
ことに、あなたから感謝の気持ちを伝えてみてください。そして、
あなたの感謝の気持ちに対して、どのように反応するか見てみま
しょう。

もしあなたが傷ついているパーツたちを癒すことができ、この部屋
の中の人がそれほど脅威でなくなったら、防衛パーツは守ることに
これほど躍起になる必要はなくなるのではないでしょうか。もしそ
うなったときには、そのパーツは代わりにどんなことをしたいのか、
尋ねてみてください。

⑨このエクササイズでは、あなたが反応していた相手と一緒にその部
屋に入ることはしません。しかし、もしそうしたらどんな感じにな
るかを感じてみてほしいのです。

もしあなたがよりセルフ主導の感覚でその部屋に入ったら、相手は
どんな風に見えるでしょうか。その人とどのように関わるかという
ことに関して、どのような展開になるでしょうか。

⑩もしセルフ主導で関わることをイメージするのが難しいようであれ
ば、それはまだ、その防衛パーツが、あなたがそうすることが安全
であるとは信じられないのでしょう。

もし、この体験が何かしらの変化を生み出しているように感じてい
る場合は、それを防衛パーツに伝えましょう。

そして今回のように反応を引き起こす相手に対し、セルフとしての
あなたがうまく対応することをそのパーツに信頼してもらうには、

どうしたらよいかを尋ねてみてください。まだあなたを信頼できないようであれば、なにを恐れているのか、それについてもっと情報を聞き出しましょう。

⑪もししっくりくるようなら、この防衛パーツがしてきてくれたことついて、感謝を伝えましょう。このエクササイズに協力してくれたり、いろいろと教えてくれたことに対して、感謝の意を表しましょう。

⑫準備ができたら、あなたの焦点を外の世界に戻し、深呼吸をしましょう。

―このエクササイズの解説は本文P223―

悲しむ人の瞑想

※これもエクササイズ❾「消防訓練」と同様、セルフ・リーダーシップを育むエクササイズです。

①今回は、あなたが反応してしまう人物の代わりに、一緒にいたことのある別の人物を思い浮かべてみてほしいのです。その人はとても動揺し、悲しく、傷ついています。泣いていたかもしれません。

②その人を思い浮かべたら、「消防訓練」と同じように、イメージの中で、その人を部屋の中に入れてみてください。そして窓越しに、その人がどれだけ傷ついたり悲しんだりしているのかを観察してみましょう。

③その人を見ながら、自分の身体や心に何が湧いてくるか、ただそれに気づいてください。その人に対して抱いている考え、たとえその考えがあまり誇れるものでなかったとしても、それがあることに気づき、その人に反応するさまざまなパーツに気づいてください。

④そして、これらのパーツがあなたの身体にどのような影響を与えるかを感じてください。それらのパーツはあなたの心臓や呼吸にどんな影響を与えていますか。筋肉、脈拍はどうでしょう。

あなたは、部屋の中の人を見ることを難しくしているパーツに気づくかもしれません。無力感を覚えたり、引き下がりたくなったり、逃げ出したくなったり、心を閉ざしたくなったり、あるいは何か他の形で防衛していることに気づくかもしれません。

⑤その中から一つのパーツを選び、もっと仲良くなってみましょう。

今はその人のために何もしなくていい、今はその人はこのまま部屋に留まっていいんだよということをそのパーツに伝えてください。すると、パーツが少しリラックスして、距離をとってもらえるでしょうか。

⑥もしそうなったら、その明らかな変化に気づくでしょう。

そして、もしパーツが許可してくれるなら、その新しい視点からもう一度その人を見てみると、その人とどう関わりたいかについて何か洞察が得られるかもしれません。

⑦再び防衛パーツに焦点を戻し、「もし、そんなふうに私を守らなかったら、何が起こると思うの？」と尋ねてみてください。なぜこのパーツは、あなたがその人と一緒にいることを心配しているのか聞いてみましょう。

⑧このパーツとのやり取りが完了したと感じたら、この防衛パーツの働きに感謝し、再び外の世界に焦点を戻しましょう。

―このエクササイズの解説は本文P227―

エクササイズ集

⓫
パーツマッピング（上級編）

※エクササイズ❷「パーツマッピング（パーツの地図を描く）」の上級編で、トーメンターとなる人物や出来事を特定し、それによって引き起こされた感情などを見つけ、それに取り組んでいきます。

①何らかの出来事などによって、「強い感情的な反応」が引き起こされたときのことを一つ選んでください。

②そのときの状況を思い浮かべながら、強く反応したパーツたちに気づき、それらの中から、防衛パーツを一つ選び、それに焦点を向けましょう。

③そのパーツだけに注意を向け、それを身体の中や身体の周りに見つけます。

④そのパーツに対して自分がどう感じているかに気づきます。

⑤もしそのパーツに対して極端な感情を抱いたら、例えばそのパーツを怖いと感じたら、そう感じているのは単に別のパーツなので、ちょっとだけの間、その別のパーツに意識を向けてください。

⑥二人の防衛パーツ、つまり最初の防衛パーツと、それに反感を持つ

別の防衛パーツが、あなたの中でどのように対立しているのかに注目してください。

また、どちらかに味方したり、第3の立場をとるために飛び込んでくる他の防衛パーツがいないかどうかにも着目してみてください。

⑦この時点では、特定のパーツと関わらずに、まずは自分の人生において、この反応に関連するパーツたちの関係性を把握しているところです。これまでのところでは、これに関係して出てくる防衛パーツを見ています。

そしてある時点で、この防衛パーツの関わり合いを見ながら、パーツに対してもっと心を開いて、これらの防衛パーツについて、何か考察できるかどうか見てみてください。

もしそこに到達できなくても、大丈夫です。このエクササイズはただ「気づく」ことに時間を使ってください。

⑧この状況に対して現れるすべてのパーツに好奇心が湧いてきたら、それぞれのパーツに、彼らが守っている脆弱なパーツ（エグザイル）について尋ねてみてください。

そして、もしそのエグザイルを守る役割を果たさなかったら、何が起こることを恐れているのか聞いてみましょう。

⑨もし、パーツが問いに答えてくれたら、その極端な反応を駆り立てるエグザイルについてあなたは学ぶことになるでしょう。

そして、そのエグザイルに直接会いに行くのではなく、彼らのことをどれだけ感じ取れるか見てみましょう。彼らがどんなパーツたちか想像できるでしょうか。彼らの傷つきやすさにもう少し気づくことができるでしょうか。

⑩防衛パーツが何をケアしようとしているのかを知ることで、彼らが何に対処しているのか、どれだけ高いリスクを負っているのかをより感じ取ることができると、もっと彼らに対して心を開くことができるかもしれません。

⑪彼らに、その思いを十分受け取ったことを伝え、これからも対話を続けていくと伝えてください。そして、そこにはエグザイルがいることをあなたは知っていると伝えてください。

今日は彼らに会いに行くことはできませんが、いずれあなたは彼らも助けようとするでしょう。内なる世界で起こることは、外側の世界で起こることに多大な影響を与えることを覚えていてください。

⑫それでは、焦点を外に戻し、外側の世界に注意を向けてください。あなたは内なる世界から離れますが、忘れるわけではありません。

—このエクササイズの解説は本文P252—

エクササイズ集

「強い感情的な反応」に対処する

※これは、エクササイズ⓫『パーツマッピング（上級編）』で、強い
　感情的な反応がパーツに起こった方のためのエクササイズです。

①数分間、自分の内側の世界に意識を向け、自分の身体と心に何が起
　きているのかに注意を向けてください。強い感情的な反応を引き起
　こしたパーツがあった場合は、それらにブレンドするのではなく、
　ただ、それに気づいてください。

②しばらくしたら、そのパーツにほんの少し離れてもらい、あなたが
　そのパーツとブレンドせずに、ともにいられるようにしましょう。

③そして、もしその少し離れた状態から、強い感情的な反応が起きた
　ことに興味を持てるようなら「何がそんなに大変だったの？」と尋
　ねてみてください。

　彼らはあなたに何を知ってほしいのでしょうか？

④そして、あなたが彼らにブレンドしているのではなく、彼らととも
　にいるとき、あなたがいつもそこにいれば安心できるかどうかを確
　認します。

あなたは幼い子どもではないこと、そして、彼らを助けることができるのだということを思い出してもらいましょう。あるパーツにとっては、これが難しかったり、怖かったりするものであるということを理解しながら、あなたは彼らと一緒にいてあげましょう。

⑤こんなふうに思いやりのあるやり方でパーツに接しながら、あなたが今までずっと、パーツと自分自身のケアをしてきたことをパーツたちに伝えましょう。あなたは、みんながより良くなっていくような知恵を持っていて、それに基づいて行動しようとしていることも伝えましょう。

⑥頃合いを見て、焦点を外に戻していきましょう。深呼吸など、そのために役立つことがあればしてみてください。

—このエクササイズの解説は本文P257—

エクササイズ集
⓭
防衛パーツとワークする（上級編）

※これは、自分自身でさえも認めたくない防衛パーツと向き合うエク
ササイズです。著者は白人至上主義的な信念を持つパーツをター
ゲットパーツにしていますが、それ以外にも恥ずかしい性的妄想を
するパーツ、友人が失敗すると密かに喜ぶパーツ、男性が女性より
優れていると信じているパーツなど、あなたが恥じている、あるい
は恐れている他のパーツについて扱うこともできます。防衛パーツ
と実際にワークするには、エクササイズ❺『難しい防衛パーツに取
り組んでみる』を参照してください。

---

①まずは心地よくなるための時間を少しとってください。深呼吸をし
たり、瞑想するような姿勢をとったりすることが助けになるのであ
れば、そうしてください。

---

②最初に、すでにあなたがよく知っているパーツたちに挨拶すること
からはじめてください。彼らがどうしているか確認し、あなたが彼
らと一緒にいて、彼らのことを気にかけていることを伝えましょう。

---

③私はあなたを自分の中の人種差別主義者のパーツを見るワークにお
誘いしたいと思います。それは白人至上主義的な信念を持ち、頭の
中でひどいことを言うことがあるパーツです。

その人種差別的なパーツに近づいてくださいとは言いません。

④まずはそのパーツに対してあなたがどう感じているかに気づいてほしいのです。そして、別のパーツ（特に人種差別的なパーツを恥じたり恐れたりするようなパーツ）が声をあげてきたときには、あなたが人種差別的なパーツに近づくことで、実際にそのパーツが変化するのを助けることになるとその防衛パーツに伝え、パーツを追放する方法では実際にはうまくいかないことを教えてあげましょう。

⑤今は人種差別的なパーツの存在を認め、サポートしてくれる人とともに今後より深く関わっていくことを伝えれば十分かもしれません。IFSの観点から、その助けになる留意点をいくつか紹介します。

- 内なる人種差別主義者は、あなたのパーツに過ぎません。あなたの大部分はそうではありません。

- それは、扱いきれない人種差別の塊ではありません。他の防衛パーツと同様、このパーツにも重荷をおろしてもらうことができれば変容することができるのです。

- このパーツを持っていることを恥じることはありません。人種差別は、この文化に蔓延している、世代を超えて受け継がれた重荷なのです。

- 私自身、または私が一緒にワークしてきた多くの人たちのように、この受け継がれた重荷は、多くのパーツに浸透しているのです。ですので、そのうちの一つの重荷を解放したからといって完全に消えるわけではないことに落胆しないでください。

⑥最終的には、この人種差別的なパーツが防衛パーツであることがわかり、その重荷を降ろす前に、それが守っているエグザイルを癒す必要があることを見出すかもしれません。

あるいは、このパーツは単に人種差別という、その文化の中で受け継がれた重荷を背負っているだけで、その重荷を降ろすことができることを教えてあげれば、喜んでそうしてくれるかもしれません。

⑦ある程度一段落ついたと思ったら、パーツに今までしてきてくれたことのすべてに感謝を伝え、外の世界に戻ってきてください。このワークを終えた後は、自分を大切にするために必要なことは何でもしてください。

―このエクササイズの解説は本文P267―

エクササイズ集
⑭
身体の瞑想

※これは、身体についてのエクササイズです。

①今からあなたを、ご自分の身体に意識を向けていくことにお誘いします。

もしあなたが何らかの病状をお持ちなら、その症状の現れているところに、自分の好きなやり方で焦点を当ててみてください。なんの病状もお持ちでない場合は、身体の中でリラックスしているとは感じられない場所、つまり緊張や圧迫感、鬱血、痛み、疲労などを感じている場所を探してみてください。私たちは、身体感覚への入口を探しているのです。

少し時間をとりますので、何か一つ探してみてください。

②何か一つ見つけたら、それに意識を向け、それに対してあなたがどんな感情を抱いているかに気づいてください。

もしかしたら、それに苛立ちや、敗北感を持っているかもしれませんし、またはそれを追い払いたいと思っているかもしれません。

③もし、追い払いたいと感じているとしたら、もっともなことです。

しかし、私たちの目的のために必要なことは、その症状を追い払うのではなく、それをよく知ることです。

ここでは、あなたがその症状と関係するパーツをよく知るために、他のパーツに少しスペースを与えてくれるようにお願いしましょう。

④そして、もしあなたが好奇心に満ちた状態になることが可能なら、症状に関係するパーツがあなたに何を知ってほしいのか尋ねてみてください。

そしてまた、答えを待ちます。

答えを推測しようと考えるパーツたちがいるようでしたら、そのパーツたちにはリラックスしてもらいましょう。答えが返ってこなかったとしても、大丈夫です。それは、あなたのパーツとはまったく関係のない、単なる物理的な問題なのかもしれません。

⑤もし答えが返ってきたら、それをあなたの一部であるかのように受け止めて、それとともにいます。そして、パーツにするような質問をしてみてください。例えば、「私の身体にこれ（＊訳注：症状を起こすこと）をしなかったとしたら、何が起こることを心配しているの？」と。

⑥もし、その答えが返ってきたとしたら、あなたは今、そのパーツがなんとかしてあなたを守ろうとしていることを知り、感謝の気持ちを伝えたくなるかもしれません。

しかし、それは防衛パーツではなく、ただあなたに何かのメッセー

ジを伝えようとしているだけかもしれません。

⑦もう一つここで役に立つかもしれないパーツへの質問は「あなたは
なぜ私の身体を使わなければならないと感じているのですか？」で
す。

言葉を変えると、なぜそのパーツはあなたと直接話しあうことがで
きないと感じているのでしょうか？

⑧そして最後の質問は、「私の身体にこのような症状をもたらさなく
てもよくなるために、私から何が必要ですか？」というようなもの
です。

⑨十分な時間がとれたと感じ、そして、何であれそのパーツが何かを
教えてくれたなら、そのことに感謝を伝えましょう。そして、役立
つようであれば深呼吸をして、外の世界に意識を移していきましょ
う。

※これは、自分の身体との新しい関係を実践する一つの方法です。身
体感覚や症状が現れたら、常にそれに注意を払いましょう。それは
あなたにどんなメッセージを送ろうとしているのでしょうか？

　　　　　―このエクササイズの解説は本文P298―

訳者あとがき

EPILOGUE

　自分の内なるパーツを大切な存在として深く理解できたとき、私が長年取り組んできた課題、愛着の傷や人に対する分離感が、セルフとパーツの温かなつながりに変わっていきました。「自分を愛する」とはどういうことか、IFSはその具体的で実践的な方法を示してくれている画期的な手法です。

　非暴力コミュニケーション（NVC）の実践から学んだことは、人の言葉や振る舞いと、内面の真実との間には深い隔たりがあるということです。自分のすべてのパーツを歓迎することこそが真の非暴力実践の礎になると私は確信しています。なぜなら自分のどんなパーツに対しても思いやりの気持ちを持つことができれば、他者に対しても思いやりの気持ちが自然と湧いてくるからです。

　IFSは癒しでは終わりません。セルフ主導で人々が生きる道を示す画期的なモデルとして、現在、教育現場や子育て、そして組織開発の分野にもどんどん広まっています。自分のパーツの反応に気づき、パーツのためにセルフからコミュニケーションを取ることは、お互いを理解しあい、分断からつながりを育むことの大きな助けになります。本書を通じて、人々がお互いの人間性を理解しあい、力を合わせて共生していく世界を創造していくきっかけの一つになれば幸いです。

後藤ゆうこ

様々な自分を知り、批判することなく温かみを持って迎え入れるIFS療法は、私の個人的および職業的な人生の両方にもっとも大きな影響を与えたセラピーです。

IFSは、compassionate（慈悲的）であると同時にradical（根源的）であるという二面性を持っていると思います。IFSによる癒しは、ただ優しく表面を撫でるだけのものではなく、防衛パーツと親しくなることからはじまって、彼らが隠しているエグザイルの傷つきと対峙することに私たちを向かわせることになるからです。

仲間のサポートのもと、長い間追放されていた途方もなく傷ついた私を見つけたとき、私の内的システムは痛みを伴い、激震しました。しかし、それによってそれまで変えたくても変えることのできなかった事柄が変化し（結婚しました）、私にとって大きな人生の転機となったのです。

さらにIFSは、心と身体のつながりという点で、新しい視点を私に与えてくれました。

私たちの苦しみは、多くの場合、相反する意見を持つパーツ同士の葛藤からきています。私は、その影響を受ける最たるものの一つに身体的な病気があると考えています。

本書で紹介されているIFSによる関節リウマチの研究は、私たちとパーツの愛情を持った関わりが持つ身体症状の改善におけるポテンシャルを示しています。

心や身体の症状をパーツの振る舞いと仮定すると、今までなす術のなかった症状や病気に対しても、一縷の可能性が見えてくるでしょう。

IFSは現在世界的に人気があり、爆発的に広まっていますが、本書にはそんなIFSの魅力がたくさん詰まっています。本書を通して読者の皆様にIFSの素晴らしさが伝われば、これ以上嬉しいことはありません。

佐久間智子

私にとって、自分の中には「一つの心」ではなく「複数の私」がいるという教えとの最初の出会いはG.I.グルジェフの『第四の道』でした。カリフォルアにあるスピリチュアル・コミュニティに滞在すべく20代はじめに日本を離れ、「複数の私」ではない本当の自己を常に思い出し（自己想起〜Self Remembering）、存在の苦しみを変容する「ワーク」に20年近くコミットしました。しかし、しばしば内側で実際に起こっていたのは、「ワーク」の名のもとに自分のパーツに対して厳しい軍曹のように鞭打つことでした。

その「ワーク」をまさに手放したとき、ノンデュアリティ（非二元）の教えが指し示す気づきそのものとしての不滅のセルフを私が明瞭に体験したことは、防衛パーツがブレンド解除しリラックスしたとき、常に存在しているセルフが顕在するというIFSの理解とも合致します。

2018年にIFSカップルリトリートでリチャードと実際に出会い、食事のテーブルでグルジェフの教えについても気さくに共有できたのは、嬉しい思い出です。

IFSを通じて、鞭打つ代わりにパーツとの関係性を育むことができるのは画期的なことであり、愛しきパーツたちの豊かさとともにセルフ主導で人生を生きるセルフジャーニーの礎となります。この本が私のようなスピリチュアル探究者にも届くことを心から願っています。

後藤 剛

謝辞

ACKNOWLEDGMENTS

　IFSモデルの発展に貢献してくださった、この紙面では紹介しきれないほど数多くの方々にお礼を申し上げたいと思います。

　しかし、とくに本書に関しては、いくつかの重要な人物を挙げることができます。

　初期の頃、私は何人かの探求者仲間から、クライアントが遭遇している現象についてスピリチュアルな説明をするよう、ときには蹴飛ばされ、怒鳴られながら導かれました。その仲間とはミチ・ローズ、トム・ホームズ、スーザン・マコーネル、ケイ・ガードナー、ポール・ギンター、トニ・ハービン・ブランク、そしてハコミの開発者である故ロン・カーツです。

　その後、スーフィーの神秘主義者であるシンディ・リブマンや、過去10年間、キャリー・ジャイルズとパワフルなセッションを交わし、ノートを見比べたり、ガイダンスを受けたりすることを楽しみました。

　また、現在のトレーナーの多くがスピリチュアル志向であり、これらのアイデアの多くを私と分かち合って発展させてきたことを認めたいと思います。

　また、ロック・ケリー、ラマ・ジョン・マクランスキー、ラマ・ウィラ・ミラー、チベット仏教のエド・イェーツ、クリスチャンのメアリー・スティージ、ジェナ・リーマーズマ、モ

359

リー・ラクロワとの共同作業も楽しかったです。

ボブ・ファルコナーは、私たちの著書『Many Minds, One Self』のために多くの調査を行い、さまざまなスピリチュアルな伝統におけるセルフの偏在性に対する私の認識を深めてくれました。

また、ボブ・グラントには、この仕事のスピリチュアルな側面について私に確信を与えてくれたことに感謝したいと思います。

システム思考に対する私の初期の認識は、故ダグ・スプレンクル氏の教え子であった時期や、ダグ・ブリューンリン氏、ハワード・リドル氏との共同研究を通じて強まりました。

私は直接彼のもとで学んだことはありませんが、故サルバドール・ミヌチンはIFSに大きな影響を与えました。

私は故レジー・グールディングから、トラウマが内面的なシステムに与える影響について学びましたが、ベッセル・ヴァン・デア・コークには、これらの発見を検証し、強化した先駆的な研究に対して感謝したいと思います。

ガボール・マテの仕事や、依存症や医学的症状についての彼との会話にも、同じような妥当性を見出しました。

Sounds True出版社には大変良くしていただきました。そしてロバート・リーという素晴

らしい編集者に恵まれました。編集の初期段階で、彼はビジョンをつかみ、大幅な再編成に心血を注いでくれました。

　また、ジェニファー・イベット・ブラウンの創造性、そしてタミー・サイモンの関心と支援にも感謝しています。

　最後に、過去10年間IFS研究所の運営に尽力し、私をこのような探求に解き放ってくれた兄のジョンと、素晴らしい直観力を持ち、これらの問題についての私の考え方に大きく貢献してくれた妻であり共同探求者のジーン・カタンザーロに感謝したいと思います。

参 考 文 献

はじめに

1. Daniel Christian Wahl, "[We Are] a Young Species Growing Up," Medium, January 13, 2018, medium.com/age-of-awareness/we-are-a-young-species-growing-up-3072588c5a82

2. Jimmy Carter, "A Time for Peace: Rejecting Violence to Secure Human Rights," June 18–21, 2016, transcript posted June 21, 2016, speech at the Carter Center's annual Human Rights Defenders Forum, cartercenter.org/news/editorials_speeches/a-time-for-peace-06212016.html

第1章 | 私たちはみんな多重人格

1. Jonathan Van Ness, Over the Top: A Raw Journey to Self-Love (New York: HarperOne, 2019), 5–6.

2. John Calvin, The Institutes of the Christian Religion: Books First and Second (Altenmünster, Germany: Jazzybee Verlag, 2015).

3. Rutger Bregman, Humankind: A Hopeful History (New York: Little, Brown, 2020), 17.

4. For a thorough review of this and related studies, see Rutger Bregman, Utopia for Realists (New York: Little, Brown, 2017).

5. Van Ness, Over the Top, 173.

6. Van Ness, Over the Top, 261.

7. Ralph De La Rosa, The Monkey Is the Messenger: Meditation and What Your Busy Mind Is Trying to Tell You (Boulder, CO: Shambhala, 2018), 5.

8. Matt Licata, The Path Is Everywhere: Uncovering the Jewels Hidden Within You. (Boulder, CO: Wandering Yogi Press, 2017), 72.

9. Jeff Brown, Karmageddon, directed by Jeff Brown and Paul Hemrend (Ontario, Canada: Open Heart Gang Productions, 2011), documentary, 2 hours.

10. Brian Gallagher, "The Problem with Mindfulness," Facts So Romantic (blog), Nautilus, March 30, 2018, nautil.us/blog/the-problem-with-mindfulness; and Lila MacLellan, "There's a dark side to meditation that no one talks about," Recesses of Your Mind (blog), Quartz, May 29, 2017, qz.com/993465/theres-a-dark-side-to-meditation-that-no-one-talks-about

11. Saul McLeod, "Bowlby's Attachment Theory," Simply Psychology, updated 2017, simplypsychology.org/bowlby.html

第2章 | パーツがブレンドする理由

1. T. Berry Brazelton, Infants and Mothers: Differences in Development (New York: Dell, 1983).

2. Follow-up correspondence with Sam by the author.

第3章 | これがすべてを変える

1. Henry Wadsworth Longfellow, Poems and Other Writings, ed. J. D. Mc-Clatchy (New York: Library of America, 2000).

第4章 | システムの詳細

1. Fritjof Capra and Pier Luigi Luisi, The Systems View of Life (Cambridge, UK: Cambridge University Press, 2014).

2. University of Liverpool, "Study Finds Psychiatric Diagnosis to be 'Scientifically Meaningless,'" Medical Xpress, July 8, 2019, medicalxpress.com/news/2019-07-psychiatric-diagnosis-scientifically-meaningless.html?fbclid=IwAR07fYCVRQr0lrjrQGn6_dfRCHtELXf2bBeWB-J02t2mXYQRBY5fSsK_8ss

3. Donella Meadows, Thinking in Systems: A Primer (White River Junction, VT: Chelsea Green, 2008), 163.

4. Rutger Bregman, Humankind: A Hopeful History (New York: Little, Brown, 2020).

5. Bregman, Humankind, 344.

6. Charles Eisenstein, The More Beautiful World Our Hearts Know Is Possible (Berkeley, CA: North Atlantic Books, 2013), 107.

7. Meadows, Thinking in Systems, 155.

8. Jordan Davidson, "Scientists Warn Worse Pandemics Are on the Way if We Don't Protect Nature," EcoWatch, April 27, 2020, ecowatch.com/pandemics-environmental-destruction-2645854694.html?rebelltitem=1#rebelltitem1

9. Eisenstein, The More Beautiful World.

10. Meadows, Thinking in Systems, 184.

第5章 | 私たちの内なるシステムを図式化する

1. Robert Bly, A Little Book on the Human Shadow, ed. William Booth (New York: Harper Collins, 1988).

第6章 | 癒しと変容

1. Kathryn Jepsen, "Real Talk: Everything Is Made of Fields," Symmetry, July 18, 2013, symmetrymagazine.org/article/july-2013/real-talk-

everything-is-made-of-fields

2. Tam Hunt, "The Hippies Were Right: It's All about Vibrations, Man!" Scientific American, December 5, 2018, blogs.scientificamerican.com/observations/the-hippies-were-right-its-all-about-vibrations-man/?fbclid=IwAR3Qgi8LisXgl-S2RO5mBtjglDN_9lJsVCHgjr0m9HR4gBhO83Vze8UeccA

3. See Jenna Riemersma, Altogether You: Experiencing Personal and Spiritual Transformation with Internal Family Systems Therapy (Marietta, GA: Pivotal Press, 2020); and Mary Steege and Richard Schwartz, The Spirit-Led Life: A Christian Encounter with Internal Family Systems (Scotts Valley, CA: Createspace, 2010).

第7章 | 行動する「セルフ」

1. Charles Eisenstein, The More Beautiful World Our Hearts Know Is Possible (Berkeley, CA: North Atlantic Books, 2013).

2. Follow-up correspondence with Ethan by the author on June 26, 2020.

第8章 | ビジョンと目的

1. Wendell Berry, The Unsettling of America: Culture and Agriculture (San Francisco: Avon Books, 1978).

2. Jean Houston, A Mythic Life: Learning to Live Our Greater Story (San Francisco: Harper, 1996).

3. Abraham Maslow, Motivation and Personality, 3rd ed., ed. Robert Frager, James Fadiman, Cynthia McReynolds, and Ruth Cox (New York: Longman, 1987).

4. Scott Barry Kaufman, Transcend: The New Science of Self-Actualization (New York: Penguin Random House, 2020), 117.

5. Dan Siegel, Aware: The Science and Practice of Presence (New York: TarcherPerigree, 2018), 10.

6. Charles Eisenstein, The More Beautiful World (Berkeley, CA: North Atlantic Books, 2013), 59.

7. Eisenstein, The More Beautiful World, 85.

8. David T. Dellinger, Revolutionary Nonviolence: Essays by Dave Dellinger (Indianapolis: Bobbs-Merrill, 1970).

9. Robert Greenleaf, Servant Leadership (Mahwah, NJ: Paulist Press, 1991), 13–14.

10. Mihaly Csikszentmihalyi, Flow: The Psychology of Optimal Experience (New York, Harper & Row, 1990).

11. Alice Walker, The Color Purple (New York: Mariner Books, 2003).

12. Steve Taylor, Waking From Sleep: Why Awakening Experiences Occur and How to Make Them Permanent (Carlsbad, CA: Hay House, 2010).

13. Alex Lickerman and Ash ElDifrawi, The Ten Worlds: The New Psychology of Happiness (Deerfield Beach, FL: Health Communications, 2018), 296.

14. Ken Wilber, The Essential Ken Wilber: An Introductory Reader (Boston, MA: Shambhala, 1998).

15. Scott Barry Kaufman, "What Would Happen If Everyone Truly Believed Everything Is One?" Beautiful Minds (blog), Scientific American, October 8, 2018, blogs.scientificamerican.com/beautiful-minds/what-would-happen-if-everyone-truly-believed-everything-is-one/

16. Ralph De La Rosa, The Monkey Is the Messenger: Meditation and What Your Busy Mind Is Trying to Tell You (Boulder, CO: Shambhala, 2018), 6–7.

第11章 | セルフを体現すること～セルフとして身体の中にいること～

1. Nancy Shadick et al., "A Randomized Controlled Trial of an Internal Family Systems-Based Psychotherapeutic Intervention on Outcomes in Rheumatoid Arthritis: A Proof-of-Concept Study," Journal of Rheumatology 40, no. 11 (November 2013): 1831–41, doi.org/10.3899/jrheum.121465

■著者

リチャード・C・シュワルツ

パデュー大学で結婚・家族療法の博士号を取得。イリノイ大学医学部シカゴ校精神科少年研究所准教授、ノースウェスタン大学家族研究所准教授を経て、ハーバード大学医学部で教鞭をとる。米国結婚・家族療法協会の上級会員であり、4つの専門誌の編集委員を務めている。アメリカで最も広く使われている家族療法の教科書『Family Therapy: Concepts and Methods』の共著者。1980年代にクライアントが自分自身の中にあるさまざまな部分（パーツ）について語るのを聞き、クライアントとパーツとの対話を助けるようになったことから、内的家族システム(IFS)療法を開発するに至る。2000年にイリノイ州にセルフリーダーシップ・センター（現IFSインスティテュート）を設立。全米の専門家団体で講演を行い、世界的なムーブメントとなったIFSについて多くの著書と50以上の論文を発表している。IFSインスティテュートでは、専門家向けのIFSトレーニング、専門家と一般市民を対象とした国内および国際的なワークショップ、年次会議、出版物、ビデオ資料などを提供している。
ホームページ ifs-institute.com

■翻訳者

後藤ゆうこ

NVC認定トレーナー／IFSレベル2セラピスト／通訳。サンディエゴ州立大学で経営管理学・理学士号取得。2016年に日本人初のNVC認定トレーナーとなる。国内外でNVCを伝えながら、海外トレーナーとのコラボを手がけ、NVC国際集中トレーニングのオーガナイズ・通訳、トレーナーも務める。2016年に内的家族システム（IFS）に出会い、以降IFSの深さに感銘を受け、その後さまざまなトレーニングを受け、日本にIFSを紹介した先駆者の1人となる。現在は主にIFSをベースとした講座や個人セッションやカップルカウンセリングを行う。［単著］『私の中に住む人たち：IFS（内的家族システム）へのお誘い』（Amazon Kindle版 2021）
ホームページ https://gotoyuko.com/

佐久間智子

1994年杏林大学医学部卒、東北大学大学院医学系研究科博士課程在学中（2024年現在）。日本産科婦人科学会専門医。日本心身医学会／日本心療内科学会／日本トラウマティック・ストレス学会会員。開業医の父の影響で病気の根本治療を探求し、東洋医学、分子栄養学、機能性医療などに従事する中で、心と身体の関連の重要性に気づく。キネシオロジーの経験を経て、トラウマセラピストに転身。現在はIFSを中心に活動している。IFS公式レベル1および2トレーニング、ブレインスポッティングPhase1および2、ホログラフィートークベーシック、ソマティックエクスペリエンシング®中級修了。
ホームページ https://dr-tomoko.jp/

後藤剛

NVC認定トレーナー／IFSレベル2セラピスト／ファシリテーター／一般社団法人NVC研究所代理理事（https://nvc-u.jp/）。自らの不登校の経験から、既存のシステムを超える教育を求め、自由の森学園やシュタイナー教育と出会う。大阪教育大学で教員免許を取得後渡米。人と人が本質から生かし合う在り方を求めて、カリフォルニアのスピリチュアル・コミュニティーに16年間在住。ITエンジニアの顔も持ち、アジャイルなシステム開発に従事。結婚が決定的な節目となり、マウイ島でNVC認定トレーナー夫婦の隣家に居住する環境に恵まれ、2016年に日本人初のNVC認定トレーナーとなる。現在『セルフ・ジャーニー（頭のない視座としてのセルフの旅路）』を執筆中。海外での居住型NVCコミュニティーでの日常的な学び・実践の経験を生かし、IFSと共に、プロセスワーク、ノンデュアリティ、人智学をつなげる日本流NVCxとして探究を分かち合う。
ホームページ https://selfjourney.net/

〈**IFS用語の訳出について**〉

　IFSモデルでは、内的システムの中で追放されたパーツのことを「Exile（エグザイル）」と呼んでいますが、Exileとは「放浪者、追放された者、排除された人々」などの複雑な意味を含んだ言葉です。これらの意味合いにぴったり合う日本語がないため、本書ではそのまま「エグザイル」と訳しました。また、逆境によってエグザイル（ときに防衛パーツも）が背負う「burden」は、「重荷」と訳しました。また、本来パーツの単数形はpart、複数形はpartsですが、本書では単数形・複数形に関わらずすべて「パーツ」と訳しました。

〈**IFS内的家族システム情報サイト**〉

https://ifs-japan.net/

「悪い私」はいない
内的家族システムモデル（IFS）による全体性の回復

2024年3月30日　初版第1刷発行

著　者　　リチャード・C・シュワルツ
訳　者　　後藤 ゆうこ、佐久間 智子、後藤 剛
©2024 Yuko Goto, Tomoko Sakuma, Go Goto
発行者　　張 士洛
発行所　　日本能率協会マネジメントセンター
〒103-6009　東京都中央区日本橋2-7-1　東京日本橋タワー
TEL　03（6362）4339（編集）／03（6362）4558（販売）
FAX　03（3272）8127（編集・販売）
https://www.jmam.co.jp/

カバー・本文デザイン──HOLON
本文イラスト─────加納 徳博
本文DTP───────TYPEFACE
印刷・製本所─────三松堂株式会社

本書の内容の一部または全部を無断で複写複製（コピー）することは、
法律で認められた場合を除き、著作者および出版者の権利の侵害となり
ますので、あらかじめ小社あて許諾を求めてください。

ISBN：978-4-8005-9193-7　C0011
落丁・乱丁はおとりかえします。
PRINTED IN JAPAN